OXFORD RUSSIAN
READERS

General Editor
S. KONOVALOV

RUSSIAN
FOLK LITERATURE

Skazki · Liricheskie pesni
Byliny · Istoricheskie pesni
Dukhovnye stikhi

EDITED BY

D. P. COSTELLO

AND

I. P. FOOTE

OXFORD
AT THE CLARENDON PRESS
1967

Oxford University Press, Ely House, London W. 1

GLASGOW NEW YORK TORONTO MELBOURNE WELLINGTON
CAPE TOWN SALISBURY IBADAN NAIROBI LUSAKA ADDIS ABABA
BOMBAY CALCUTTA MADRAS KARACHI LAHORE DACCA
KUALA LUMPUR HONG KONG TOKYO

PRINTED IN GREAT BRITAIN
AT THE UNIVERSITY PRESS, OXFORD
BY VIVIAN RIDLER
PRINTER TO THE UNIVERSITY

CONTENTS

NOTE

The death of Professor Costello in 1964 was a sad blow to Russian studies in England. At the time of his death this book was in the later stages of preparation and he had already finished work on the part of the book for which he was responsible. I should like to acknowledge my own debt to his expert knowledge of Russian and his scholarly advice on a number of topics connected with the sections prepared by me.

Thanks are also due to the following who have very kindly given advice on a number of points: Mr. J. L. I. Fennell, Mr. J. Haney, Professor S. Konovalov, Professor D. Obolensky, Mr. W. F. Ryan, and Professor B. O. Unbegaun; and to Miss Elisabeth M. Robson for her help with proof-reading.

I. P. F.

INTRODUCTION

RUSSIA possesses an extremely rich folklore which for various historical and social reasons survived more or less intact until the twentieth century. Although since the Revolution the favourable conditions which helped preserve the folklore tradition in Russia so long have largely disappeared, the tradition is still not extinct. The singing of traditional folk-songs (admittedly partly due to official fostering of 'folk culture') is still much more a part of ordinary life in Russia than it is in the industrial countries of western Europe; the Russian child is likely to have a less remote contact with fairy-tales as a living tradition than the average western child; and the Russian language is still enlivened by the wealth of proverbs and popular sayings which are part of the heritage of folklore.

This book does not set out to provide a complete coverage of the many different genres of Russian folk literature. It was felt that it would be better to give a substantial selection of the genres which offer most in the way of literary and historical interest than to attempt to give examples of all genres, which would have meant that none could be adequately represented. It was decided, therefore, to concentrate on the narrative genres (*skazki, byliny, istoricheskie pesni*, and *dukhovnye stikhi*) and the lyric songs (*liricheskie pesni*), as those most likely to be of interest to the foreign student of Russian literature. The decision to include *dukhovnye stikhi* was taken not only because of the intrinsic interest of this genre, but also because examples are rarely given in Soviet anthologies of folk literature. Riddles (*zagadki*), proverbs and sayings (*poslovitsy, pogovorki*), spells (*zagovory*), laments (*prichitaniya*), and *chastushki* are not included.

It was felt that some difference of approach was justified in the treatment of the genres selected. *Skazki* and *liricheskie pesni* are best read 'for their own sake' and can be approached as advanced reading by any student of Russian who wants to go beyond purely literary material. For these, therefore, only a short introduction to the genre as a whole is given and the commentary is limited mainly to points of linguistic interest. *Byliny, istoricheskie pesni,* and *dukhovnye stikhi,* on the other hand, are bound up with a number of literary and historical problems which require explanation, and so for them a more detailed account of the genre is given and the notes deal more with the subject-matter than the language of the texts. The linguistic commentary for these genres is less full than that given for the *skazki,* and a fairly advanced understanding of the flexibility of the Russian language is assumed in those who will be using these sections.

Stress marks are given for the *skazki,* but not for the 'sung' genres, since in the latter word-stress is often irregular and anyway irrelevant in view of the special rhythmic structure of these compositions. There is a Glossary of more difficult words at the end of the book, and a chapter on the language of folk literature which, it is recommended, should be read before going on to the texts.

Bibliographical references for each genre are given in the introductions to individual sections. For a general account of Russian folk literature and the genres represented in this book reference should be made to:

М. Сперанский, *Русская устная словесность,* М., 1917.

Ю. М. Соколов, *Русский фольклор,* М., 1938 (also in translation: *Russian Folklore,* New York, 1950).

П. Г. Богатырев (ed.), *Русское народное поэтическое творчество,* 2-е изд., М., 1956.

For detailed bibliographies see:

Е. Р. Бинкевич, *Устное творчество народов СССР,* М., 1940.

Т. М. Акимова, *Семинарий по народному поэтическому творчеству,* Саратов, 1959.

М. Я. Мельц, *Русский фольклор. Библиографический указатель. 1917–44,* Л., 1966; *1945–59,* Л., 1961.

Specimens of most genres of folk literature will be found in the general anthology of E. V. Pomerantseva and S. I. Mints, *Русское народное поэтическое творчество. Хрестоматия,* 2-е изд., М., 1963.

THE LANGUAGE OF
FOLK LITERATURE

THE language of folk literature is *popular* and as such diverges widely from standard literary Russian. The differences affect vocabulary, morphology, and syntax. While popular vocabulary and morphology are generally restricted to the speech of the uneducated, popular syntax has influenced to a greater or less extent the literary manner of all the major Russian writers, especially Gogol', Leskov, and the writers of comedy.

Although the language of the *skazki* and of the 'sung' genres included in this book is basically the same popular language, it is perhaps simpler to give some account of the language of each in turn rather than one unified account. This will enable anyone who wishes to start by reading *skazki* to do so without being burdened with details of the language of *byliny*, etc., which presents special problems. Some general remarks on vocabulary are, however, possible, and the following features of vocabulary common to all genres should be noted:

(i) Use of regional and obsolete words.

(ii) Lavish use of words with affective suffixes—солнышко, удаленький, головушка, скамеечка, жалобнёхонько, etc.

(iii) Wide use of frequentative verbs in -вать, -ывать/-ивать —знавать, видывать, поваживать, прохаживать, etc.

Language of the *skazki*

The principal features of popular morphology and syntax that occur in the *skazki* are as follows:

A. *Morphology*

(i) Reflexive particle -ся instead of normal -сь after verbs ending in a vowel: распалася, отзовися, расступилося.

(ii) Shortened form of imperative: украдь for укради.

(iii) Infinitive termination in -зть, -сть, instead of -зти, -сти: принесть.

B. *Syntax*

(i) Complete absence of active participles. The active participle belongs exclusively to the literary language.

(ii) Co-ordination of clauses with asyndeton instead of subordination with use of conjunctive adverb. This is particularly frequent in conditional sentences, e.g.

Уворуешь — дам тебе сто рублей, не уворуешь — влеплю сто плетей. 'If you steal it, I'll give you a hundred roubles; if you don't, I'll give you a hundred lashes.'

Такой красавицы, как Марья Моревна, во всём свете поискать — другой не найти. 'If one were to seek throughout the world for another such beauty as Mar′ya Morevna, one could not find one.'

(iii) Frequent use of historic present.

(iv) Infinitives often used where a finite verb is used in English. The most important of these uses (not all of them restricted to popular usage) are:

(*a*) Deliberative:

А медведь и волк стали думать, где бы спрятаться. 'The bear and the wolf began to wonder where they might hide.'
Чем тебя жаловать? 'How shall I reward you?'

(*b*) Potential:

Сколько ни ходил по лесу — не видать ни одной коровы. 'However far he wandered in the forest, there was not a single cow to be seen.'

(*c*) Emphatic future:

Теперь тебе никогда не видать Марьи Моревны, как ушей своих! 'Now you'll never see Mar'ya Morevna any more than you'll see your own ears!'

(*d*) Obligatory:

У меня ведь не год служить, а всего-то три дня. 'With me one doesn't have to work for a year but only for three days.'

(*e*) Instantaneous:

Вскочил — да бежать. 'He sprang up, and off he ran.'

(*f*) Indefinite:

Сколько ни служить, а всё голову сложить. 'However great one's service, one has still to lose one's life.'

(*g*) Continuous or intensive (with repeated infinitive):

Торговаться–торговаться — и купил её купец за шесть бочонков золота. 'They bargained and bargained, and in the end the merchant bought it for six kegs of gold.'

(v) Ellipse of verb:

Наестся досыта и опять на чердак. 'He would eat his fill and back [he'd go] to the garret.'

Вот однажды пошёл кот гулять, а навстречу ему лиса. 'Now once the cat went out for a walk, when towards him [came] the fox.'

Сапоги тотчас под мышку и унёс домой. 'He at once [shoved] the boots under his arm and took them home.'

Other features of the language of the *skazki* belong to the 'folk-poetic' style. Such are the attributive use of adjectives in the short form (замужня жена, ясен сокол, сине море, etc.); the use of pairs of words with practically the same meaning (жил-был, жить да поживать, рать-сила, путь-дорога, etc.); the use of rhyming prose or jingles (Марья Моревна, прекрасная королевна; то мой меч — твоя голова с плеч; сколько ни служить, а всё голову сложить); the use of stock epithets (ясен сокол, буйная головушка, добрый молодец, etc.).

Language of the Sung Genres

Besides the features described in the section on the language of the *skazki*, the language of the sung genres has a number of other differences from normal literary Russian. Some of these peculiarities are regional or obsolete forms, some are the result of adaptation necessitated by the rhythmic form of these genres. The following are the most important.

A. *Morphology*

(i) Noun declension.

Occasional confusion of gender or declension: церква for церковь, холма for холм, стремена (*nom. sing.*) for стремя.

Wider use of the genitive and prepositional singular ending in -у/-ю for masculine nouns, e.g. бою, году, каменю (*gen.*), срубу, стулу (*prep.*).

Frequent use of -ы as the ending for the dative and prepositional singular of nouns in -а.

Some unusual plural forms, such as князи (for князья), даровья (for дары), бояров (for бояр); instrumental plural endings in -мы, -амы, -ам, e.g. воротмы, увадамы, царевичам.

(ii) Adjective declension.

Various endings in addition to those of standard Russian are used. The following will be found in the present book: disyllabic *m. nom. sing.* -ыи/-ыий, -ии/-иий (седатыий, новгородскиий); *m./n. instr. sing.* -ыим; *m./n. prep. sing.* -оем; *f. gen.* and *dat. sing.* -ыя, -оей, -ою; *f. instr. sing.* -оей; *f. prep. sing.* -ыя, -оей; *gen. pl.* -ыих; *dat. pl.* -ыим; *instr. pl.* -ыма; *prep. pl.* -ыих.

Some of these forms correspond to the declensional endings of Old Russian and can be regarded as archaisms, but it should be noted that in most cases they offer a disyllabic alternative to the usual monosyllabic ending and so may be used as a means of creating extra syllables to sustain the rhythm. Occasionally, incongruous combinations such as старыя казак, топот лошадиное occur.

The attributive use of the short form of the adjective is very common and the short adjective occurs in various cases: родну матушку (*acc.*), чиста поля (*gen.*), буйны головы (*gen.*), etc.

(iii) Pronoun declension.

The demonstrative тот (той) occurs frequently, often used as a definite article (pre- and post-positive). It is most often declined like an adjective, with forms in the singular such as *f. nom.* тая; *n. nom./acc.* тое; *f. acc.* тую; *f. gen.* and *dat.* тоя, тыя, тою, тоей; *m./n. instr.* тым, and in the plural *nom.* ты, тые (cf. also этые), *gen.* тых, тыих, *dat.* тым, тыим, *instr.* тыма, *prep.* тых, тыих.

(iv) Verbs.

The long infinitive ending may occur when not under stress: рушати, коротати.

In the third person singular of the present tense the ending -ает may contract to -ат or lack the consonantal ending: прохаживат, кладывае, сиди, выходи. The verb есть ('is') is sometimes shortened to е.

Verbs may not follow the normal conjugation pattern, e.g. вставает for встает.

The present gerund in -учи, -ючи is usual (e.g. сидючи), and frequently adds -сь to non-reflexive verbs: живучись, едучись, взираючись.

B. *Syntax*

The syntax of the sung genres is generally very simple. The syntactic features of the *skazki* described above will all be found in the *byliny*, etc., but some additional features should be noted.

(i) Infinitive used with a feminine object in the nominative case: отрубить голова; наквасити река; пролить кровь напрасная; дума думати.

(ii) Gerunds used as the complement of a direct object after видеть:

[Садко] увидел пекучись красное солнышко. '[Sadko] saw the bright sun blazing.'

> Видли добрых молодцев сядучись,
> Не видли добрых молодцев едучись.

'They saw the good brave fellows mount, but did not see the going of them.'

(iii) Attributes expressed by a juxtaposed nominative phrase: чебот зелен сафьян 'a boot of green morocco'; рыба золоты перья 'a fish with golden fins'.

(iv) Occasional use of nominative/accusative for genitive/accusative of animate nouns:

> Было пированье почестен пир
> На все князи, на бояре,
> На русских могучих богатырей...

(v) Prepositions may govern cases other than those governed in normal usage: мимо + *acc.* (мимо башню), промежу (между) + *acc.* (промежу ноги задние).

(vi) Use of imperfective past as the chief narrative tense for past actions:

> А на спину-ту накладывал седелышко черкасское
> А застегивал он все двенадцать пряжечек...

(vii) Frequent change of tense, especially in the description of swift action:

> А зачал он вязом помахивать:
> Куды махнет, туды улица,
> Перемахнет — переулочек.
> И лежат-то мужики уваламы...

C. *Word contraction and expansion*

Some of the features described above (augmented adjectival endings; -ат for -ает in the present tense; the long infinitive ending) have the effect of increasing or decreasing the number of syllables in a line, and thus play an important part in maintaining a balanced rhythm. There are some other types of contraction—internal (видли for видели, мошь for можешь), and initial, most often involving the reduction of a prefix (сбираться for собираться, сполнится for исполнится, сход for восход). The preposition из is sometimes reduced to з, с.

The most common means of expanding the line is the use of 'filler' particles, such as то, от, ли, да, а, и, ай, на, же, ка, тко, что, как. These occur very frequently. Such particles are usually quite meaningless, though there are exceptions, such as то when used as a definite article and -ка, -тко after imperatives.

D. *Vocabulary*

A special feature of the vocabulary of the *byliny*, etc., is the use of verbs with multiple prefixes: испроговорить, принапоить, поразмахнуть, испространить, приуехать.

Note on the texts of *byliny, istoricheskie pesni,* and *dukhovnye stikhi*

The practice of collectors in representing the phonetic peculiarities of the speech of the singers they recorded from has varied widely. The earlier collectors usually 'standardized' their texts, while some of the later collectors have made more or less accurate phonetic transcripts of the singers' speech. For the sake of general uniformity a few minor modifications have been made to the spelling used in the editions from which the texts are printed.

Although the texts of these genres are not stressed, some syllables have the stress marked ('). These were inserted in the texts by the original editors and have been retained.

SKAZKI

FOLK-TALES (сказки) form an important section of the folk literature of Russia as of other countries. The overwhelming majority of them are in prose. They fall into three main groups: animal stories, fairy-tales, and stories of everyday life.

In the first the characters are animals, which are treated as rational beings and are often given names and patronymics: the Fox is Лизавета (Лиса) Патрикеевна, the Bear Михаил Потапыч, the Goat Козьма Микитич; in some versions all the animals bear the colourless patronymic Иванович (Ивановна). As in west European folklore, each animal is distinguished by a particular characteristic: the Fox is cunning, the Bear is stupid, the Wolf voracious and stupid, the Goat innocent. The present selection includes one animal story, *Кот и лиса* (**1**).

In the fairy-tales the fantastic element is prominent. The main characters tend to be princes and princesses (where the hero is a peasant's son, as often, he usually marries a princess). In these stories we encounter the characteristic figures of Russian peasant mythology: Baba Yaga, Koshchei the Immortal, and the other strange beings of which the prologue to Pushkin's *Ruslan and Lyudmila* provides a catalogue. In the fairy-tales are found themes (the 'wandering themes') which are common to the folklore of many countries: Puss in Boots, Snow White, Tom Thumb, Ali Baba have their Russian counterparts; the story *Мудрая жена* in this book (**4**) contains one of the themes of 'Dick Whittington and his Cat', and the principal motif of *Рога* (**5**) is a variant of that of Grimm's story *The Nose*.

The stories of everyday life are more realistic than those of the other two groups. The characters in them are peasants, soldiers, priests, and gentry, and the stories might be described as the peasants' revenge upon a society which was not kind to them. Their tone is usually comic or satirical, and they tend to depict the triumph of the peasant over the gentleman (*Вор*, **6**),

B

of the peasant over the avaricious merchant (*Батрак*, **7**), of the so-called fool over the so-called clever man.

In some of them there is a strong fantastic element; such stories may be regarded as transitional between this and the preceding group. An example in this book is the story *Рога* (**5**).

One story in the present selection, *Фома Беренников* (**8**), does not fall into any of the groups enumerated above. It is a parody of a *bylina*, in the spirit of the stories of everyday life. It contains one of the themes of Grimm's story *The Brave Little Tailor*.

The folk-tale was a living literary genre until very recent times, and, unlike the *bylina*, was not confined to the peripheral regions. When in the mid-nineteenth century the first systematic collection of Russian folk-tales was made (by A. N. Afanas'ev, in eight volumes, 1855–63), the amount of material available was vast, and in many cases it was found possible to record different versions of the same story. Afanas'ev's is superior to many west European collections in that he did not touch up the literary style of the stories, but preserved as well as he could the language of the originals. For this reason his collection is a valuable source-book on Russian peasant speech. New collections of Russian folk-tales have appeared since his day, but Afanas'ev's is still the principal. All eight stories in this book have been taken from the most recent edition of Afanas'ev's collection (А. Н. Афанасьев, *Народные русские сказки*, 3 тт., М., 1957).

1. КОТ И ЛИСА

Жил-был мужик; у него был кот, только такой шкодливый, что беда! Надоел он мужику. Вот мужик думал, думал, взял кота, посадил в мешок, завязал и понёс в лес. Принёс и бросил его в лесу: пускай пропадает! Кот ходил, ходил и набрёл на избушку, в которой лесник жил; залез на чердак 5 и полёживает себе, а захочет есть — пойдёт по лесу птичек да мышей ловить, наестся досыта и опять на чердак, и горя ему мало!

Вот однажды пошёл кот гулять, а навстречу ему лиса, увидала кота и дивится: «Сколько лет живу в лесу, а такого 10 зверя не видывала». Поклонилась коту и спрашивает: «Скажись, добрый молодец, кто ты таков, каким случаем сюда зашёл и как тебя по имени величать?» А кот вскинул шерсть свою и говорит: «Я из сибирских лесов прислан к вам бурмистром, а зовут меня Котофей Иванович». — «Ах, 15 Котофей Иванович, — говорит лиса, — не знала про тебя, не ведала; ну, пойдём же ко мне в гости». Кот пошёл к лисице; она привела его в свою нору и стала потчевать разной дичинкою, а сама выспрашивает: «Что, Котофей Иванович, женат ты али холост?» — «Холост», — говорит 20 кот. «И я, лисица, — девица, возьми меня замуж». Кот согласился, и начался у них пир да веселье.

На другой день отправилась лиса добывать припасов, чтоб было чем с молодым мужем жить; а кот остался дома. Бежит лиса, а навстречу ей попадается волк и начал с нею 25 заигрывать: «Где ты, кума, пропадала? Мы все норы обыскали, а тебя не видали». — «Пусти, дурак! Что заигрываешь? Я прежде была лисица-девица, а теперь замужня жена». — «За кого же ты вышла, Лизавета Ивановна?» — «Разве ты не слыхал, что к нам из сибирских лесов при- 30 слан бурмистр Котофей Иванович? Я теперь бурмистрова жена». — «Нет, не слыхал, Лизавета Ивановна. Как бы на него посмотреть?» — «У! Котофей Иванович у меня такой

серди́тый: ко́ли кто не по нём, сейча́с съест! Ты смотри́,
35 пригото́вь бара́на да принеси́ ему́ на покло́н; бара́на-то
положи́, а сам схорони́сь, чтоб он тебя́ не уви́дел, а то, брат,
ту́го придётся!» Волк побежа́л за бара́ном.

Идёт лиса́, а навстре́чу ей медве́дь и стал с не́ю зайгры́-
вать. «Что ты, дура́к, косола́пый Ми́шка, тро́гаешь меня́?
40 Я пре́жде была́ лиси́ца-деви́ца, а тепе́рь заму́жня жена́». —
«За кого́ же ты, Лизаве́та Ива́новна, вы́шла?» — «А кото́рый
при́слан к нам из сиби́рских лесо́в бурми́стром, зову́т Кото-
фе́й Ива́нович, — за него́ и вы́шла». — «Нельзя́ ли посмот-
ре́ть его́, Лизаве́та Ива́новна?» — «У! Котофе́й Ива́нович
45 у меня́ тако́й серди́тый: ко́ли кто не по нём, сейча́с съест!
Ты ступа́й, пригото́вь быка́ да принеси́ ему́ на покло́н;
волк бара́на хо́чет принесть́. Да смотри́, быка́-то положи́, а
сам схорони́сь, чтоб Котофе́й Ива́нович тебя́ не уви́дел, а то,
брат, ту́го придётся!» Медве́дь потащи́лся за быко́м.

50 Принёс волк бара́на, ободра́л шку́ру и стои́т в разду́мье:
смо́трит — и медве́дь ле́зет с быко́м. «Здра́вствуй, брат
Миха́йло Ива́ныч!» — «Здра́вствуй, брат Лево́н! Что, не
вида́л лиси́цы с му́жем?» — «Нет, брат, давно́ дожида́ю». —
«Ступа́й, зови́». — «Нет, не пойду́, Миха́йло Ива́ныч! Сам
55 иди́, ты посмеле́й меня́». — «Нет, брат Лево́н, и я не пойду́».
Вдруг отку́да не взя́лся — бежи́т за́яц. Медве́дь как
кри́кнет на него́: «Поди́-ка сюда́, косо́й чёрт!» За́яц испу-
га́лся, прибежа́л. «Ну что, косо́й постре́л, зна́ешь, где
живёт лиси́ца?» — «Зна́ю, Миха́йло Ива́нович!» — «Ступа́й
60 же скоре́е да скажи́ ей, что Миха́йло Ива́нович с бра́том
Лево́ном Ива́нычем давно́ уж гото́вы, ждут тебя́-де с му́жем,
хотя́т поклони́ться бара́ном да быко́м».

За́яц пусти́лся к лисе́ во всю свою́ прыть. А медве́дь и
волк ста́ли ду́мать, где бы спря́таться. Медве́дь говори́т:
65 «Я поле́зу на сосну́». — «А мне что же де́лать? Я куда́
де́нусь? — спра́шивает волк. — Ведь я на де́рево ни за что
не взберу́сь! Миха́йло Ива́нович! Схорони́, пожа́луйста,
куда́-нибудь, помоги́ го́рю». Медве́дь положи́л его́ в кусты́
и завали́л сухи́м листьём, а сам взлез на сосну́, на са́мую-
70 таки маку́шку, и погля́дывает: не идёт ли Котофе́й с лисо́ю?

За́яц меж тем прибежа́л к лиси́цыной норе́, постуча́лся и
говори́т лисе́: «Миха́йло Ива́нович с бра́том Левоном
Ива́нычем присла́ли сказа́ть, что они́ давно́ гото́вы, ждут
тебя́ с му́жем, хотя́т поклони́ться вам быко́м да бара́ном». —
«Ступа́й, косо́й! Сейча́с бу́дем». 75
   Вот идёт кот с лисо́ю. Медве́дь увида́л их и говори́т
во́лку: «Ну, брат Лево́н Ива́ныч, идёт лиса́ с му́жем; како́й
же он ма́ленький!» Пришёл кот и сейча́с же бро́сился на
быка́, шерсть на нём взъеро́шилась, и на́чал он рвать мя́со
и зуба́ми и ла́пами, а сам мурчи́т, бу́дто се́рдится: «Ма́ло, 80
ма́ло!» А медве́дь говори́т: «Невели́к, да прожо́рист! Нам
четверы́м не съесть, а ему́ одному́ ма́ло; пожа́луй, и до нас
доберётся!» Захоте́лось во́лку посмотре́ть на Котофе́я
Ива́новича, да сквозь ли́стья не вида́ть! И на́чал он прока́-
пывать над глаза́ми ли́стья, а кот услыха́л, что лист ше- 85
вели́тся, поду́мал, что э́то — мышь, да как ки́нется и пря́мо
во́лку в мо́рду вцепи́лся когтя́ми.
   Волк вскочи́л, да дава́й Бог но́ги, и был тако́в. А кот сам
испуга́лся, и бро́сился пря́мо на де́рево, где медве́дь сиде́л.
«Ну, — ду́мает медве́дь, — увида́л меня́!» Слеза́ть-то не́- 90
когда, вот он положи́лся на Бо́жью во́лю да как шмя́кнется
с де́рева о́земь, все печёнки отби́л; вскочи́л — да бежа́ть!
А лиси́ца вслед кричи́т: «Вот он вам зада́ст! Погоди́те!»
С той поры́ все зве́ри ста́ли кота́ боя́ться; а кот с лисо́й
запасли́сь на це́лую зи́му мя́сом и ста́ли себе́ жить да 95
поживать, и тепе́рь живу́т, хлеб жую́т.

2. *МАРЬЯ МОРЕВНА*

В не́котором ца́рстве, в не́котором госуда́рстве жил-был
Ива́н-царе́вич; у него́ бы́ло три сестры́: одна́ Ма́рья-царе́вна,
друга́я О́льга-царе́вна, тре́тья А́нна-царе́вна. Оте́ц и мать
у них по́мерли; умира́я, они́ сы́ну нака́зывали: «Кто пе́рвый
за твои́х сестёр ста́нет сва́таться, за того́ и отдава́й — при 5
себе́ не держи́ до́лго!» Царе́вич похорони́л роди́телей и с

го́ря пошёл с сёстрами во зелёный сад погуля́ть. Вдруг
нахо́дит на не́бо ту́ча чёрная, встаёт гроза́ стра́шная. «Пойдёмте, сестри́цы, домо́й!» — говори́т Ива́н-царе́вич. То́лько
10 пришли́ во дворе́ц — как гря́нул гром, раздвои́лся потоло́к,
и влете́л к ним в го́рницу я́сен со́кол, уда́рился со́кол о́б пол,
сде́лался до́брым мо́лодцем и говори́т: «Здра́вствуй, Ива́н-
царе́вич! Пре́жде я ходи́л го́стем, а тепе́рь пришёл сва́том;
хочу́ у тебя́ сестри́цу Ма́рью-царе́вну посва́тать». — «Ко́ли
15 люб ты сестри́це, я её не унима́ю — пусть с Бо́гом идёт!»
Ма́рья-царе́вна согласи́лась; со́кол жени́лся и унёс её в своё
ца́рство.

Дни иду́т за дня́ми, часы́ бегу́т за часа́ми — це́лого го́да
как не быва́ло; пошёл Ива́н-царе́вич с двумя́ сёстрами во
20 зелёный сад погуля́ть. Опя́ть встаёт ту́ча с ви́хрем, с мо́л-
нией. «Пойдёмте, сестри́цы, домо́й!» — говори́т царе́вич.
То́лько пришли́ во дворе́ц — как уда́рил гром, распа́лася
кры́ша, раздвои́лся потоло́к, и влете́л орёл; уда́рился о́б пол
и сде́лался до́брым мо́лодцем: «Здра́вствуй, Ива́н-царе́вич».
25 Пре́жде я го́стем ходи́л, а тепе́рь пришёл сва́том». И по-
сва́тал О́льгу-царе́вну. Отвеча́ет Ива́н-царе́вич: «Е́сли ты
люб О́льге-царе́вне, то пусть за тебя́ идёт; я с неё во́ли не
снима́ю». О́льга-царе́вна согласи́лась и вы́шла за орла́
за́муж; орёл подхвати́л её и унёс в своё ца́рство.

30 Прошёл ещё оди́н год; говори́т Ива́н-царе́вич свое́й мла́д-
шей сестри́це: «Пойдём, во зелёном саду́ погуля́ем!» Погуля́-
ли немно́жко; опя́ть встаёт ту́ча с ви́хрем, с мо́лнией. «Вер-
нёмся, сестри́ца, домо́й!» Верну́лись домо́й, не успе́ли сесть
— как уда́рил гром, раздвои́лся потоло́к и влете́л во́рон;
35 уда́рился во́рон о́б пол и сде́лался до́брым мо́лодцем: пре́ж-
ние бы́ли хороши́ собо́й, а э́тот ещё лу́чше. «Ну, Ива́н-ца-
ре́вич, пре́жде я го́стем ходи́л, а тепе́рь пришёл сва́том; от-
да́й за меня́ А́нну-царе́вну». — «Я с сестри́цы во́ли не сни-
ма́ю; ко́ли ты полюби́лся ей, пусть идёт за тебя́». Вы́шла за
40 во́рона А́нна-царе́вна, и унёс он её в своё госуда́рство.

Оста́лся Ива́н-царе́вич оди́н; це́лый год жил без сестёр,
и сде́лалось ему́ ску́чно. «Пойду́, — говори́т, — иска́ть
сестри́ц». Собра́лся в доро́гу, шёл, шёл и ви́дит — лежи́т в

по́ле рать-си́ла поби́тая. Спра́шивает Ива́н-царе́вич: «Ко́ли
есть тут жив челове́к — отзови́ся! Кто поби́л э́то во́йско 45
вели́кое?» Отозва́лся ему́ жив челове́к: «Всё э́то во́йско
вели́кое поби́ла Ма́рья Море́вна, прекра́сная короле́вна».
Пусти́лся Ива́н-царе́вич да́льше, наезжа́л на шатры́ бе́лые,
выходи́ла к нему́ навстре́чу Ма́рья Море́вна, прекра́сная
короле́вна: «Здра́вствуй, царе́вич, куда́ тебя́ Бог несёт — 50
по во́ле аль по нево́ле?» Отвеча́л ей Ива́н-царе́вич:
«До́брые мо́лодцы по нево́ле не е́здят!» — «Ну, ко́ли де́ло не
к спе́ху, погости́ у меня́ в шатра́х». Ива́н-царе́вич тому́ и
рад, две но́чи в шатра́х ночева́л, полюби́лся Ма́рье Море́вне
и жени́лся на ней.   55
Ма́рья Море́вна, прекра́сная короле́вна, взяла́ его́ с собо́й
в своё госуда́рство; по́жили они́ вме́сте ско́лько-то вре́мени,
и взду́малось короле́вне на войну́ собира́ться; покида́ет она́
на Ива́на-царе́вича всё хозя́йство и прика́зывает: «Везде́
ходи́, за всем присма́тривай; то́лько в э́тот чула́н не моги́ 60
загля́дывать!» Он не вы́терпел, как то́лько Ма́рья Море́вна
уе́хала, то́тчас бро́сился в чула́н, отвори́л дверь, гляну́л —
а там виси́т Коще́й Бессме́ртный, на двена́дцати цепя́х
прико́ван. Про́сит Коще́й у Ива́на-царе́вича: «Сжа́лься
на́до мной, дай мне напи́ться! Де́сять лет я здесь му́чаюсь, 65
не ел, не пил — совсе́м в го́рле пересо́хло!» Царе́вич по́дал
ему́ це́лое ведро́ воды́; он вы́пил и ещё запроси́л: «Мне
одни́м ведро́м не зали́ть жа́жды; дай ещё!» Царе́вич по́дал
друго́е ведро́; Коще́й вы́пил и запроси́л тре́тье, а как вы́пил
тре́тье ведро́ — взял свою́ пре́жнюю си́лу, тряхну́л цепя́ми и 70
сра́зу все двена́дцать порва́л. «Спаси́бо, Ива́н-царе́вич! —
сказа́л Коще́й Бессме́ртный. — Тепе́рь тебе́ никогда́ не
вида́ть Ма́рьи Море́вны, как уше́й свои́х!» — и стра́шным
ви́хрем вы́летел в окно́, нагна́л на доро́ге Ма́рью Море́вну,
прекра́сную короле́вну, подхвати́л её и унёс к себе́. А Ива́н- 75
царе́вич го́рько-го́рько запла́кал, снаряди́лся и пошёл в путь-
доро́гу: «Что ни бу́дет, а разыщу́ Ма́рью Море́вну!»
Идёт день, идёт друго́й, на рассве́те тре́тьего ви́дит
чуде́сный дворе́ц, у дворца́ дуб стои́т, на дубу́ я́сен со́кол
сиди́т. Слете́л со́кол с ду́ба, уда́рился о́земь, оберну́лся 80

добрым мо́лодцем и закрича́л: «Ах, шу́рин мой любе́зный! Как тебя́ Госпо́дь ми́лует?» Вы́бежала Ма́рья-царе́вна, встре́ла Ива́на-царе́вича ра́достно, ста́ла про его́ здоро́вье расспра́шивать, про своё житьё-бытьё расска́зывать. Пого-
85 сти́л у них царе́вич три дня и говори́т: «Не могу́ у вас гости́ть до́лго; я иду́ иска́ть жену́ мою́, Ма́рью Море́вну, прекра́сную короле́вну». — «Тру́дно тебе́ сыска́ть её, — отвеча́ет со́кол. — Оста́вь здесь на вся́кий слу́чай свою́ сере́бряную ло́жку: бу́дем на неё смотре́ть, про тебя́ вспо-
90 мина́ть». Ива́н-царе́вич оста́вил у со́кола свою́ сере́бряную ло́жку и пошёл в доро́гу.

Шёл он день, шёл друго́й, на рассве́те тре́тьего ви́дит дворе́ц ещё лу́чше пе́рвого, во́зле дворца́ дуб стои́т, на дубу́ орёл сиди́т. Слете́л орёл с де́рева, уда́рился о́земь, оберну́лся
95 добрым мо́лодцем и закрича́л: «Встава́й, О́льга-царе́вна! Ми́лый наш бра́тец идёт». О́льга-царе́вна то́тчас прибежа́ла навстре́чу, ста́ла его́ целова́ть-обнима́ть, про здоро́вье расспра́шивать, про своё житьё-бытьё расска́зывать. Ива́н-царе́вич погости́л у них три денька́ и говори́т: «До́льше
100 гости́ть мне не́когда; я иду́ иска́ть жену́ мою́, Ма́рью Море́вну, прекра́сную короле́вну». Отвеча́ет орёл: «Тру́дно тебе́ сыска́ть её; оста́вь у нас сере́бряную ви́лку: бу́дем на неё смотре́ть, тебя́ вспомина́ть». Он оста́вил сере́бряную ви́лку и пошёл в доро́гу.
105 День шёл, друго́й шёл, на рассве́те тре́тьего ви́дит дворе́ц лу́чше пе́рвых двух, во́зле дворца́ дуб стои́т, на дубу́ во́рон сиди́т. Слете́л во́рон с ду́ба, уда́рился о́земь, оберну́лся добрым мо́лодцем и закрича́л: «А́нна-царе́вна! Поскоре́й выходи́, наш бра́тец идёт». Вы́бежала А́нна-царе́вна, встре́-
110 ла его́ ра́достно, ста́ла целова́ть-обнима́ть, про здоро́вье расспра́шивать, про своё житьё-бытьё расска́зывать. Ива́н-царе́вич погости́л у них три денька́ и говори́т: «Проща́йте! Пойду́ жену́ иска́ть — Ма́рью Море́вну, прекра́сную короле́вну». Отвеча́ет во́рон: «Тру́дно тебе́ сыска́ть её; оста́вь-ка
115 у нас сере́бряную табаке́рку: бу́дем на неё смотре́ть, тебя́ вспомина́ть». Царе́вич о́тдал ему́ сере́бряную табаке́рку, попроща́лся и пошёл в доро́гу.

День шёл, друго́й шёл, а на тре́тий добра́лся до Ма́рьи
Море́вны. Увида́ла она́ своего́ ми́лого, бро́силась к нему́ на
ше́ю, залила́сь слеза́ми и промо́лвила: «Ах, Ива́н-царе́вич! 120
Заче́м ты меня́ не послу́шался — посмотре́л в чула́н и вы́пу-
стил Ко́щея Бессме́ртного?» — «Прости́, Ма́рья Море́вна!
Не помина́й ста́рого, лу́чше пое́дем со мной, пока́ не вида́ть
Ко́щея Бессме́ртного; аво́сь не дого́нит!» Собрали́сь и
уе́хали. А Ко́щей на охо́те был; к ве́черу он домо́й воро- 125
ча́ется, под ним до́брый конь спотыка́ется. «Что ты, несы́тая
кля́ча, спотыка́ешься? А́ли чу́ешь каку́ю невзго́ду?» Отве-
ча́ет конь: «Ива́н-царе́вич приходи́л, Ма́рью Море́вну
увёз». — «А мо́жно ли их догна́ть?» — «Мо́жно пшени́цы
насе́ять, дожда́ться, пока́ она́ вы́растет, сжать её, смолоти́ть, 130
в муку́ обрати́ть, пять пече́й хле́ба нагото́вить, тот хлеб
пое́сть, да тогда́ вдого́нь е́хать — и то поспе́ем!» Ко́щей
поскака́л, догна́л Ива́на-царе́вича: «Ну, — говори́т, — пе́р-
вый раз тебя́ проща́ю за твою́ доброту́, что водо́й меня́
напои́л; и в друго́й раз прощу́, а в тре́тий береги́сь — на 135
куски́ изрублю́!» О́тнял у него́ Ма́рью Море́вну и увёз; а
Ива́н-царе́вич сел на ка́мень и запла́кал.

Попла́кал-попла́кал и опя́ть вороти́лся наза́д за Ма́рьей
Море́вною; Ко́щея Бессме́ртного до́ма не случи́лося. «По-
е́дем, Ма́рья Море́вна!» — «Ах, Ива́н-царе́вич! Он нас дого́- 140
нит». — «Пуска́й дого́нит; мы хоть часо́к-друго́й проведём
вме́сте». Собрали́сь и уе́хали. Ко́щей Бессме́ртный домо́й
возвраща́ется, под ним до́брый конь спотыка́ется. «Что ты,
несы́тая кля́ча, спотыка́ешься? А́ли чу́ешь каку́ю невзго́ду?»
— «Ива́н-царе́вич приходи́л, Ма́рью Море́вну с собо́й взял». 145
— «А мо́жно ли догна́ть их?» — «Мо́жно ячменю́ насе́ять,
подожда́ть, пока́ он вы́растет, сжать-смолоти́ть, пи́ва нава-
ри́ть, до́пьяна напи́ться, до отва́ла вы́спаться да тогда́
вдого́нь е́хать — и то поспе́ем!» Ко́щей поскака́л, догна́л
Ива́на-царе́вича: «Ведь я ж говори́л, что тебе́ не вида́ть 150
Ма́рьи Море́вны, как уше́й свои́х!» О́тнял её и увёз к себе́.

Остава́лся Ива́н-царе́вич оди́н, попла́кал-попла́кал и
опя́ть вороти́лся за Ма́рьей Море́вною; на ту по́ру Ко́щея
до́ма не случи́лося. «Пое́дем, Ма́рья Море́вна!» — «Ах,

155 Иван-царевич! Ведь он догонит, тебя в куски изрубит». — «Пускай изрубит! Я без тебя жить не могу». Собрались и поехали. Кощей Бессмертный домой возвращается, под ним добрый конь спотыкается. «Что ты спотыкаешься? Али чуешь какую невзгоду?» — «Иван-царевич приходил,
160 Марью Моревну с собой взял». Кощей поскакал, догнал Ивана-царевича, изрубил его в мелкие куски и поклал в смолёную бочку; взял эту бочку, скрепил железными обручами и бросил в синее море, а Марью Моревну к себе увёз.

В то самое время у зятьёв Ивана-царевича серебро почер-
165 нело. «Ах, — говорят они, — видно, беда приключилася!» Орёл бросился на сине море, схватил и вытащил бочку на берег, сокол полетел за живой водою, а ворон за мёртвою. Слетелись все трое в одно место, разбили бочку, вынули куски Ивана-царевича, перемыли и склали как надобно.
170 Ворон брызнул мёртвой водою — тело срослось, съединилося; сокол брызнул живой водою — Иван-царевич вздрогнул, встал и говорит: «Ах, как я долго спал!» — «Ещё бы дольше проспал, если б не мы! — отвечали зятья. — Пойдём теперь к нам в гости». — «Нет, братцы! Я пойду искать
175 Марью Моревну».

Приходит к ней и просит: «Разузнай у Кощея Бессмертного, где он достал себе такого доброго коня». Вот Марья Моревна улучила добрую минуту и стала Кощея выспрашивать. Кощей сказал: «За тридевять земель, в тридесятом
180 царстве, за огненной рекою живёт баба-яга; у ней есть такая кобылица, на которой она каждый день вокруг света облетает. Много у ней и других славных кобылиц; я у ней три дня пастухом был, ни одной кобылицы не упустил, и за то баба-яга дала мне одного жеребёночка». — «Как же ты
185 через огненную реку переправился?» — «А у меня есть такой платок — как махну в правую сторону три раза, сделается высокий-высокий мост, и огонь его не достанет!» Марья Моревна выслушала, пересказала всё Ивану-царевичу и платок унесла да ему отдала.
190 Иван-царевич переправился через огненную реку и пошёл к бабе-яге. Долго шёл он не пивши, не евши. Попалась ему

навстре́чу замо́рская пти́ца с ма́лыми де́тками. Ива́н-царе́-
вич говори́т: «Съем-ка я одного́ цыплёночка». — «Не ешь,
Ива́н-царе́вич! — про́сит замо́рская пти́ца. — В не́которое
вре́мя я пригожу́сь тебе́». Пошёл он да́льше; ви́дит в лесу́ 195
у́лей пчёл. «Возьму́-ка я, — говори́т, — ско́лько-нибудь
медку́». Пчели́ная ма́тка отзыва́ется: «Не тронь моего́
мёду, Ива́н-царе́вич! В не́которое вре́мя я тебе́ пригожу́сь».
Он не тро́нул и пошёл да́льше; попада́ет ему́ навстре́чу
льви́ца со львёнком. «Съем я хоть э́того львёнка; есть так 200
хо́чется, а́жно то́шно ста́ло!» — «Не тронь, Ива́н-царе́вич,
— про́сит льви́ца. — В не́которое вре́мя я тебе́ пригожу́сь».
— «Хорошо́, пусть бу́дет по-тво́ему!»

Побрёл голо́дный, шёл, шёл — стои́т дом ба́бы-яги́, кру-
го́м до́ма двена́дцать шесто́в, на оди́ннадцати шеста́х по 205
челове́чьей голове́, то́лько оди́н неза́нятый. «Здра́вствуй,
ба́бушка!» — «Здра́вствуй, Ива́н-царе́вич! Почто́ пришёл
— по свое́й до́брой во́ле аль по нужде́?» — «Пришёл заслу-
жи́ть у тебя́ богаты́рского коня́». — «Изво́ль, царе́вич! У
меня́ ведь не год служи́ть, а всего́-то три дня; е́сли упасёшь 210
мои́х кобыли́ц — дам тебе́ богаты́рского коня́, а е́сли нет,
то не гне́вайся — торча́ть твое́й голове́ на после́днем шесте́».
Ива́н-царе́вич согласи́лся; ба́ба-яга́ его́ накорми́ла-напои́ла
и веле́ла за де́ло принима́ться. То́лько что вы́гнал он кобы-
ли́ц в по́ле, кобыли́цы задра́ли хвосты́ и все врозь по луга́м 215
разбежа́лись; не успе́л царе́вич глаза́ми вски́нуть, как они́
совсе́м пропа́ли. Тут он запла́кал-запеча́лился, сел на ка́мень
и засну́л. Со́лнышко уже́ на зака́те, прилете́ла замо́рская
пти́ца и бу́дит его́: «Встава́й, Ива́н-царе́вич! Кобыли́цы
тепе́рь до́ма». Царе́вич встал, вороти́лся домо́й; а ба́ба-яга́ 220
и шуми́т и кричи́т на свои́х кобыли́ц: «Заче́м вы домо́й
вороти́лись?» — «Как же нам бы́ло не вороти́ться? Налете́-
ли пти́цы со всего́ све́та, чуть нам глаз не вы́клевали». —
«Ну, вы за́втра по луга́м не бе́гайте, а рассы́пьтесь по дрему́-
чим леса́м». 225

Переспа́л ночь Ива́н-царе́вич; нау́тро ба́ба-яга́ ему́
говори́т: «Смотри́, царе́вич, е́сли не упасёшь кобыли́ц, е́сли
хоть одну́ потеря́ешь — быть твое́й бу́йной голо́вушке на

шесте́!» Погна́л он кобыли́ц в по́ле; они́ то́тчас задра́ли
230 хвосты́ и разбежа́лись по дрему́чим леса́м. Опя́ть сел царе́-
вич на ка́мень, пла́кал, пла́кал, да и усну́л. Со́лнышко се́ло
за лес; прибежа́ла льви́ца: «Встава́й, Ива́н-царе́вич! Кобы-
ли́цы все со́браны». Ива́н-царе́вич встал и пошёл домо́й;
ба́ба-яга́ пу́ще пре́жнего и шуми́т и кричи́т на свои́х кобы-
235 ли́ц: «Заче́м домо́й вороти́лись?» — «Как же нам бы́ло не
вороти́ться? Набежа́ли лю́тые зве́ри со всего́ све́та, чуть
нас совсе́м не разорва́ли». — «Ну, вы за́втра забеги́те в
си́не мо́ре».

Опя́ть переспа́л ночь Ива́н-царе́вич; нау́тро посыла́ет его́
240 ба́ба-яга́ кобыли́ц пасти́: «Е́сли не упасёшь — быть твое́й
бу́йной голо́вушке на шесте́». Он погна́л кобыли́ц в по́ле;
они́ то́тчас задра́ли хвосты́, скры́лись с глаз и забежа́ли в
си́не мо́ре; стоя́т в воде́ по ше́ю. Ива́н-царе́вич сел на
ка́мень, запла́кал и усну́л. Со́лнышко за лес се́ло, прилете́ла
245 пчёлка и говори́т: «Встава́й, царе́вич! Кобыли́цы все со́-
браны; да как воро́тишься домо́й, ба́бе-яге́ на глаза́ не
пока́зывайся, пойди́ в коню́шню и спря́чься за я́слями. Там
есть парши́вый жеребёнок — в наво́зе валя́ется; ты укра́дь
его́ и в глуху́ю по́лночь уходи́ и́з дому».

250 Ива́н-царе́вич встал, пробра́лся в коню́шню и улёгся за
я́слями; ба́ба-яга́ и шуми́т и кричи́т на свои́х кобыли́ц:
«Заче́м вороти́лись?» — «Как же нам бы́ло не вороти́ться?
Налете́ло пчёл ви́димо-неви́димо со всего́ све́та и дава́й нас
со всех сторо́н жа́лить до кро́ви!»

255 Ба́ба-яга́ засну́ла, а в са́мую по́лночь Ива́н-царе́вич укра́л
у неё парши́вого жеребёнка, оседла́л его́, сел и поскака́л к
о́гненной реке́. Дое́хал до той реки́, махну́л три ра́за плат-
ко́м в пра́вую сто́рону — и вдруг, отку́да ни взя́лся, пови́с
че́рез реку́ высо́кий, сла́вный мост. Царе́вич перее́хал по́
260 мосту и махну́л платко́м на ле́вую сто́рону то́лько два ра́за
— оста́лся че́рез реку́ мост то́ненький-то́ненький! Поутру́
пробуди́лась ба́ба-яга́ — парши́вого жеребёнка видо́м не
вида́ть! Бро́силась в пого́ню; во весь дух на желе́зной сту́пе
ска́чет, песто́м погоня́ет, помело́м след замета́ет. Приска-
265 ка́ла к о́гненной реке́, взгляну́ла и ду́мает: «Хоро́ш мост!»

Пое́хала по́ мосту, то́лько добрала́сь до среди́ны — мост обломи́лся, и ба́ба-яга́ чубура́х в реку́; тут ей и лю́тая смерть приключи́лась! Ива́н-царе́вич откорми́л жеребёнка в зелёных луга́х; стал из него чу́дный конь.

Приезжа́ет царе́вич к Ма́рье Море́вне; она́ вы́бежала, 270 бро́силась к нему́ на ше́ю: «Как тебя́ Бог воскреси́л?» — «Так и так, — говори́т. — Пое́дем со мной». — «Бою́сь, Ива́н-царе́вич! Е́сли Коще́й догони́т, быть тебе́ опя́ть изру́блену». — «Нет, не догони́т! Тепе́рь у меня́ сла́вный богаты́рский конь, сло́вно пти́ца лети́т». Се́ли они́ на коня́ 275 и пое́хали. Коще́й Бессме́ртный домо́й вороча́ется, под ним конь спотыка́ется. «Что ты, несы́тая кля́ча, спотыка́ешься? А́ли чу́ешь каку́ю невзго́ду?» — «Ива́н-царе́вич приезжа́л, Ма́рью Море́вну увёз». — «А мо́жно ли их догна́ть?» — «Бог зна́ет! Тепе́рь у Ива́на-царе́вича конь богаты́рский 280 лу́чше меня́». — «Нет, не утерплю́, — говори́т Коще́й Бессме́ртный, — пое́ду в пого́ню». До́лго ли, ко́ротко ли — нагна́л он Ива́на-царе́вича, соскочи́л на́земь и хоте́л было сечь его́ о́строй са́блею; в те́ поры конь Ива́на-царе́вича уда́рил со всего́ разма́ху копы́том Коще́я Бессме́ртного и 285 размозжи́л ему́ го́лову, а царе́вич докона́л его́ па́лицей. По́сле того́ накла́л царе́вич гру́ду дров, развёл ого́нь, спали́л Коще́я Бессме́ртного на костре́ и са́мый пе́пел его́ пусти́л по́ ветру.

Ма́рья Море́вна се́ла на Коще́ева коня́, а Ива́н-царе́вич 290 на своего́, и пое́хали они́ в го́сти сперва́ к во́рону, пото́м к орлу́, а там и к со́колу. Куда́ ни прие́дут, всю́ду встреча́ют их с ра́достью: «Ах, Ива́н-царе́вич, а уж мы не ча́яли тебя́ ви́деть. Ну, да неда́ром же ты хлопота́л: тако́й краса́вицы, как Ма́рья Море́вна, во всём све́те поиска́ть — друго́й не 295 найти́!» Погости́ли они́, попирова́ли и пое́хали в своё ца́рство: прие́хали и ста́ли себе́ жить-пожива́ть, добра́ нажива́ть да медо́к попива́ть.

3. *SVINKA ZOLOTÁJA ŠČETÍNKA, ÚTKA ZOLOTÝE PÉRYŠKI, ZOLOTORÓGIJ OLÉN' I ZOLOTOGRÍVYJ KON'*

Жил старик со старухою; у них было три сына: двое умных, третий дурак. Старик со старухой померли. Перед смертью отец говорил: «Дети мои любезные! Ходите три ночи на мою могилу сидеть». Они кинули между собой жребий;
5 досталось дураку идти. Дурак пошёл на могилу сидеть; в полночь выходит отец его и спрашивает: «Кто сидит?» — «Я, батюшка, — дурак». — «Сиди, моё дитятко, Господь с тобою!» На другую ночь приходится большому брату идти на могилу; большой брат просит дурака: «Поди, дурак,
10 посиди за меня ночку; что хочешь возьми». — «Да, поди! Там мертвецы прыгают...» — «Поди; красные сапоги тебе куплю». Дурак не мог отговориться, пошёл другую ночку сидеть. Сидит на могилке, вдруг земля раскрывается, выходит его отец и спрашивает: «Кто сидит?» — «Я, батюшка,
15 — дурак». — «Сиди, моё дитятко, Господь с тобою!»
   На третью ночь надо среднему брату идти, то он просит дурака: «Сделай милость, поди посиди за меня; что хочешь возьми!» — «Да, поди! Первая ночь страшна была, а другая ещё страшнее: мертвецы кричат, дерутся, а меня лихорадка
20 трясёт!» — «Поди; красную шапку тебе куплю». Нечего делать, пошёл дурак и на третью ночь. Сидит на могилке, вдруг земля раскрывается, выходит его батюшка и спрашивает: «Кто сидит?» — «Я — дурак». — «Сиди, моё дитятко, Господь с тобою! Вот тебе от меня великое благословение».
25 И даёт ему три конских волоса. Дурак вышел в заповедные луга, прижёг-припалил три волоса и крикнул зычным голосом: «Сивка-бурка, вещая каурка, батюшкино благословение! Стань передо мной, как лист перед травой». Бежит сивка-бурка, вещая каурка, изо рту полымя пышет, из ушей
30 дым столбом валит; стал конь перед ним, как лист перед

травой. Дурак в левое ушко влез — напился-наелся; в правое влез — в цветно платье нарядился и сделался такой молодец — ни вздумать, ни взгадать, ни пером написать.

Поутру царь клич кличет: «Кто в третьем этаже мою дочь Милолику-царевну с разлёту на коне поцелует, за того отдам её замуж». Старшие братья сбираются смотреть, зовут с собой дурака: «Пойдём, дурак, с нами!» — «Нет, не хочу; я пойду в поле, возьму кузов да набью галок — и то собакам корм!» Вышел в чистое поле, припалил три конские волоса и закричал: «Сивка-бурка, вещая каурка, батюшкино благословение! Стань передо мной, как лист перед травой». Бежит сивка-бурка, вещая каурка, изо рту полымя пышет, из ушей дым столбом валит; стал конь перед ним, как лист перед травой. Дурак в левое ушко влез — напился-наелся; в правое влез — в цветно платье наря- дился: сделался такой молодец, что ни вздумать, ни взга- дать, ни пером написать. Сел верхом, рукой махнул, ногой толкнул и понёсся; его конь бежит, земля дрожит; горы, долы хвостом застилает, пни, колоды промеж ног пускает. Через один этаж перескакал, через два — нет, и уехал назад.

Братья приходят домой, дурак на полатях лежит; говорят ему: «Ах, дурак! Что ты не пошёл с нами? Какой там мо- лодец приезжал — ни вздумать, ни взгадать, ни пером напи- сать!» — «Не я ли, дурак?» — «Да где тебе такого коня достать! Утри прежде под носом-то!» На другое утро стар- шие братья собираются к царю смотреть, зовут с собой ду- рака: «Пойдём, дурак, с нами; вчера приезжал хорош моло- дец, нынче ещё лучше приедет!» — «Нет, не хочу; я пойду в поле, возьму кузов, набью галок и принесу — и то соба- кам корм!» Вышел в чистое поле, припалил конские волосы: «Сивка-бурка, вещая каурка! Стань передо мной, как лист перед травой». Сивка-бурка бежит, изо рту полымя пышет, из ушей дым столбом валит; стал конь перед ним, как лист перед травой. Дурак в левое ушко влез — напился-наелся; в правое влез — в цветно платье нарядился, сделался такой молодец — ни вздумать, ни взгадать, ни пером написать.

Сел верхо́м, руко́й махну́л, ного́й толкну́л, че́рез два этажа́ перескака́л, че́рез тре́тий — нет; вороти́лся наза́д, пусти́л

70 своего́ коня́ в зелёные запове́дные луга́, а сам пришёл домо́й, лёг на печи́.

Бра́тья прихо́дят: «Ах, дура́к, что ты не пошёл с на́ми? Вчера́ приезжа́л хоро́ш мо́лодец, а ны́нче ещё лу́чше; и где э́та красота́ родила́сь?» — «Да не я ли, дура́к, был?» —

75 «Эх, дура́к дура́цкое и говори́т! Где тебе́ э́такой красоты́ доста́ть, где тебе́ э́такого коня́ взять? Знай на печи́ лежи́...» — «Ну, не я, так аво́сь за́втра узна́ете». На тре́тье у́тро сбира́ются у́мные бра́тья к царю́ смотре́ть: «Пойдём, дура́к, с на́ми; ны́нче он её поцелу́ет». — «Нет, не хочу́; я в по́ле

80 пойду́, ку́зов возьму́, набью́ га́лок, домо́й принесу́ — и то соба́кам корм!» Вы́шел в чи́стое по́ле, припали́л ко́нские во́лосы и закрича́л гро́мким го́лосом: «Си́вка-бу́рка, ве́щая кау́рка! Стань пе́редо мной, как лист пе́ред траво́й». Си́вка-бу́рка бежи́т, и́зо рту по́лымя пы́шет, из уше́й дым

85 столбо́м вали́т; стал конь пе́ред ним, как лист пе́ред траво́й. Дура́к в ле́вое у́шко влез — напи́лся-нае́лся; в пра́вое у́шко влез — в цветно́ пла́тье наряди́лся и сде́лался тако́й мо́лодец — ни вздума́ть, ни взгада́ть, ни перо́м написа́ть. Сел верхо́м, руко́й махну́л, ного́й толкну́л, че́рез все три этажа́

90 перескака́л, ца́рскую дочь в уста́ поцелова́л, а она́ его́ золоты́м пе́рстнем уда́рила в лоб.

Вороти́лся дура́к наза́д, пусти́л своего́ до́брого коня́ в запове́дные луга́, а сам пришёл домо́й, завяза́л го́лову платко́м, лёг на пола́ти. Бра́тья прихо́дят: «Ах, дура́к! Те два

95 ра́за мо́лодцы приезжа́ли, а ны́нче ещё лу́чше; и где э́такая красота́ родила́сь?» — «Да не я ли, дура́к, был?» — «Ну, дура́к дура́цкое и орёт! Где тебе́ э́такой красоты́ доста́ть?» Дура́к развяза́л платка́, всю избу́ освети́л. Спра́шивают его́ бра́тья: «Где ты э́такой красоты́ достава́л?» — «Где бы ни

100 бы́ло, да доста́л! А вы всё не ве́рили; вот вам и дура́к!»

На друго́й день царь де́лает пир на весь правосла́вный мир, приказа́л сзыва́ть во дворе́ц и боя́р, и князе́й, и просты́х люде́й, и бога́тых и ни́щих, и ста́рых и ма́лых: царе́вна-де ста́нет выбира́ть своего́ нарече́нного жениха́. У́мные бра́тья

сбираются к царю́ на обе́д; дура́к завяза́л го́лову тряпи́цею и 105
говори́т им: «Тепе́рь хоть не зови́те меня́, я и сам пойду́».
Пришёл дура́к в ца́рские черто́ги и заби́лся за пе́чку. Вот
царе́вна обно́сит всех вино́м, жениха́ выбира́ет, а царь за ней
сле́дом хо́дит. Всех обнесла́, гляну́ла за пе́чку и увида́ла
дурака́; у него́ голова́ тряпи́цей завя́зана, по лицу́ слю́ни да 110
со́пли теку́т. Вы́вела его́ Милоли́ка-царе́вна, утёрла плат-
ко́м, поцелова́ла и говори́т: «Госуда́рь ба́тюшка! Вот мой
су́женый». Ви́дит царь, что жени́х нашёлся; хоть дура́к, а
де́лать не́чего — ца́рское сло́во зако́н! И сейча́с же при-
каза́л обвенча́ть их. У царя́ изве́стное де́ло — ни пи́во 115
вари́ть, ни вино́ кури́ть; жи́во сва́дьбу спра́вили.

У того́ царя́ бы́ло два зя́тя, дура́к стал тре́тий. Оди́н раз
призыва́ет он свои́х у́мных зятьёв и говори́т таково́ сло́во:
«Зятья́ мои́ у́мные, зятья́ разу́мные! Сослужи́те мне слу́жбу,
каку́ю я вам велю́; есть в степи́ у́точка золоты́е пёрышки; 120
нельзя́ ли её доста́ть мне?» Веле́л оседла́ть им до́брых коне́й
и е́хать за у́точкою. Дура́к услыха́л и стал проси́ть: «А мне,
ба́тюшка, дай хоть водово́зницу». Дал ему́ царь шелуди́вую
лошадёнку; он сел на неё верхо́м, к лошади́ной голове́
за́дом, к лошади́ному за́ду пе́редом, взял хвост в зу́бы, 125
погоня́ет ладо́нями по бёдрам: «Но, но, соба́чье мя́со!»
Вы́ехал в чи́стое по́ле, ухвати́л кля́чу за́ хвост, содра́л с неё
шку́ру и закрича́л: «Эй, слета́йтесь, га́лки, карги́ и соро́ки!
Вот вам ба́тюшка ко́рму присла́л». Налете́ли га́лки, карги́ и
соро́ки и съе́ли всё мя́со, а дура́к зовёт си́вку-бу́рку: «Стань 130
пе́редо мной, как лист пе́ред траво́й».

Си́вка-бу́рка бежи́т, и́зо рту по́лымя пы́шет, из уше́й дым
столбо́м вали́т; дура́к влез в ле́вое у́шко — напи́лся-нае́лся;
в пра́вое влез — в цветно́ пла́тье наряди́лся и стал мо́лодец.
Добы́л у́тку золоты́е пёрышки, раски́нул шатёр, сам в 135
шатре́ сиди́т; а во́зле у́точка хо́дит. Нае́хали на него́ у́мные
зятья́, спра́шивают: «Кто, кто в шатре́? Ко́ли стар старичо́к
— будь нам де́душка, ко́ли сре́дних лет — будь нам дя́дюш-
ка». Отвеча́ет дура́к: «В ва́шу по́ру — бра́тец вам». — «А
что, бра́тец, продаёшь у́точку золоты́е пёрышки?» — «Нет, 140
она́ не прода́жная, а заве́тная». — «А ско́лько заве́ту?» —

«С пра́вой руки́ по мизи́нцу». Отре́зали по мизи́нцу с
пра́вой руки́ и о́тдали дураку́; он в карма́н положи́л. При-
е́хали зятья́ домо́й, полегли́ спать; царь с цари́цею хо́дят да
145 слу́шают, что зятья́ говоря́т. Оди́н говори́т жене́: «Ти́ше,
ру́ку мне развереди́ла». Друго́й говори́т: «Ох, бо́льно! Рука́
боли́т».

Поутру́ царь призыва́ет к себе́ у́мных зятьёв: «Зятья́ мои́
у́мные, зятья́ разу́мные! Сослужи́те мне слу́жбу, каку́ю
150 велю́: хо́дит в степи́ сви́нка золота́я щети́нка с двена́дцатью
пороси́тами; доста́ньте мне её». Приказа́л оседла́ть им
до́брых коне́й, а дураку́ опя́ть дал шелуди́вую водово́зницу.
Дура́к вы́ехал в чи́стое по́ле, ухвати́л кля́чу за́ хвост, содра́л
шку́ру: «Эй, слета́йтесь, га́лки, карги́ и соро́ки! Вам царь
155 ко́рму присла́л». Слете́лись га́лки, карги́ и соро́ки и раскле-
ва́ли всё мя́со. Дура́к вы́звал си́вку-бу́рку, ве́щую кау́рку,
добы́л сви́нку золоту́ю щети́нку с двена́дцатью поро́сятами
и раски́нул шатёр; сам в шатре́ сиди́т, сви́нка о́коло хо́дит.
Нае́хали у́мные зятья́: «Кто, кто в шатре́? Ко́ли стар стари-
160 чо́к — будь нам де́душка, ко́ли сре́дних лет — будь нам дядюшка». — «В ва́шу по́ру — бра́тец вам». — «Э́то твоя́ сви́нка
золота́я щети́нка?» — «Моя́». — «Прода́й нам её; что возьмёшь?» — «Не прода́жная, а заве́тная». — «Ско́лько заве́ту?»
— «С ноги́ по па́льцу». Отре́зали с ноги́ по па́льцу, о́тдали
165 дураку́ и взя́ли сви́нку золоту́ю щети́нку с двена́дцатью
поро́сятами.

Нау́тро призыва́ет царь свои́х у́мных зятьёв, прика́зывает
им: «Зятья́ мои́ у́мные, зятья́ разу́мные! Сослужи́те мне
слу́жбу, каку́ю велю́: хо́дит в степи́ кобы́ла золотогри́вая с
170 двена́дцатью жеребя́тами; нельзя́ ли доста́ть её?» — «Мо́ж-
но, ба́тюшка!» Приказа́л царь оседла́ть им до́брых коне́й, а
дураку́ опя́ть дал шелуди́вую водово́зницу. Сел он к лоша-
ди́ной голове́ за́дом, к лошади́ному за́ду пе́редом, взял в
зу́бы хвост, ладо́нями погоня́ет; у́мные зятья́ над ним
175 смею́тся. Вы́ехал дура́к в чи́стое по́ле, ухвати́л кля́чу за́
хвост, содра́л шку́ру: «Эй, слета́йтесь, га́лки, карги́ и
соро́ки! Вот вам ба́тюшка ко́рму присла́л». Слете́лись
га́лки, карги́ и соро́ки и поклева́ли всё мя́со. Тут закрича́л

дурак громким голосом: «Сивка-бурка, вещая каурка, батюшкино благословение! Стань передо мной, как лист 180 перед травой».

Сивка-бурка бежит, изо рту полымя пышет, из ушей дым столбом валит. Дурак в левое ушко влез — напился-наелся; в правое влез — в цветно платье нарядился и стал молодец. «Надо, — говорит, — добыть кобылицу златогривую с две- 185 надцатью жеребятами». Отвечает ему сивка-бурка, вещая каурка: «Прежние задачи были ребячьи, а это дело трудное! Возьми с собой три прута медных, три прута железных и три оловянных; станет за мною кобылица по горам, по долам гоняться, приустанет и упадёт наземь; в то время не 190 плошай, садись на неё и бей промеж ушей всеми девятью прутьями, пока на мелкие части изломаются: разве тогда покоришь ты кобылицу златогривую». Сказано — сделано; добыл дурак кобылицу златогривую с двенадцатью жеребятами и раскинул шатёр; сам в шатре сидит, кобылица к 195 столбу привязана. Наехали умные зятья, спрашивают: «Кто, кто в шатре? Коли стар старичок — будь нам дедушка, коли средних лет — будь нам дядюшка». — «В вашу пору молодец — братец вам». — «Что, братец, твоя кобыла к столбу привязана?» — «Моя». — «Продай нам». — «Не 200 продажная, а заветная». — «А сколько завету?» — «Из спины по ремню». Вот умные зятья жались, жались и согласились; дурак вырезал у них по ремню из спины и положил в карман, а им отдал кобылицу с двенадцатью жеребятами. 205

На другой день сбирает царь пир пировать; все сошлись. Дурак вынул из кармана отрезанные пальцы и ремни и говорит: «Вот это — уточка золотые пёрышки, вот это свинка золотая щетинка, а вот это — кобылица золотогривая с двенадцатью жеребятами!» — «Что ты бредишь, дурак?» — 210 спрашивает его царь, а он в ответ: «Государь батюшка, прикажи-ка умным зятьям перчатки с рук снять». Сняли они перчатки: на правых руках мизинцев нет. «Это я с них по пальцу взял за уточку золотые пёрышки», — говорит дурак; приложил отрезанные пальцы на старые места — 215

они́ вдруг приросли́ и за́жили. «Сними́, ба́тюшка, с у́мных
зятьёв сапоги́». Сня́ли с них сапоги́ — и на нога́х не хвата́ет
по па́льцу. «Э́то я с них взял за сви́нку золоту́ю щети́нку с
двена́дцатью порося́тами». Приложи́л к нога́м отре́занные
220 па́льцы — вмиг приросли́ и за́жили. «Ба́тюшка, сними́ с
них соро́чки». Сня́ли соро́чки, у обо́их зятьёв из спины́ по
ремню́ вы́резано. «Э́то я с них взял за кобыли́цу златогри́вую
с двена́дцатью жеребя́тами». Приложи́л те ре́мни на ста́рые
места́ — они́ приросли́ к спи́нам и за́жили. «Тепе́рь, — го-
225 вори́т дура́к, — прикажи́, ба́тюшка, коля́ску заложи́ть».
Заложи́ли коля́ску, се́ли и пое́хали в чи́стое по́ле. Дура́к
прижёг-припали́л три ко́нские во́лоса и кри́кнул гро́мким
го́лосом: «Си́вка-бу́рка, ве́щая каýрка, ба́тюшкино благо-
слове́ние! Стань пе́редо мной, как лист пе́ред траво́й». Конь
230 бежи́т, земля́ дрожи́т, и́зо рту по́лымя пы́шет, из уше́й дым
столбо́м вали́т, прибежа́л и стал как вко́панный. Дура́к в
ле́вое у́шко влез — напи́лся-нае́лся; в пра́вое влез — в
цветно́ пла́тье наряди́лся и сде́лался тако́й мо́лодец — ни
взду́мать, ни взгада́ть, ни перо́м написа́ть! С того́ вре́мени
235 жил он с свое́й жено́ю по-ца́рски, е́здил в коля́ске, пиры́
задава́л; на тех пира́х и я быва́л, мёд-вино́ пива́л; ско́лько
ни пил — то́лько усы́ обмочи́л!

4. МУ́ДРАЯ ЖЕНА́

В не́котором ца́рстве, в не́котором госуда́рстве жил в дере-
ву́шке стари́к со стару́хою; у него́ бы́ло три сы́на: два —
у́мных, а тре́тий — дура́к. Пришло́ вре́мя старику́ помира́ть,
стал он де́ньги дели́ть: ста́ршему дал сто рубле́й и сре́днему
5 — сто рубле́й, а дураку́ и дава́ть не хо́чет: всё равно́ да́ром
пропаду́т! «Что ты, ба́тька! — говори́т дура́к. — Де́ти все
равны́, что у́мные, что дура́к; дава́й и мне до́лю». Стари́к
дал и ему́ сто рубле́й. У́мер оте́ц, похорони́ли его́. Вот
у́мные бра́тья собрали́сь на база́р е́хать быко́в покупа́ть;
10 и дура́к подня́лся. У́мные купи́ли быко́в, а он ко́шку да

соба́ку привёл. Че́рез не́сколько дней ста́ршие бра́тья за-
прягли́ свои́х быко́в, хотя́т в доро́гу е́хать; смотря́ на них, и
меньшо́й собира́ется. «Что ты, дура́к! Куда́ собира́ешься?
А́ли люде́й смеши́ть?» — «Про то я зна́ю! У́мным — доро́га,
и дурака́м — путь не зака́зан».   15

Взял дура́к соба́ку да ко́шку, взвали́л мешо́к на плеча́ и
пошёл и́з дому. Шёл, шёл, на пути́ больша́я река́, а запла-
ти́ть за перево́з нет ни гроша́; вот дура́к до́лго не ду́мал,
набра́л хво́росту, сде́лал на берегу́ шала́ш и оста́лся в нём
жить. Начала́ его́ соба́ка по сторона́м промышля́ть, краюш- 20
ки хле́ба таска́ть, и себя́ не забыва́ет и хозя́ина с ко́шкой
ко́рмит. Плыл по той реке́ кора́бль с ра́зными това́рами.
Дура́к увида́л и кричи́т: «Эй, господи́н корабе́льщик! Ты
в торг е́дешь, возьми́ и мой това́р из полови́ны». И бро́сил
на кора́бль свою́ ко́шку. «Куда́ нам э́того зве́ря? — смею́тся 25
корабе́льные рабо́тники. — Дава́йте, ребя́та, его́ в во́ду
спу́стим». — «Эх вы каки́е, — говори́т хозя́ин, — не тро́жьте,
пуска́й э́та ко́шка у нас мыше́й да крыс ло́вит». — «Что ж,
э́то де́ло!»

До́лго ли, ко́ротко ли — приплы́л кора́бль в ину́ю зе́млю, 30
где ко́шек никто́ и не ви́дывал, а крыс да мыше́й сто́лько
бы́ло, как травы́ в по́ле. Корабе́льщик разложи́л свои́
това́ры, стал продава́ть; нашёлся и купе́ц на них, закупи́л
всё сполна́ и позва́л корабе́льщика. «На́до магары́ч пить;
пойдём, — говори́т, — я тебя́ угощу́!» Привёл го́стя в свой 35
дом, напои́л до́пьяна и приказа́л свои́м прика́зчикам стащи́ть
его́ в сара́й: «Пусть-де его́ кры́сы съедя́т, всё его́ бога́тство
мы зада́ром возьмём!» Стащи́ли корабе́льщика в тёмный
сара́й и бро́сили на́земь; а с ним всю́ду ко́шка ходи́ла, так
привы́кла к нему́ — ни на шаг не отстаёт. Забрала́сь она́ в 40
э́тот сара́й и дава́й крыс души́ть, души́ла, души́ла, э́такую
ку́чу накида́ла! Нау́тро прихо́дит хозя́ин, смо́трит — кора-
бе́льщик ни в чём невреди́м, а ко́шка после́дних крыс доби-
ва́ет. «Прода́й, — говори́т, — мне твоего́ зве́ря». — «Купи́!»
Торгова́ться-торгова́ться — и купи́л её купе́ц за шесть 45
бочо́нков зо́лота.

Вороти́лся корабе́льщик в своё госуда́рство, увида́л дурака́

и отдаёт ему три бочо́нка зо́лота. «Э́кая про́пасть зо́лота!
Куда́ мне с ним?» — поду́мал дура́к и пошёл по города́м да
50 по сёлам оделя́ть ни́щую бра́тию; ро́здал два бочо́нка, а на
тре́тий купи́л ла́дану, сложи́л в чи́стом по́ле и зажёг: вос-
кури́лось благоуха́ние и пошло́ к Бо́гу на небеса́. Вдруг
явля́ется а́нгел: «Госпо́дь приказа́л спроси́ть, чего́ ты же-
ла́ешь?» — «Не зна́ю», — отвеча́ет дура́к. «Ну, ступа́й в
55 э́ту сто́рону; там три мужика́ зе́млю па́шут, спроси́ у них —
они́ тебе́ ска́жут». Дура́к взял дуби́нку и пошёл к па́харям.
Прихо́дит к пе́рвому: «Здра́вствуй, стари́к!» — «Здра́вствуй,
до́брый челове́к!» — «Научи́ меня́, чего́ б пожела́ть мне от
Го́спода». — «А я почём зна́ю, что тебе́ на́добно!» Дура́к
60 недо́лго ду́мал, хвати́л старика́ дуби́нкою пря́мо по голове́
и уби́л до́ смерти.

Прихо́дит к друго́му, опя́ть спра́шивает: «Скажи́, стари́к,
чего́ бы лу́чше пожела́ть мне от Го́спода?» — «А мне почём
знать!» Дура́к уда́рил его́ дуби́нкою — и дохну́ть не дал.
65 Прихо́дит к тре́тьему па́харю, спра́шивает у него́: «Скажи́
ты, ста́рче!» Стари́к отвеча́ет: «Ко́ли тебе́ бога́тство дать,
ты, пожа́луй, и Бо́га забу́дешь; пожела́й лу́чше жену́ му́д-
рую». Вороти́лся дура́к к а́нгелу. «Ну, что тебе́ ска́зано?»
— «Ска́зано: не жела́й бога́тства, пожела́й жену́ му́друю».
70 — «Хорошо́! — говори́т а́нгел. — Ступа́й к тако́й-то реке́,
сядь на мосту́ и смотри́ в во́ду; ми́мо тебя́ вся́кая ры́ба пройдёт — и больша́я и ма́лая; проме́ж той ры́бы бу́дет плоти́чка
с золоты́м кольцо́м — ты её подхвати́ и брось че́рез себя́ о
сыру́ю зе́млю».

75 Дура́к так и сде́лал; пришёл к реке́, сел на мосту́, смо́трит
в во́ду при́стально — плывёт ми́мо ры́ба вся́кая, и больша́я и
ма́лая, а вот и плоти́чка — на ней золото́е кольцо́ вздё́то;
он то́тчас подхвати́л её и бро́сил че́рез себя́ о сыру́ю зе́млю
— обрати́лась ры́бка кра́сной деви́цей: «Здра́вствуй, ми́лый
80 друг!» Взяли́сь они́ за́ руки и пошли́; шли, шли, ста́ло
со́лнце сади́ться — останови́лись ночева́ть в чи́стом по́ле.
Дура́к засну́л кре́пким сном, а кра́сная де́вица кри́кнула
зы́чным го́лосом — то́тчас яви́лось двена́дцать рабо́тников.
«Постро́йте мне бога́тый дворе́ц под золото́ю кры́шею».

Вмиг дворе́ц поспе́л, и с зеркала́ми и с карти́нами. Спать 85
легли́ в чи́стом по́ле, а просну́лись в чуде́сных пала́тах.
Увида́л тот дворе́ц под золото́ю кры́шею сам госуда́рь,
удиви́лся, позва́л к себе́ дурака́ и говори́т: «Ещё вчера́ бы́ло
тут ме́сто гла́дкое, а ны́нче дворе́ц стои́т! Ви́дно, ты колду́н
како́й!» — «Нет, ва́ше вели́чество! Всё сде́лалось по Бо́жьему 90
повеле́нию». — «Ну, ко́ли ты суме́л за одну́ ночь дворе́ц
поста́вить, ты постро́й к за́втрему от своего́ дворца́ до мои́х
пала́т мост — одна́ мости́на сере́бряная, а друга́я золота́я;
а не вы́строишь, то мой меч — твоя́ голова́ с плеч!»
Пошёл дура́к, запла́кал. Встреча́ет его́ жена́ у двере́й: 95
«О чём пла́чешь?» — «Как не пла́кать мне! Приказа́л мне
госуда́рь мост состро́ить — одна́ мости́на золота́я, друга́я
сере́бряная; а не бу́дет гото́в к за́втрему, хо́чет го́лову
руби́ть». — «Ничего́, душа́ моя́! Ложи́сь-ка спать; у́тро
ве́чера мудрене́е». Дура́к лёг и засну́л; нау́тро встаёт — 100
уж всё сде́лано: мост тако́й, что в год не насмо́тришься!
Коро́ль позва́л дурака́ к себе́: «Хороша́ твоя́ рабо́та! Тепе́рь
сде́лай мне за еди́ную ночь, чтоб по о́бе сторо́ны мо́ста росли́
я́блони, на тех я́блонях висе́ли бы спе́лые я́блочки, пе́ли бы
пти́цы ра́йские да мяу́кали ко́тики морски́е; а не бу́дет 105
гото́во, то мой меч — твоя́ голова́ с плеч!»
Пошёл дура́к, запла́кал; у двере́й жена́ встреча́ет: «О
чём, душа́, пла́чешь?» — «Как не пла́кать мне! Госуда́рь
веле́л, чтоб к за́втрему по о́бе сторо́ны мо́ста я́блони росли́,
на тех я́блонях спе́лые я́блочки висе́ли, пти́цы ра́йские 110
пе́ли и ко́тики морски́е мяу́кали; а не бу́дет сде́лано — хо́чет
руби́ть го́лову». — «Ничего́, ложи́сь-ка спать; у́тро ве́чера
мудрене́е». Нау́тро встаёт дура́к — уж всё сде́лано: я́блоки
зре́ют, пти́цы распева́ют, ко́тики мяу́кают. Нарва́л он
я́блоков, понёс на блю́де к госуда́рю. Коро́ль съел одно́- 115
друго́е я́блочко и говори́т: «Мо́жно похвали́ть! Этакой
сла́сти я ещё никогда́ не про́бовал! Ну, бра́тец, ко́ли ты так
хитёр, то сходи́ на тот свет к моему́ отцу́-поко́йнику и
спроси́, где его́ де́ньги запря́таны? А не суме́ешь сходи́ть
туда́, по́мни одно́: мой меч — твоя́ голова́ с плеч!» 120
Опя́ть идёт дура́к да пла́чет. «О чём, душа́, слёзы

льёшь?» — спрáшивает егó женá. «Как мне не плáкать! Посылáет меня государь на тот свет — спросúть у егó отцá-покóйника, где дéньги спрятаны». — «Это ещё не
125 бедá! Ступáй к корóлю да выпроси себé в провожáтые тех дýмных людéй, что емý злые совéты даю́т». Корóль дал емý двух боя́р в провожáтые; а женá достáла клубóчек. «На, — говорúт, — кудá клубóчек покáтится — тудá смéло идú».

Вот клубóчек катúлся, катúлся — и прямо в мóре: мóре
130 расступúлося, дорóга открылася: дурáк ступúл раз-другóй и очутúлся с своúми провожáтыми на том свéте. Смóтрит, а на покóйном королéвском отцé чéрти до пéкла дровá везýт да гоня́ют егó желéзными прýтьями. «Стой!» — закричáл дурáк. Чéрти пóдняли рогáтые гóловы и спрáшивают: «А
135 тебé что нáдобно?» — «Да мне нýжно словá два перекúнуть вот с этим покóйником, на котóром вы дровá вóзите». — «Ишь что выдумал! Есть когдá толковáть! Этак, пожáлуй, у нас в пéкле огóнь погáснет». — «Небóсь поспéете! Возьмúте на смéну этих двух боя́р, ещё скорéй довезýт». Живóй
140 рукóй отпряглú чéрти стáрого короля́, а замéсто егó двух боя́р заложúли и повезлú дровá в пéкло. Говорúт дурáк государеву отцý: «Твой сын, а наш государь, прислáл меня к твоéй мúлости спросúть, где прéжняя казнá спрятана?» — «Казнá лежúт в глубóких подвáлах за кáменными стенáми;
145 да сúла не в том, а скажú-ка ты моемý сыну: кóли он бýдет корóлевством управля́ть так же не по прáвде, как я управля́л, то и с ним то же бýдет! Сам вúдишь, как меня чéрти замýчили, до костéй спúну и бокá простегáли. Возьмú это кольцó и отдáй сыну для бóльшего увéрения…» Тóлько стáрый корóль
150 покóнчил эти словá, как чéрти уж назáд éдут: «Но-но! Эх, какáя пáра слáвная! Дай нам ещё разóк на ней прокатúться». А боя́ре кричáт дуракý: «Смúлуйся, не давáй нас; возьмú, покá жúвы!» Чéрти отпряглú их, и боя́ре воротúлись с дуракóм на бéлый свет.

155 Прихóдят к корóлю; он гляну́л и ужасну́лся: у тех боя́р лúца осýнулись, глазá выкатились, из спины, из бокóв желéзные прýтья торчáт. «Что с вáми подéялось?» — спрáшивает корóль. Дурáк отвечáет: «Были мы на том свéте;

увида́л я, что на ва́шем поко́йном отце́ че́рти дрова́ везу́т, останови́л их и дал э́тих двух боя́р на сме́ну; пока́ я с ва́шим 160 отцо́м говори́л, а че́рти на них дрова́ вози́ли». — «Что ж с тобо́ю оте́ц наказа́л?» — «Да веле́л сказа́ть: ко́ли ва́ше вели́чество бу́дете управля́ть короле́вством так же не по пра́вде, как он управля́л, то и с ва́ми то же бу́дет. Вот и кольцо́ присла́л для бо́льшего увере́ния». — «Не то гово- 165 ри́шь! Где казна́-то лежи́т?» — «А казна́ в глубо́ких под- ва́лах, за ка́менными стена́ми спря́тана». Тотчас призва́ли це́лую ро́ту солда́т, ста́ли ка́менные сте́ны лома́ть; разло- ма́ли, а за те́ми стена́ми стоя́т бо́чки с серебро́м да с зо́ло- том — су́мма несчётная! «Спаси́бо тебе́, бра́тец, за слу́жбу! 170 — говори́т коро́ль дураку́. — То́лько уж не погне́вайся: ко́ли ты суме́л на тот свет сходи́ть, так суме́й доста́ть мне гу́сли-самогу́ды; а не доста́нешь, то мой меч — твоя́ голова́ с плеч!»

Дура́к пошёл и запла́кал. «О чём, душа́, пла́чешь?» — 175 спра́шивает у него́ жена́. «Как мне не пла́кать! Ско́лько ни служи́ть, а всё го́лову сложи́ть! Посыла́ет меня́ госуда́рь за гу́слями-самогу́дами». — «Ничего́, мой брат их де́лает». Дала́ ему́ клубо́чек, полоте́нце свое́й рабо́ты, наказа́ла взять с собо́ю двух пре́жних боя́р, короле́вских сове́тников, и 180 говори́т: «Тепе́рь ты пойдёшь на́долго-на́долго: как бы коро́ль чего́ зло́го не сде́лал, на мою́ красоту́ не польсти́лся! Пойди́-ка ты в сад да вы́режь три пру́тика». Дура́к вы́резал в саду́ три пру́тика. «Ну, тепе́рь уда́рь э́тими пру́тиками и дворе́ц и меня́ самоё по три ра́за и ступа́й с Бо́гом!» Дура́к 185 уда́рил — жена́ обрати́лась в ка́мень, а дворе́ц в ка́менную го́ру. Взял у короля́ двух пре́жних боя́р и пошёл в путь- доро́гу; куда́ клубо́чек ка́тится, туда́ и он идёт.

До́лго ли, ко́ротко ли, бли́зко ли, далёко ли — прикати́лся клубо́чек в дрему́чий лес, пря́мо к избу́шке. Вхо́дит дура́к 190 в избу́шку, а там стару́ха сиди́т. «Здра́вствуй, ба́бушка!» — «Здра́вствуй, до́брый челове́к! Куда́ Бог несёт?» — «Иду́, ба́бушка, поиска́ть тако́го ма́стера, чтобы сде́лал мне гу́сли- самогу́ды: са́ми бы гу́сли игра́ли, и под и́хнюю му́зыку все бы во́лей-нево́лей пляса́ли». — «Ах, да ведь э́такие гу́сли 195

мой сынóк дéлает! Подожди́ немнóжко — он ужó домóй
придёт». Немнóго погодя́ прихóдит старухин сын. «Гос-
поди́н мáстер! — прóсит егó дурáк. — Сдéлай мне гусли-
самогуды». — «У меня́ готóвые есть; пожáлуй, подарю́ тебé,
200 тóлько с тем уговóром: как стáну я гусли настрáивать —
чтоб никтó не спал! А кóли кто уснёт да по моему́ óклику
не встáнет, с тогó головá долóй!» — «Хорошó, господи́н
мáстер!»

Взялся́ мáстер за рабóту, нáчал настрáивать гусли-само-
205 гуды; вот оди́н боя́рин заслушался и крéпко уснул. «Ты
спишь?» — окликáет мáстер. Тот не встаёт, не отвечáет, и
покати́лась головá егó пó полу. Мину́ты две-три — и
другóй боя́рин заснул; отлетéла и егó головá с плеч долóй.
Ещё мину́та — и дурáк задремáл. «Ты спишь?» — окли-
210 кáет мáстер. «Нет, не сплю! С дорóги глазá слипáются.
Нет ли воды́? Промы́ть нáдобно». Старуха подалá воды́.
Дурáк умы́лся, достáл ши́тое полотéнце и стал утирáться.
Старуха гляну́ла на то полотéнце, признáла рабóту своéй
дóчери и говори́т: «Ах, зять любéзный! Не чáяла с тобóй
215 ви́деться; здорóва ли моя́ дóчка?» Тут пошлó у них обни-
мáнье-целовáнье: три дня гуля́ли, пи́ли-éли, прохлаждáлися,
а там наступи́ло врéмя и прощáться. На прощáнье мáстер
подари́л своему́ зя́тю гусли-самогуды; дурáк взял их под
мы́шку и пусти́лся домóй.

220 Шёл, шёл, вы́шел из дрему́чего лéса на большу́ю дорóгу
и застáвил игрáть гусли-самогуды: век бы слушал — не
наслушался!.. Попадáется ему́ навстрéчу разбóйник. «Отдáй, — говори́т, — мне гусли-самогуды, а я тебé дуби́нку
дам». — «А на что твоя́ дуби́нка?» — «Да ведь онá не
225 простáя; тóлько скажи́ ей: эй, дуби́нка, бей-колоти́ — хоть
цéлую áрмию, и ту на мéсте полóжит». Дурáк поменя́лся,
взял дуби́нку и велéл ей уби́ть разбóйника. Дуби́нка полетé-
ла на разбóйника, раз-другóй удáрила и уби́ла егó дó
смéрти. Дурáк взял гусли-самогуды и дуби́нку и пошёл
230 дáльше.

Прихóдит в своё госудáрство. «Что, — ду́мает, — мне к
королю́ идти́ — ещё успéю! Лучше я наперёд с женóй

повида́юсь». Уда́рил тремя́ пру́тиками в ка́менную го́ру — раз, друго́й, тре́тий, и яви́лся чу́дный дворе́ц; уда́рил в ка́мень — и жена́ пе́ред ним. Обняли́сь, поздоро́вались, 235 два-три сло́ва перемо́лвили; по́сле того́ взял дура́к гу́сли, не забы́л и дуби́нку и пошёл к короля́. Тот увида́л. «Эх, — ду́мает, — ниче́м его́ не ухо́дишь, всё исполня́ет!» Как закричи́т, как напу́стится на дурака́: «Ах ты, тако́й-сяко́й! Вме́сто того́ чтобы ко мне яви́ться, ты наперёд взду́мал с 240 жено́й обнима́ться!» — «Винова́т, ва́ше вели́чество!» — «Мне из твое́й вины́ не шу́бу шить! Уж тепе́рь ни за что не прощу́... Пода́йте-ка мой була́тный меч!» Дура́к ви́дит, что де́ло к распла́те идёт, и кри́кнул: «Эй, дуби́нка, бей-колоти́!» Дуби́нка бро́силась, раз-друго́й уда́рила и уби́ла 245 зло́го короля́ до́ смерти. А дура́к сде́лался королём и ца́рствовал до́лго и ми́лостиво.

5. *РОГА́*

Быва́л-жива́л стари́к со стару́хой; у них был сын Марты́шка, а рабо́ты никако́й не рабо́тал, оте́ц никуда́ его́ наряди́ть не мо́жет, и с того́ о́тдал он сы́на своего́ Марты́шку в солда́ты. Марты́шке в солда́тах уче́нье не дало́сь: поста́вили оди́н раз его́ на часы́, а он ушёл с часо́в домо́й и положи́л своё 5 ружьё на гря́дку; взял па́лку да шар и пошёл на пара́дное ме́сто, сде́лал буй, стал игра́ть ша́ром и щёлкнул ша́риком федьфе́белю в лоб. Говори́т федьфе́бель: «Что ты, Марты́ш-ка, ро́бишь?» — «Я ведь жил у своего́ ба́тюшки и всё ша́ром игра́л!» — «Где ж у тебя́ ружьё?» — «У моего́ ба́тюшки 10 де́сять ружьёв, и все на гря́дке; и я своё ружьё на гря́дку снёс!» На́чали его́ за э́то ро́згами бить; по́сле битья́ засну́л он кре́пко, и приви́делось Марты́шке во сне: «Сбежи́, Марты́шка, в ино́е короле́вство — там тебе́ жи́ра бу́дет до́брая! Дойдёшь ты до э́того короле́вства, и бу́дет тут ре́чка, че́рез 15 ре́чку мост, а по́дле мо́ста трёхэта́жный ка́менный дом; зайди́ в э́тот дом — в том дому́ никого́ нет, а стои́т стол, на

столе́ дово́льно вся́кого ку́шанья и ра́зных напи́тков; нае́шь-
ся ты, напе́йся и в стол загляни́; в том столе́ в я́щике лежа́т
20 ка́рты однозоло́тные и кошелёк с деньга́ми. Однозоло́тными
ка́ртами хоть кого́ обыгра́ешь, а из кошелька́ хоть по́лную
го́ру насы́пь зо́лота — из него́ всё не убу́дет!» Пробуди́лся
Марты́шка от сна, нала́дил сухаре́й и сбежа́л и́з полку вон.
Шёл он доро́гою, а бо́льше стороно́ю три ме́сяца и пришёл
25 к ино́му короле́вству; вот и ре́чка, че́рез ре́чку мост, по́дле
моста́ трёхэта́жный ка́менный дом. Зашёл в э́тот дом, в
до́ме стои́т стол, на столе́ вся́кого ку́шанья и питья́ дово́льно.
Марты́шка сел, напи́лся-нае́лся, загляну́л в я́щик, взял
однозоло́тные ка́рты и кошелёк с деньга́ми, положи́л к себе́
30 в карма́н, и опя́ть в доро́гу. Пришёл в чужестра́нное коро-
ле́вство и забра́лся в тракти́р; встреча́ет его́ маркита́нт,
камзо́л на нём кра́сный, колпа́к на голове́ кра́сный и сапоги́
на нога́х кра́сные. Говори́т Марты́шка тому́ маркита́нту:
«А ну, пода́й мне с уста́тку кре́пкой во́дки рю́мку». Глянул
35 маркита́нт на солда́та и на́лил рю́мку воды́. Марты́шка
поку́шал — в рю́мке вода́, осерди́лся и стегну́л его́ по́ носу
и расши́б до́ крови. Завопи́л маркита́нт: «Господа́ генера́-
лы! Вот э́тот солда́т меня́ всего́ приби́л». Тут прибежа́ли
генера́лы, говоря́т Марты́шке: «Заче́м в наш тракти́р при-
40 шёл? Сюда́ просты́е лю́ди не хо́дят, а хо́дят мини́стры да
генера́лы, да сам коро́ль приезжа́ет». Отвеча́ет солда́т: «Я,
бра́тцы, ва́шего заведе́ния не зна́ю; я — челове́к ру́сский и
зашёл в ваш тракти́р с уста́тку вы́пить рю́мку во́дки;
попроси́л у маркита́нта кре́пкой во́дки, а он по́дал мне
45 рю́мку воды́. За э́то я осерди́лся, уда́рил его́ в лицо́, а попа́л
по́ носу». — «Э́кой ты! Весь в рямка́х... где тебе́ де́ньги
взять? — говори́т ему́ маркита́нт. — У меня́ рю́мка во́дки
рублём па́хнет». Марты́шка вы́нул свой кошелёк и насы́пал
из кошелька́ зо́лота с сенну́ю ку́чу. «Бери́, — говори́т, —
50 ско́лько на́добно за во́дку!» Все генера́лы тут обвини́ли
маркита́нта; заче́м во́ду продаёт! Взя́ли э́того солда́та к
себе́ и ста́ли попа́ивать. И говори́т им Марты́шка: «Пе́йте,
бра́тцы, и мою́ во́дку! Де́нег мои́х вам не пропи́ть... да не
уго́дно ли вам со мной в ка́рты поигра́ть?» И вы́нул из

карма́на свои́ однозоло́тные ка́рты, что э́таких карт господа́ 55
и на веку́ не вида́ли. На́чали в ка́рты игра́ть. Марты́шка
у них все де́ньги вы́играл, и лошаде́й, и пово́зки, и кучеро́в,
и фале́туров; да опосля́ взадь вороти́л, еще́ свои́х де́нег
подари́л им ско́лько-то.

Вот напи́лся Марты́шка до́пьяна; генера́лы ви́дят, что он 60
хмелён стал, и приказа́ли постла́ть под него́ посте́лю, а мар-
кита́нта заста́вили с него́ мух опа́хивать. «Да смотри́, —
говоря́т ему́, — е́сли возьмёшь кошелёк у солда́та и́ли де́нег
уба́вишь и он на тебя́ пожа́лится, то уж не прогне́вайся —
быть тебе́ без головы́». Прие́хали господа́ генера́лы к 65
самому́ королю́, объяви́ли, что «есть в на́шем тракти́ре
ру́сский солда́т Марты́шка, и у него́ тако́й кошелёк с
зо́лотом — полны́ твои́ пала́ты засы́плет, а из кошелька́
всё не убу́дет. Да есть еще́ у Марты́шки однозоло́тные
ка́рты — на веку́ ты э́таких не ви́дывал».   70

Коро́ль приказа́л шестёрку лошаде́й под каре́ту заложи́ть,
взял ку́чера, фале́тура и запя́тника и сам сел в каре́ту и
пое́хал в тракти́р. Как прие́хал — и скрича́л: «Что за
челове́к спит?» Марты́шка скочи́л и говори́т: «Ва́ше коро-
ле́вское вели́чество! Я — солда́т Марты́шка, а челове́к 75
ру́сский и сбежа́л из кома́нды». Тут приказа́л коро́ль
тракти́рщику принести́ графи́н во́дки, налива́ет рю́мку и
подаёт солда́ту: «Опохме́лься, служи́вый!» — «Пе́йте са́ми,
ва́ше вели́чество! Мне свои́х де́нег не пропи́ть бу́дет».
Коро́ль вы́пил сам рю́мку, а ему́ по́дал другу́ю. И говори́т 80
ему́ коро́ль: «Что, служи́вый, я слы́шал, ты ма́стер в ка́рты
игра́ть?» Вынима́ет солда́т однозоло́тные ка́рты, и диви́тся
коро́ль, что э́таких карт на веку́ не вида́л. Ста́ли игра́ть в
ка́рты. Марты́шка у короля́ все де́ньги вы́играл, и пла́тье,
и лошаде́й с каре́тою, и ку́чера с фале́туром и запя́тником; 85
опосля́ ему́ всё взадь о́тдал.

С того́ коро́ль возлюби́л Марты́шку, пожа́ловал его́
набо́льшим мини́стром и состро́ил ему́ трёхэта́жный ка́мен-
ный дом; живёт солда́т мини́стром упра́вно. И спроси́ли
короля́ на три го́да в другу́ю зе́млю; то наме́сто себя́ остав- 90
ля́ет коро́ль но́вого мини́стра пра́вить его́ короле́вством. И

повёл Мартышка по-своему: приказáл он шить на солдáт
шинéли и мундúры из сáмого цáрского сукнá, что и офицéры
нóсят, да прибáвил всем солдáтам жáлованья — комý по
95 рублю, кому пó два — и велéл им пéред кáждою вытью пить
по стакáну винá и чтоб говядины и кáши бы́ло вдóволь! А
чтоб по всемý королéвству нúщая брáтия не плáкалась, приказáл выдавáть из казённых магазúнов по кулю и пó два на
человéка мукú. И так-то за егó солдáты и нúщая брáтия
100 Бóга мóлят!

    А у тогó короля остáлась в домý дочь Настáсья-королéвна,
и посылáет онá свою служáнку позвáть нóвого минúстра
Мартышку к себé в гóсти. Прихóдит служáнка к немý в дом:
«Господúн минúстр! Нáша королéвна Настáсья зовёт тебя
105 в гóсти». Говорúт Мартышка: «Хорошó, сейчáс одéнусь!»
Пришёл к королéвне. Прóсит онá: «Поигрáй со мной в
кáрты!» Вынул Мартышка из кармáна однозолóтные кáрты,
что этаких карт королéвна на векý не видáла. Стáли игрáть,
выиграл он у королéвны все дéньги и убóры и говорúт:
110 «Убери-ка, Настáсья-королéвна, все свои дéньги и убóры;
у меня своúх дéнег довóльно — не прожúть бýдет!»
Настáсья-королéвна посадúла егó за стол и самá с ним сéла;
пúли, éли, веселúлися. И приказáла онá тáйно служáнке
поднестú емý рюмку усыпáющего зéлья; Мартышка выпил
115 рюмку и уснýл, и спал трóи сýтки. Тогдá отобралá онá у
негó кошелёк с зóлотом и кáрты однозолóтные, снялá с негó
плáтье — в однóй рубáшке остáвила — и приказáла в
навóзную яму брóсить. Мартышка спал трóи сýтки в навóз-
ной яме, пробудúлся и говорúт: «Вúдно, я в дóбром мéсте
120 сплю!» Вылез он на схóде сóлнца и пошёл к рéчке, вымылся
бéло. «Кудá же мне идтú?» — дýмает. И нашёл он стáрое
солдáтское плáтье, одéлся и побрёл вон из тогó королéвства.

    Шёл он дóлгое врéмя, и похотéлось емý есть; увúдел
яблоню, сорвáл два яблока, съел, и с тогó заболéла у негó
125 головá и выросли на головé рогá, и такúе большúе, что éле
носúть мóжет. Дошёл до другóй яблони, поéл другúх яблó-
ков, и с тогó отпáли у негó рогá. Тут набрáл он этих яблоков
обóих сортóв и воротúлся взядь в королéвство. «Ну, —

думает, — доберу́сь же я до короле́вны, что меня́ в до́брое
ме́сто впя́стала!» Уви́дел Марты́шка — сиди́т в ла́вке 130
ста́рая стару́шка, вся трясётся, и сказа́л: «На-ка, ба́бушка,
съешь я́блочек». Съе́ла она́ я́блочек хоро́шего со́рта и ста́ла
молода́я и то́лстая; спра́шивает: «Где ты, ди́тятко, взял э́ти
я́блоки?» Говори́т ей Марты́шка: «Э́то моё де́ло! Нет ли
у тебя́, ба́бушка, хоро́шего маркита́нтского пла́тья? Пойду́ 135
я э́тих я́блоков продава́ть». — «Ну, служи́вый, я для тебя́
хоть всю ла́вку отда́м». И дала́ ему́ чи́стое пла́тье и одно-
золо́тную таре́лку.

Пошёл Марты́шка я́блоков продава́ть, идёт ми́мо короле́в-
ского до́ма и гро́мко кричи́т: «У меня́ сла́дкие я́блочки! 140
У меня́ сла́дкие я́блочки!» Услы́шала Наста́сья-короле́вна,
посла́ла свою́ служа́нку: «Спроси́, почём продаёт я́блоки?»
Прибежа́ла служа́нка; Марты́шка ей говори́т: «Изво́льте,
суда́рыня, поку́шайте моего́ я́блочка». Она́ съе́ла и сде́лалась
молода́я, краси́вая и то́лстая, да́же короле́вна её не опо- 145
зна́ла: «Да ты ли э́то?» — «Я са́мая!» — отвеча́ет ей слу-
жа́нка. Наста́сья-короле́вна дала́ ей две́сти рубле́в: «Ступа́й
скоре́е, купи́ мне па́рочку!» Служа́нка сбе́гала, купи́ла я́бло-
ков и подала́ короле́вне; она́ сейча́с их съе́ла, и в то вре́мя
заболе́ла у ней голова́ и вы́росли больши́е рога́. Лежи́т она́ 150
на крова́ти, а над крова́тью поде́ланы гря́дки, и на тех
гря́дках рога́ поло́жены. А Марты́шка побежа́л к той же
стару́шке, о́тдал ей пре́жнее пла́тье и сряди́лся до́хтуром.
В те по́ры приезжа́ет коро́ль, объяви́ли ему́, что маркита́нт
окорми́л Наста́сью-короле́вну, и приказа́л он собра́ть мар- 155
кита́нтов со всего́ короле́вства и посади́л их в тюрьму́.

Ме́жду тем идёт ми́мо госуда́рева двора́ до́хтур и кричи́т:
«Нет ли до́хтуру рабо́ты?» Говори́т коро́ль свои́м слу́гам:
«Зови́те его́ скоре́е!» Марты́шка пришёл в пала́ты: «Что
прика́жете, ва́ше вели́чество?» — «Ты, ви́дно, не на́шего 160
короле́вства; не зна́ешь ли, чем пособи́ть мое́й до́чери,
Наста́сье-короле́вне? Окорми́л её како́й-то маркита́нт
я́блоками. Е́сли пособи́шь, пожа́лую тебя́ пе́рвым мини́ст-
ром и отда́м за тебя́ дочь мою́, короле́вну, в заму́жество, а
при ста́рости лет мои́х поста́влю тебя́ на своё короле́вское 165

ме́сто». — «Ва́ше вели́чество, — говори́т до́хтур, — прикажи́те вы́топить ба́ню, а я в ры́нок пойду́, искуплю́ сна́добья».

Пошёл Марты́шка в ры́нок, купи́л три пру́та: пе́рвый — ме́дный, друго́й — желе́зный, тре́тий — оловя́нный, и при-
170 каза́л короле́вну в ба́ню вести́. Как привели́ короле́вну в ба́ню — едва́ в две́ри рога́ впиха́ли. Марты́шка отосла́л всю прислу́гу прочь, вы́нул ме́дный прут, взял Наста́сью-короле́вну за рога́ и по́чал драть, пригова́ривая: «За грехи́ у тебя́ э́ти рога́ вы́росли! Повини́сь: не обма́нывала ли кого́,
175 не обира́ла ли кого́?» — «Ба́тюшка-до́хтур! Я на веку́ никого́ не обма́нывала и чужо́го себе́ не присва́ивала». Взял он друго́й прут, желе́зный, бил, бил — короле́вна всё не признаётся. Излома́л желе́зный прут, вы́нул тре́тий — оловя́нный, и на́чал по́тчевать. Тут Наста́сья-короле́вна и
180 повини́лася: «Винова́та, ба́тюшка-до́хтур! Бро́сила я но́вого мини́стра в наво́зную я́му, содрала́ с него́ пла́тье, забрала́ однозоло́тные ка́рты и кошелёк с деньга́ми». — «А где ты однозоло́тные ка́рты с тем кошелько́м дева́ла?» — «У меня́ в люби́мом я́щичке». — «Отда́й их мне!» Говори́т ему́
185 короле́вна: «Я тепе́рь вся твоя́! Что хо́чешь, то и де́лай со мно́ю». Марты́шка дал ей хоро́ших я́блоков; съе́ла она́ одно́ — оди́н рог свали́лся, съе́ла друго́е — и друго́й отпа́л, съе́ла тре́тье — и сде́лалась лу́чше и краси́вей пре́жнего. Пришли́ в короле́вский дом; короли́ э́то возлюби́лось,
190 пожа́ловал он Марты́шку опя́ть на́большим мини́стром и о́тдал за него́ дочь свою́ Наста́сью-короле́вну в заму́жество. Ста́ли они́ жить благополу́чно — в ра́дости и споко́йствии, и тепе́рь живу́т да хлеб жую́т.

6. *ВОР*

Жил-был стари́к со стару́хою; у них был сын по и́мени Ива́н. Корми́ли они́ его́, пока́ большо́й вы́рос, а пото́м и говоря́т: «Ну, сыно́к, досе́лева мы тебя́ корми́ли, а ны́нче корми́ ты нас до са́мой сме́рти». Отвеча́л им Ива́н: «Когда́

кормили меня до возраста лет, то кормите и до уса». 5
Выкормили его до уса и говорят: «Ну, сынок, мы кормили
тебя до уса, теперь ты корми нас до самой смерти». — «Эх,
батюшка, и ты, матушка, — отвечает сын, — когда кормили
меня до уса, то кормите и до бороды». Нечего делать,
кормили-поили его старики до бороды, а после и говорят: 10
«Ну, сынок, мы кормили тебя до бороды, нынче ты нас
корми до самой смерти». — «А коли кормили до бороды,
так кормите и до старости!» Тут старик не выдержал,
пошёл к барину бить челом на сына.

Призывает господин Ивана: «Что ж ты, дармоед, отца 15
с матерью не кормишь?» — «Да чем кормить-то? Разве
воровать прикажете? Работать я не учился, а теперь и
учиться поздно». — «А по мне как знаешь, — говорит ему
барин, — хоть воровством, да корми отца с матерью, чтоб
на тебя жалоб не было!» Тем временем доложили барину, 20
что баня готова, и пошёл он париться; а дело-то шло к
вечеру. Вымылся барин, воротился назад и стал спрашивать: «Эй, кто там есть? Подать босовики!» А Иван тут
как тут, стащил ему сапоги с ног, подал босовики; сапоги
тотчас под мышку и унёс домой. «На, батюшка, — говорит 25
отцу, — снимай свои лапти, обувай господские сапоги».

Наутро хватился барин — нет сапогов; послал за Иваном: «Ты унёс мои сапоги?» — «Знать не знаю, ведать не
ведаю, а дело моё!» — «Ах ты, плут, мошенник! Как же
ты смел воровать?» — «Да разве ты, барин, не сам сказал: 30
хоть воровством, да корми отца с матерью? Я твоего гос-
подского приказу не хотел ослушаться». — «Коли так, —
говорит барин, — вот тебе мой приказ: украдь у меня чёрного
быка из-под плуга; уворуешь — дам тебе сто рублей, не
уворуешь — влеплю сто плетей. — «Слушаю-с!» — отве- 35
чает Иван.

Тотчас бросился он на деревню, стащил где-то петуха,
ощипал ему перья, и скорей на пашню; подполз к крайней
борозде, приподнял глыбу земли, подложил под неё петуха,
а сам за кусты спрятался. Стали плугатари вести новую 40
борозду, зацепили ту глыбу земли и своротили на сторону;

ощипанный петух выскочил и что сил было побежал по
кочкам, по рытвинам. «Что за чудо из земли выкопали!» —
закричали плугатари и пустились вдогонку за петухом.
45 Иван увидал, что они побежали как угорелые, бросился
сейчас к плугу, отрубил у одного быка хвост да воткнул
другому в рот, а третьего отпряг и увёл домой.

Плугатари гонялись, гонялись за петухом, так и не пой-
мали, воротились назад: чёрного быка нет, а пёстрый без
50 хвоста. «Ну, братцы, пока мы за чудом бегали, бык быка
съел; чёрного-то совсем сожрал, а пёстрому хвост откусил!»
Пошли к барину с повинною головою: «Помилуй, отец,
бык быка съел». — «Ах вы, дурачьё безмозглое, — закричал
на них барин, — ну где это видано, где это слыхано, чтоб
55 бык да быка съел? Позвать ко мне Ивана!» Позвали. «Ты
быка украл?» — «Я, барин». — «Куда ж ты девал его?» —
«Зарезал; кожу на базар снёс, а мясом стану отца да мать
кормить». — «Молодец, — говорит барин, — вот тебе сто
рублей. Но украдь же теперь моего любимого жеребца, что
60 стоит за тремя дверями, за шестью замками; уведёшь —
плачу двести рублей, не уведёшь — влеплю двести плетей!»
— «Изволь, барин, украду».

Вечером поздно забрался Иван в барский дом; входит в
переднюю — нет ни души, смотрит — висит на вешалке
65 господская одёжа; взял барскую шинель да фуражку,
надел на себя, выскочил на крыльцо и закричал громко
кучерам и конюхам: «Эй, ребята! Оседлать поскорей
моего любимого жеребца да подать к крыльцу». Кучера и
конюхи признали его за барина, побежали в конюшню,
70 отперли шесть замков, отворили трое дверей, вмиг всё дело
исправили и подвели к крыльцу осёдланного жеребца. Вор
сел на него верхом, ударил хлыстиком — только и видели!

На другой день спрашивает барин: «Ну, что мой любимый жеребец?» А он ещё с вечера выкраден. Пришлось
75 посылать за Иваном. «Ты украл жеребца?» — «Я, барин».
— «Где ж он?» — «Купцам продал». — «Счастлив твой Бог,
что я сам украсть велел! Возьми свои двести рублей. Ну,
украдь же теперь керженского наставника». — «А что,

барин, за труды́ поло́жишь?» — «Хо́чешь три́ста рубле́й?» «Изво́ль, украду́!» — «А е́сли не украде́шь?» — «Твоя́ во́ля; 80 де́лай, что сам зна́ешь».

Призва́л ба́рин наста́вника. «Береги́сь, — говори́т, — стой на моли́тве всю ночь, спать не моги́! Ва́нька-вор на тебя́ похваля́ется». Перепуга́лся ста́рец, не до сна ему́, сиди́т в ке́лье да моли́тву тверди́т. В са́мую по́лночь при- 85 шёл Ива́н-вор с рогози́ным кошелём и стучи́тся в окно́. «Кто ты, челове́че?» — «А́нгел с не́беси, по́слан за тобо́ю унести́ живо́го в рай; полеза́й в коше́ль». Наста́вник сду́ру и влез в коше́ль; вор завяза́л его́, по́днял на́ спину и понёс на колоко́льню. Тащи́л, тащи́л. «Ско́ро ли?» — спра́ши- 90 вает наста́вник. «А вот уви́дишь! Снача́ла доро́га хоть долга́, да гладка́, а под коне́ц коротка́, да колотли́ва».

Втащи́л его́ наве́рх и спусти́л вниз по ле́стнице; бо́льно пришло́сь наста́внику, пересчита́л все ступе́ньки! «Ох, — говори́т, — пра́вду ска́зывал а́нгел: пере́дняя доро́га хоть 95 долга́, да гладка́, а после́дняя коротка́, да колотли́ва! И на том све́те тако́й беды́ не знава́л!» — «Терпи́, спасён бу́дешь!» — отвеча́л Ива́н, по́днял коше́ль и пове́сил у воро́т на огра́ду, положи́л по́дле два берёзовых пру́та́ тол- щино́ю в па́лец и написа́л на воро́тах: «Кто ми́мо пройдёт 100 да не уда́рит по кошелю́ три ра́за — да бу́дет ана́фема про́клят!» Вот вся́кий, кто ни прохо́дит ми́мо, — непре- ме́нно стегнёт три ра́за. Идёт ба́рин: «Что за коше́ль виси́т?» Приказа́л снять его́ и развяза́ть. Развяза́ли, а отту́да ле́зет ке́рженский наста́вник. «Ты как сюда́ попа́л? 105 Ведь говори́л тебе́: береги́сь, так нет! Не жа́лко мне, что тебя́ пру́тьями би́ли, а жа́лко мне, что из-за тебя́ три́ста рубле́й да́ром пропа́ли!»

7. *БАТРА́К*

Жил-был мужи́к; у него́ бы́ло три сы́на. Пошёл ста́рший сын в батраки́ нанима́ться; пришёл в го́род и наня́лся к купцу́, а тот купе́ц куда́ был скуп и суро́в! То́лько одну́

речь и держа́л: как запоёт пету́х, так и встава́й, батра́к, да
5 принима́йся за рабо́ту. Тру́дно, тяжело́ показа́лось па́рню;
про́жил он с неде́лю и вороти́лся домо́й. Пошёл сре́дний
сын, про́жил у купца́ с неде́лю, не вы́держал и взял расчёт.
«Ба́тюшка, — говори́т меньшо́й сын, — позво́ль, я пойду́ в
батраки́ к купцу́». — «Куда́ тебе́, дураку́! Знал бы сиде́л
10 на печи́! Полу́чше тебя́ ходи́ли, да ни с чем вороча́лись».
— «Ну как хо́чешь, а я пойду́!» Сказа́л и пошёл к купцу́:
«Здра́вствуй, купе́ц!» — «Здра́вствуй, мо́лодец! Что хоро́-
шего ска́жешь?» — «Найми́ меня́ в батраки́». — «Изво́ль;
то́лько у меня́, брат, как пету́х запоёт — так и ступа́й на
15 рабо́ту на весь день». — «Зна́мое де́ло: наня́лся, что прода́л-
ся́!» — «А что возьмёшь?» — «Да что с тебя́ взять? Год
проживу́ — тебе́ щелчо́к да купчи́хе щипо́к; бо́льше ничего́
не на́до». — «Ла́дно, мо́лодец! — отвеча́ет хозя́ин, а сам
ду́мает: — Э́кая благода́ть! Вот когда́ дёшево на́нял, так
20 дёшево!»

Ввечеру́ батра́к изловчи́лся, пойма́л петуха́, заверну́л ему́
го́лову под крыло́ и завали́лся спать. Уж по́лночь давно́
прошла́, де́ло к утру́ идёт — пора́ бы батрака́ буди́ть, да
пету́х не поёт! Подняло́сь со́лнышко на не́бо — батра́к и
25 сам проснýлся. «Ну, хозя́ин, дава́й за́втракать, вре́мя рабо́-
тать идти́». Поза́втракал и прорабо́тал день до ве́чера; в
су́мерки опя́ть излови́л петуха́, заверну́л ему́ го́лову за
крыло́ и завали́лся спать до утра́. На тре́тью ночь опя́ть то
же. Дался́ ди́ву купе́ц, что за при́тча така́я с петухо́м: со-
30 всем переста́л го́рло драть! «Пойду́-ка я, — ду́мает, — на
дере́вню, поищу́ ино́го петуха́». Пошёл купе́ц петуха́ иска́ть
и батрака́ с собо́ю взял.

Вот иду́т они́ доро́гою, а навстре́чу им че́тверо мужико́в
быка́ веду́т, да и бык же — большо́й да злю́щий! Е́ле-е́ле
35 на верёвках уде́ржат! «Куда́, бра́тцы?» — спра́шивает батра́к. «Да быка́ на бо́йню ведём». — «Эх, вы! Че́тверо быка́
веде́те, а тут и одному́ де́лать не́чего!» Подошёл к быку́,
дал ему́ в лоб щелчо́к и уби́л до сме́рти; опосля́ ухвати́л
щипко́м за шку́ру — вся шку́ра доло́й! Купе́ц как уви́дел,
40 каковы́ у батрака́ щелчки́ да щипки́, бо́льно пригорю́нился;

совсе́м забы́л о петухе́, верну́лся домо́й и стал с купчи́хой сове́т держа́ть, как им беду́-го́ре отбыва́ть? «А вот что, — говори́т купчи́ха, — пошлём-ка мы батрака́ по́здно ве́чером в лес, ска́жем, что коро́ва со ста́да не пришла́; пуска́й его́ лю́тые зве́ри съедя́т!» — «Ла́дно!» Дождали́сь ве́чера, по- 45 у́жинали; вы́шла купчи́ха на двор, постоя́ла у крыле́чка, вхо́дит в избу́ и говори́т батраку́: «Что ж ты коро́в в сара́й не загна́л? Ведь одно́й-то, комо́лой, не́ту!» — «Да, кажи́сь, они́ все бы́ли…» — «То-то все! Ступа́й скоре́й в лес да поищи́ хороше́нько».   50

Батра́к оде́лся, взял дуби́нку и побрёл в дрему́чий лес; ско́лько ни ходи́л по́ лесу — не вида́ть ни одно́й коро́вы; стал присма́триваться да пригля́дываться — лежи́т медве́дь в берло́ге, а батра́к ду́мает — то коро́ва. «Эхма́, куда́ зате- са́лась, прокля́тая! А я тебя́ всю ночь ищу́». И дава́й оса́жи- 55 вать медве́дя дуби́нкою; зверь бро́сился науте́к, а батра́к ухвати́л его́ за ше́ю, приволо́к домо́й и кричи́т: «Отворя́й воро́та, принима́й живота́!» Пусти́л медве́дя в сара́й и за́пер вме́сте с коро́вами. Медве́дь сейча́с приня́лся коро́в души́ть да лома́ть; за́ ночь всех до одно́й так и пореши́л. 60 Нау́тро говори́т батра́к купцу́ с купчи́хою: «Ведь коро́ву-то я нашёл». — «Пойдём, жена́, посмо́трим, каку́ю коро́ву нашёл он в лесу́?» Пошли́ в сара́й, отвори́ли две́ри, глядь — коро́вы заду́шены, а в углу́ медве́дь сиди́т. «Что ты, дура́к, наде́лал? Заче́м медве́дя в сара́й притащи́л? Он 65 всех коро́в у нас пореши́л!» — «Посто́й же, — говори́т батра́к, — не минова́ть ему́ за то сме́рти!» Ки́нулся в сара́й, дал медве́дю щелчо́к — из него́ и дух вон! «Пло́хо де́ло, — ду́мает купе́ц, — лю́тые зве́ри ему́ нипочём. Ра́зве оди́н чёрт с ним сла́дит! Поезжа́й, — говори́т батраку́, — на 70 чёртову ме́льницу да сослужи́ мне слу́жбу вели́кую: собери́ с нечи́стых де́ньги; в долг у меня́ забра́ли, а отдава́ть не отдаю́т!» — «Изво́ль, — отвеча́ет батра́к, — для чего́ не сослужи́ть тако́й безде́лицы?»

Запря́г ло́шадь в теле́гу и пое́хал на чёртову ме́льницу; 75 прие́хал, сел на плоти́не и стал верёвку вить. Вдруг вы́прыг- нул из воды́ бес: «Батра́к! Что ты де́лаешь?» — «Чай, сам

ви́дишь; верёвку вью». — «На что тебе́ верёвка?» — «Хочу́
вас, черте́й, таска́ть да на со́лнышке суши́ть; а то вы,
80 окая́нные, совсе́м перемо́кли!» — «Что ты, что ты, батра́к!
Мы тебе́ ничего́ худо́го не сде́лали». — «А заче́м моему́
хозя́ину долго́в не пла́тите? Занима́ть небо́сь уме́ли!» —
«Посто́й немно́жко, я пойду́ спрошу́ старшо́го», — сказа́л
чёрт и нырну́л в во́ду. Батра́к сейча́с за лопа́ту, вы́рыл
85 глубо́кую я́му, прикры́л её све́рху хво́ростом, посере́дке
свой шлык уста́вил, а в шлыке́-то за́годя дыру́ проре́зал.
    Чёрт вы́скочил и говори́т батраку́: «Старшо́й спра́шивает:
как же бу́дешь ты черте́й таска́ть? Ведь на́ши о́муты без-
до́нные». — «Вели́кая ва́жность! У меня́ на то есть верёвка
90 така́я: ско́лько хо́чешь ме́ряй, всё конца́ не доберёшься». —
«Ну-ка покажи́!» Батра́к связа́л о́ба конца́ свое́й верёвки
и по́дал чёрту; уж тот ме́рил-ме́рил, ме́рил-ме́рил, всё конца́
не́ту. «А мно́го ль долго́в плати́ть?» — «Да вот насы́пь
э́тот шлык серебро́м, как раз бу́дет». Чёрт нырну́л в во́ду,
95 рассказа́л про всё старшо́му; жаль ста́ло ста́рому с деньга́ми
расстава́ться, а де́лать не́чего, пришло́ раскоше́ливаться.
Насы́пал батра́к по́лон воз серебра́ и привёз к купцу́. «Вот
она́ беда́-то! И чёрт его́ не берёт!»
    Стал купе́ц с купчи́хой угова́риваться бежа́ть и́з дому;
100 купчи́ха напекла́ пирого́в да хле́бов, накла́ла два мешка́ и
легла́ отдохну́ть, чтоб к но́чи с си́лами собра́ться да от
батрака́ уйти́. А батра́к вы́валил из мешка́ пироги́ и хле́бы
да заме́сто того́ в оди́н положи́л жернова́, а в друго́й сам
зале́з; сиди́т — не ворохнётся, и дух притаи́л! Но́чью раз-
105 буди́л купе́ц купчи́ху, взвали́ли себе́ по мешку́ на плеча́ и
побежа́ли со двора́. А батра́к из мешка́ подаёт го́лос:
«Эй, хозя́ин с хозя́йкою! Погоди́те, меня́ с собо́й возьми́те».
— «Узна́л, прокля́тый! Го́нит за на́ми!» — говоря́т купе́ц с
купчи́хою и побежа́ли ещё ши́бче; во как умори́лись! Уви́-
110 дал купе́ц о́зеро, останови́лся, сбро́сил мешо́к с плеч:
«Отдохнём, — говори́т, — хоть немно́жко!» — А батра́к от-
зыва́ется: «Ти́ше броса́й, хозя́ин! Все бока́ перелома́ешь».
— «Ах, батра́к, да ты здесь!» — «Здесь!»
    Ну, хорошо́; реши́лись заночева́ть на берегу́ и легли́ все

ря́дышком. «Смотри́, жена́, — говори́т купе́ц, — как то́лько 115
заснёт батра́к, мы его́ бро́сим в во́ду». Батра́к не спит,
воро́чается, с бо́ку на́ бок перева́ливается. Купе́ц да куп-
чи́ха жда́ли, жда́ли и усну́ли; батра́к то́тчас снял с себя́
тулу́п да ша́пку, наде́л на купчи́ху, а сам наряди́лся в её
шубе́йку и бу́дит хозя́ина: «Встава́й, бро́сим батрака́ в 120
о́зеро!» Купе́ц встал; подхвати́ли они́ вдвоём со́нную
купчи́ху и ки́нули в во́ду. «Что ты, хозя́ин, сде́лал? —
закрича́л батра́к. — За что утопи́л купчи́ху?» Де́лать
не́чего купцу́, вороти́лся домо́й с батрако́м; а батра́к про-
служи́л у него́ це́лый год да дал ему́ щелчо́к в лоб — то́лько 125
и жил купе́ц! Батра́к взял себе́ его́ име́ние и стал себе́ жить-
пожива́ть, добра́ припаса́ть, лиха́ избыва́ть.

8. ФОМА́ БЕРЕ́ННИКОВ

Жила́-была́ стару́ха, у неё был криво́й сын Фома́ Бере́нни-
ков. Вот пое́хал Фома́ паха́ть; лошадёнка ху́денькая, взя́ло
его́ го́ре, сел на зава́линку... му́хи о́коло наво́за так и жуж-
жа́т. Схвати́л он хворости́ну, да как хлыснёт по ку́че, стал
счита́ть: ско́лько поби́л? Насчита́л пятьсо́т, да ещё мно́го 5
без счёту оста́лось. Реши́л Фома́, что им и сме́ты нет!
Прихо́дит к своему́ коню́, на нём сиди́т двена́дцать о́водов;
он всех и поби́л. Вороти́лся Фома́ Бере́нников к ма́тери и
про́сит у ней благослове́нья вели́кого: «Поби́л, де́скать,
ме́лкой си́лы — счёту нет, да двена́дцать могу́чих богаты- 10
ре́й; пусти́ меня́, ма́тушка, на по́двиги вели́кие, а зе́млю
паха́ть — не моё де́ло богаты́рское, то де́ло мужи́цкое!»
Благослови́ла его́ ма́тушка на по́двиги вели́кие, на по́прища
богаты́рские. Берёт он за пле́чи тупо́й серп, за по́яс лы́чный
кошель, а в тот коше́ль кладёт тупо́й коса́рь. 15
Вот е́дет Фома́ путём-доро́гою, стороно́ю незнако́мою, и
нае́хал на столб; пи́шет он на том столбе́ — не́ было у него́
в карма́не ни зла́та, ни серебра́, а случи́лся в карма́не мел
— вот и пи́шет он ме́лом: «Прое́хал здесь богаты́рь Фома́

20 Берéнников, котóрый срáзу побивáет двенáдцать могýчих
богатырéй, да опрúчь тогó сúлу несмéтную». Написáл и
поéхал дáльше. Éдет той же дорóгою Илья́ Мýромец, подъез-
жáет к столбý, вúдит нáдпись и говорúт: «Виднá пóпрыска
богаты́рская; не трáтит ни злáта, ни серебрá, одúн мел!»
25 Написáл он серебрóм: «Вслед за Фомóю Берéнниковым
проéхал богаты́рь Илья́ Мýромец». Наезжáет он Фомý
Берéнникова и говорúт (устрашúлся, знать, тоё нáдписи
меляны́я): «Могýчий богаты́рь Фомá Берéнников! Где
éхать: спередú úли сзáди?» — «Ступáй сзáди!» — отвечáет
30 Фомá.

Вот éдет той же дорóгою Алёша Попóвич млад; наезжáет он на тот столб, издалéча вúдит на том столбé нáдпись
— как жар горúт! Прочитáл нáдписи Фомы́ Берéнникова да
Ильи́ Мýромца, вынимáет из кармáна чúсто зóлото и пúшет:
35 «За Ильéю Мýромцем проéхал Алёша Попóвич млад».
Наезжáет он Илью́ Мýромца: «Ты скажú, скажú, Илья́
Мýромец, впередú éхать úли сзáди мне?» — «Не меня́
испросú, а мовó брáта стáршего Фомý Берéнникова».
Подъéхал Алёша Попóвич млад к Фомé Берéнникову:
40 «Удалóй боéц Фомá Берéнников! Где укáжешь éхать
Алёше Попóвичу?» — «Ступáй сзáди!»

Вот éдут онú путём-дорóгою, сторонóю незнакóмою; при-
езжáют онú в зелены́ сады́. Илья́ Мýромец и Алёша Попóвич раскúдывают бéлы шатры́, а Фомá Берéнников свои́
45 порткú. А те сады́ бы́ли самогó царя́, царя́ прýсского, и
воевáл тогó царя́ корóль китáйский с шестью́ могýчими
богатыря́ми. Посылáет царь прýсский грáмотку к Фомé
Берéнникову, а в той грáмотке знáчится: «Воюет меня́, царя́
прýсского, корóль китáйский; не бýдет ли вáша пóмощь?»
50 Фóмка грáмоте не бóльно разумéл, посмотрéл на грáмотку,
покачáл головóю и говорúт: «Хорошó!»

Вот подступáет корóль китáйский блúзко к гóроду; прихóдят Илья́ Мýромец и Алёша Попóвич млад к Фомé
Берéнникову и говоря́т таковó слóво: «Подъезжáют под
55 царя́, к сáмому гóроду; нáдо егó защитúть. Сам пойдёшь
úли нас пошлёшь?» — «Ступáй ты, Ильюшка Мýромец!»

Поби́л Илья́ Му́ромец всех. А по́сле того́ приво́дит коро́ль кита́йский ещё шесть богатыре́й и рать-си́лу несме́тную. Илья́ Му́ромец с Алёшей Попо́вичем прихо́дят к Фо́мке Бере́нникову: «Ты скажи́, скажи́, Фома́ Бере́нников, сам 60 пойдёшь и́ли нас пошлёшь?» — «Ступа́й ты, брат, Алёшка Попо́вич млад!» Пое́хал Алёша Попо́вич млад и поби́л всю рать-си́лу несме́тную и тех шесть могу́чих богатыре́й. Говори́т кита́йский коро́ль: «Есть у меня́ ещё оди́н богаты́рь, берёг его́ на пле́мя; пущу́ и его́ тепе́рь!» 65

Вот приво́дит он рать-си́лу несме́тную и с не́ю богатыря́ могу́чего, заве́тного, и говори́т коро́ль своему́ богатырю́: «Не си́лой бьёт нас ру́сский богаты́рь, а хи́тростью; что ста́нет де́лать ру́сский богаты́рь, то и ты де́лай!» Приез- жа́ют Илья́ Му́ромец да Алёша Попо́вич млад к Фо́мке 70 Бере́нникову: «Сам пойдёшь и́ли нас пошлёшь?» — «Сам пойду́; приведи́ моего́ коня́». Ко́ни богаты́рские по чи́сту по́лю хо́дят, тра́вку щи́плют, а Фо́мкин стои́т да овёс уплета́ет. Подошёл Илья́ Му́ромец к Фо́мкину коню́, а тот разъе́лся, брыка́ется и куса́ется! Взяла́ доса́да Илью́ 75 Му́ромца, схвати́л он коня́ Фо́мкина за́ хвост, да и ки́нул его́ че́рез плете́нь. Мо́лвил ему́ Алёша Попо́вич млад: «Не уви́дел бы нас Фома́ Бере́нников! Зада́ст он нам жа́ру!» — «Знать, вся си́ла не в коню́, а в само́м молодцу́!» — говори́т Илья́ Му́ромец и подво́дит тоё кля́чу к Фо́мке Бере́нникову. 80 Фо́мка сади́тся на ло́шадь, а сам ду́мает: «Пусть убью́т! Сра́му не бу́дет». Е́дет он, пригну́лся к коню́ на гри́ву и зажму́рился. Богаты́рь кита́йский, по́мня короле́вский нака́з, и сам к коню́ пригну́лся да зажму́рился. Фо́мка слез с коня́, сел на ка́мень и дава́й точи́ть серп; кита́йский богаты́рь и 85 себе́ тож: слеза́ет с могу́ча коня́ и то́чит свой меч. Ви́дит он, что Фо́мка Бере́нников на оди́н глаз крив, ду́мает про себя́: «Он оди́н глаз прищу́рил; дай-ка я ухитрю́сь да о́ба зажму́рю!»

Не успе́л он зажму́рить, как Фо́мка Бере́нников отсе́к ему́ 90 го́лову. Берёт он его́ коня́ богаты́рского, хо́чет на него́ сесть, да не вле́зет. Привяза́л Фо́ма сильномогу́чего коня́ к столе́тнему ду́бу, взобра́лся на де́рево, да и вспры́гнул на

коня́ верхо́м. Почу́ял конь седока́, как рванётся — и вы́рвал
95 дуб с ко́рнем вон; лети́т во всю мочь богаты́рскую и воло́чит
за собо́ю грома́дный дуб. Фома́ Бере́нников кричи́т: «По-
моги́те, помоги́те!» А кита́йцы-дураки́ ру́сского языка́ не
зна́ют, побежа́ли с испу́гу врозь; богаты́рский конь их
нога́ми то́пчет да столе́тним ду́бом бьёт; всех переби́л до
100 еди́ного! Вот и пи́шет кита́йский коро́ль к Фо́мке Бере́нни-
кову гра́мотку: «Никогда́ не бу́ду с тобо́й воева́ть». А
Фо́мке то и на́добно! И диву́ются Илья́ Му́ромец и Алёшка
Попо́вич млад тому́ Фо́мке Бере́нникову.

Вот е́дет Фома́ к царю́ пру́сскому. «Чем тебя́ жа́ловать? —
105 спра́шивает царь. — Бери́ казны́ золото́й ско́лько на́добно,
и́ли полца́рства моего́ бе́лого, и́ли царе́вну прекра́сную». —
«Дава́й царе́вну прекра́сную да позови́ на сва́дьбу ме́ньших
мои́х бра́тьев Илью́ Му́ромца да Алёшу Попо́вича мла́да».
И жени́лся Фома́ Бере́нников на прекра́сной царе́вне.
110 Ви́дно, не одни́м богатыря́м быва́ет уда́ча! Кто накричи́т
о себе́ бо́льше, тому́ и лу́чше.

LIRICHESKIE PESNI

THE folk-songs which are normally grouped under the category of *liricheskie pesni* are extremely diverse in type, ranging from ritual choral chants of a magical or semi-magical character to songs of individual happiness and sorrow. It is customary to classify these last under different headings: songs of love and family life, boatmen's and coachmen's songs, bandits' songs, soldiers' songs, songs of social protest.

While a few of these are clearly lyrical in the sense in which the word is generally used today, i.e. directly expressive of the singer's own emotion, the great majority of them might be termed 'dramatico-lyrical': they are put into the mouths of imaginary persons in some typical (usually sad) situation—for example, that of the forsaken maiden, the unhappily married young man or woman, the deserter, the doomed bandit; they are not the singer's response to a situation in which he himself is involved. All of them are lyrical in the original sense of the word—they are songs, never intended to be separated from the music to which they were sung.

The songs have a number of traditional stylistic features. They often begin with an invocation—a girl, for instance, addresses her mother (Уж ты мать моя, матушка, **3**), or some part of nature is invoked (Ты взойди-ка, красно солнышко, **11**; Не шуми, мати зеленая дубровушка, **10**). The mood of the subject is often adumbrated by some parallel in the world of nature, for example

> Туманно красное солнышко, туманно,
> Что в тумане красного солнышка не видно.
> Кручинна красная девица, печальна...

or

> Нападала роса на темны леса;
> Нападала грусть-тоска на мила дружка...

and nature also plays an important part in the recurrent symbolism of the songs (the girl or woman as белая лебедушка;
the young man as ясный сокол; the three birds—mother,
sister, wife—who mourn the dead warrior in Как доселева у
нас, братцы, через темный лес, **9**; the three trees—mother,
father, wife—in the soldier's garden in По горам-горам, **12**).
Imagery of this kind is found in most songs, often used with
poignant effect—for example, the 'три пойла' in Не травушка, не ковылушка, **16**, or the 'хоромы высокие' in Не шуми,
мати зеленая дубровушка, **10**.

Other common stylistic features of the songs are: tautologies
(горе горевать; ночку ночевать; туман-туман затуманился);
fixed epithets (those common to the *byliny* and other genres of
folk-poetry), such as добрый молодец, красная девица,
чистое поле, красное солнышко; affective suffixes (головушка, дубровушка, старичище, шляпочка), often used alongside
the normal form: жена-жененка; беседа моя, беседушка,
беседа смирна; parallel constructions, such as

> Над горой взойди над высокой,
> Над дубровушкой взойди над зеленою,
> Над полянушкой взойди над широкою…;

and repetitions—of single words (туман-туман), of phrases

> На руке она лежит, во глаза глядит,
> Во глаза она глядит, целовать велит,

or of whole lines.

The songs have no fixed metre. Each line contains a number
of main stresses separated by a varying number of unstressed
syllables. The rhythm depends essentially on the musical rendering of the song and can rarely be captured from the text of
the words alone. Some songs, however, possess a much more
clearly marked metrical pattern than others and so 'read' more
easily, e.g.:

> Уж ты по́ле мое, поле чи́стое,
> Ты раздо́лье мое, ты широ́кое.

По гора́м-горам
По высо́киим
Млад сизо́й орел
Высоко́ лета́л...

Из-за ле́са, леса те́много,
Из-за са́дика зеле́ного
Собира́лась туча гро́зная
Со снега́ми, со сыпу́чими...

Rhyme is fairly frequent, though it follows no regular pattern. Widespread use is made of 'morphological' rhymes, such as сыпу́чими... трескучими; шатается... хватается.

The earliest records of 'folk-lyrical' songs were made by Richard James at the beginning of the seventeenth century; the great bulk of them were taken down in the late eighteenth, the nineteenth, and early twentieth centuries. The principal collection is that of I. A. Sobolevsky, in seven volumes (*Велико-русские народные песни*, Спб., 1895–1902). Others from which songs have been taken for the present volume are those of M. Balakirev (*Русские народные песни*, под ред. Е. В. Гиппиуса, М., 1957), M. G. Kitainik (*Уральский фольклор*, Свердловск, 1949), I. Kravchenko (*Песни донского казачества*, Сталинград, 1936), and P. V. Shein (*Великорусс в своих песнях, обрядах, обычаях*, Спб., 1898). The best recent general collections are the one of A. M. Novikova (*Русские народные песни*, М., 1957) and the volume *Народные лирические песни*, 2-е изд., Л., 1961, in the series Библиотека поэта, Большая серия.

1

Ах матушка, тошно мне, голова болит,
Сударыня, грустно мне, сердечко ноет.
Болит моя головушка, — не знаю, как быть.
Сяду я на лавочку, погляжу ль в окно,
Погляжу ль в окошечко — на улице дождь,   5
На улице дождичек, во поле туман.
Во поле большой туман-туман затуманился,
А мой-то любезный друг припечалился,
Припечалился, душа моя, призадумался.
Вечор-вечор милый друг у девушек был,   10
У девушек был, про меня забыл.
Привел с собой душечку он лучше меня,
Забыл совсем милый друг, забыл про меня.

2

Туманно красное солнышко, туманно,
Что в тумане красного солнышка не видно.
Кручинна красная девица, печальна;
Никто ее кручинушки не знает:
Ни батюшка, ни матушка родные,   5
Ни белая голубушка сестрица.
Печальна душа красна девица, печальна,
Не можешь ты злу горю пособити,
Не можешь ты мила друга забыти
Ни денною порою, ни ночною,   10
Ни утренней зарею, ни вечерней.
В тоске своей возговорит девица:
— Я в те поры мила друга забуду,
Когда подломятся мои скорые ноги,
Когда опустятся мои белые руки,   15
Засыплются глаза мои песками,
Закроются белы груди досками!

3

Уж ты, мать моя, матушка,
Мать, бела лебедушка!
Ты на что меня хорошу родила,
Черноброву, приглядчивую?
Мне нельзя к обедне сходить,   5
Нельзя Богу молитися,
Добрым людям поклонитися.
А на меня-ли люди зарятся,
А попы-то запеваются,
А дьячки-то зачитаются.   10
Просвирнин сын по церкви ходил,
Он тихохонько на ножку ступил,
Пол-осмины мне просвир посулил.
Мне просвиры-то хочется,
А полюбить-то не хочется.   15
Полюбил меня из лавочки купец,
Посулил он мне китаечки конец.
Мне китаечки-то хочется,
А полюбить-то его не хочется.
Полюбил меня крестьянин молодой,   20
Посулил мне сноп соломы аржаной.
Мне соломки-то не хочется,
Полюбить его хочется.

4

Во тереме свечка не ярко горит,
Не ярко, не жарко, не вспыхивает,
Ярого воска вытаивает.
В тереме Прасковья печально сидит,
Горючие слезы выранивает,   5
Часто в окошко посматривает:

Что ж долго, что ж поздно, сокол, не летишь?
Погоди немножко, сокол с крутогор,
Погоди маленько — Иван к нам во двор.
На двор въезжает — весь двор осветил.   10
На крыльцо ступает — крыльцо зыбится,
У сени всходит — сени ломлются,
В избу входит — Богу молится.
— Здравствуйте, здоровеньки ль красны девушки,
Жива ли, здорова ль княжна моя?   15
— Уси живы-здоровы красны девицы,
Одна нездорова Прасковья твоя.

5

У всех-то мужья молодые,
У меня у одной старичище,
У меня, молодой, старичище
Со большою седой бородищей,
У меня, молодой, старичище   5
Со большою седой бородищей.
Не отпустит меня старичище,
Не отпустит меня на гульбище.
Я от старого уходом уходила,
Цветно платьице в подоле уносила,   10
У соседа под сараем снаряжалась,
Ключевой водой под горкой умывалась,
Всю я ноченьку, младая, прогуляла,
С молодыми со ребятами гуляла.
У соседа под сараем разряжалась,   15
Я домой, млада, бежала, торопилась.
Скок-поскок, молода, на крылечко,
Стук да бряк, молода, во колечко:
— Пропусти-ка меня, старичище,
Расседая большая бородища!   20

— Где была ты, жена молодая,
Где была ты да с кем ты гуляла?
— Я ни с кем не была, не гуляла,
Я телушку во хлевушку загоняла,
Тут со мною беда приключилась —   25
Распроклятая вертушка завернулась,
Всю я ноченьку, млада, простояла,
Всю я ночку на морозе продрожала.
— Кабы знал бы, кабы знал бы, отворил бы,
В теплу горенку погреться пустил бы.   30
    Слава Богу, слава Богу, обманула
Расседую большую бородищу.

6

Нападала роса на темны леса;
Нападала грусть-тоска на мила дружка,
Что на милого дружка, все на Ванюшку.
Говорила я дружку, говорила, все приказывала:
Не женись-ка, мой дружок, ходи холостой, парень!   5
Если женишься, мой друг, — вспокаешься;
Неравно тебе жена-жененка шельма те навяжется!

Навязалась мне жена — что лютая змея;
Что журит меня, бранит день до вечера.
Что придет-то к нам, придет темна ноченька —   10
Распостылая жена на руке лежит,
На руке она лежит, во глаза глядит,
Во глаза она глядит, целовать велит.
Целовать-то мне ее мне не хочется,
Мое сердце вот и к ней, сердце мое не воротится.   15

7

Ой ты роща ты моя, роща, рощица березовая!
Ах, да ничего-то в роще, в роще, в роще не родилося;
Ах, да уродились в роще, в роще, в роще грибы, ягоды.
Ах, да что брала-то грибы, грибы, брала красна девица;
Уж бравши-то она, бравши, она заплуталася,   5
Ах, да заплутамши она, Маша, стала аукаться:
— Ах, да ты ау-ка, ты ау, ау, ау, мил сердечный друг!
Уж ты что, ты, милый, милый, что мне не откликнешься?
— Мне нельзя-то, Маша, нельзя, нельзя мне откликнуться!
Да за мной-то стоят, стоят трое сторожи: 10
Что и первый сторож, сторож, сторож — тесть-ет батюшка;
Да другой-ет сторож, сторож, сторож — теща матушка;
Что и третий-ет сторож, сторож, сторож — молода жена!
Ты возмой-ка, возмой-ка, возмой, возмой, туча грозная,
Ты убей-ка, убей, убей, убей тестя батюшку!   15
Прострели-ка ты стрелой, ой, стрелой тещу матушку!
Молоду-то жену, ох, жену, жену я и сам убью!

8

Беседа моя, беседушка, беседа смирна!
Во той во беседушке девицы сидят,
Девицы сидят, речи говорят:
— Лучина, лучинушка березовая!
Что же ты, лучинушка, неясно горишь,   5
Неясно горишь, не вспыхиваешь?
Али ты, лучинушка, в печи не была? —
— Я была в печи вчерашней ночи,
Лихая свекровушка воду пролила,
Воду пролила, меня залила.   10
— Сестрицы, голубушки, ложитеся спать:
Ложитеся спать, вам некого ждать!
А мне красной девице всю ночку не спать —
Кровать убирать, мила дружка ждать;

Убравши кроватушку, сама лягу спать.   15
Первый сон уснула — без миленького;
Второй сон уснула — без сердечного;
Третий сон уснула — зоря белый день.
Из-под белой зорюшки мой милый идет,
Собольею шубочкой пошумливает,   20
Пуховою шляпочкой помахивает,
Сафьянны сапожки поскрыпывают;
— Что же ты, добрый молодец, давно не пришел?
— Душа-красна девица, позамешкался:
С угрюмой женой побранка была,   25
Журила, бранила тебя и меня.
А я ее бил, бил чуть живу пустил.
— Не бей, не бей, молодец, угрюмой жены:
С угрюмой женою тебе век вековать,
Со мной, красной девицей — ночку ночевать.   30

9

Как доселева у нас, братцы, через темный лес
Не пропархивал тут, братцы, млад белой кречет,
Не пролетывал, братцы, ни сизой орел;
А как нынеча у нас, братцы, через темный лес
Пролегла-лежит широкая дороженька;   5
Что по той ли по широкой по дороженьке
Проезжал туто удалый добрый молодец.
На заре то было, братцы, да на утренней,
На восходе было красного солнышка,
На закате было светлого месяца,   10
Как убит лежит удалый добрый молодец;
Что головушка у молодца испроломана,
Ретиво сердце у молодца испрострелено;
Что постелюшка под молодцем — камыш-трава,
Изголовьице под молодцем — част ракитов куст,   15
Одеяличко на молодце — темная ночь,
Что темная ночь холодная осенняя.

Прилетали к добру молодцу три ласточки:
Из них первая садилась на буйной его голове,
А другая-то садилась на белой его груди,   20
Ах, как третья садилась на скорых его ногах.
Что как первая-то пташка — родная матушка,
А другая-то пташка — то мила сестра,
Ах, как третья-то пташка — молода жена.
Они взяли мертво тело за белы руки,   25
Понесли они то тело во высокий терем...
Его матушка плачет — что река льется,
А родная сестра плачет — как ручьи текут,
Молода жена плачет — как роса падет:
Когда солнышко взойдет, — росу высушит;   30
Как замуж она пойдет, то забудет его...

10

Не шуми, мати зеленая дубровушка,
Не мешай мне, доброму молодцу, думу думати!
Что заутра мне, доброму молодцу, в допрос идти
Перед грозного судью — самого царя.
Еще станет государь-царь меня спрашивать: 5
— Ты скажи, скажи, детинушка, крестьянский сын,
Уж как с кем ты воровал, с кем разбой держал:
Еще много ли с тобой было товарищей?
— Я скажу тебе, надежа православный царь,
Всю правду скажу тебе, всю истину,   10
Что товарищей у меня было четверо:
Еще первый мой товарищ — темная ночь;
А второй мой товарищ — булатный нож;
А как третий-то товарищ — то мой добрый конь;
А четвертый мой товарищ — то тугой лук;   15
Что рассыльщики мои — то калены стрелы.
    Что возговорит надежа православный царь:
— Исполать тебе, детинушка, крестьянский сын,

Что умел ты воровать, умел ответ держать!
Я за то тебя, детинушка, пожалую   20
Среди поля хоромами высокими —
Что двумя ли столбами с перекладиной!

11

Ты взойди-ка, красно солнышко,
Над горой взойди над высокой,
Над дубровушкой взойди над зеленою,
Над полянушкой взойди над широкою,
Обогрей-ка нас, добрых молодцев,   5
Добрых молодцев, сирот бедных.
Сирот бедных, солдат беглых,
Солдат беглых, беспачпортныих!
Как по Волге-матушке,
Повыше было села Лыскова,   10
Пониже села Юркина,
Против самого села Богомолова,
Вытекала тут быстра речушка,
По прозванью речка Кержинка;
По речушке бежит лодочка,   15
Бежит-то лодочка не ловецкая,
Не ловецкая — молодецкая,
Молодецкая, воровская, косная;
Посередь лодки стоит деревцо,
На деревце бел тонкий парус,   20
Под парусом бел тонкий шатер,
Под шатром лежит дорогая кошма,
Под кошмой лежит золота казна,
На казне лежит платье цветное,
На платьице сидит девица;   25
Сидит девица — призадумалась,
Призадумавши, пригорюнивши, —
Нехорош-то ей сон привиделся:
Атаманушке быть зарезану,

Есаулушке быть повешену,   30
Молодцам-гребцам во тюрьме сидеть,
А мне, девушке, быть на волюшке,
На родимой на своей сторонушке,
У своего батюшки и у матушки.

12

По горам-горам
По высокиим
Млад сизой орел
Высоко летал,
Высоко летал,   5
Жалобно кричал.
Во строю солдат
Тяжело вздыхал:
— Мне не жаль, не жаль
Самого себя,   10
Только жалко мне
Зелена сада:
Во зеленом саду
Есть три деревца;
Перво деревцо —   15
Кипарисово,
Друго деревцо —
Сладка яблонка,
Третье деревцо —
Зелена груша.   20
Кипарис-дерево —
Родной батюшка;
Сладка яблонка —
Родна матушка,
Зелена груша —   25
Молода жена.

13

Полно, белые снежочки,
На талой земле лежать,
Полно вам, солдатушки,
Горе горевать,
Горе горевать — горе мыкати.   5
Забывайте, солдатушки,
Отца-мать и жену;
Вспомни, служивые,
Тесак, ружье и суму;
Стоя, наедимся,   10
Ходя, выспимся,
Хлеба напечем,
Крутой каши наварим;
Сложимся по денежке —
Купим мы винца;   15
Выпьем мы по рюмочке,
Позавтракаем;
Выпьем по другой —
Сами песни запоем;
Выпьем мы по третьей —   20
Разгуляемся, пойдем.
С матерью-отцом
Вовек не видатися,
С ружьем да с сумой
Вовек скончатися;   25
С девками, с молодками
Полно нам гулять,
Перины-подушечки
Пора нам забывать.

14

Как бежал-то, бежал молодой невольник
Бежал-то он из неволи,
Как из той-то орды из далекой,
Прибежал-то молодой невольник к реченьке он Дунаю.
На ту пору, на то время Дунай становился,　　5
Как он тоненьким ледком сверху затягался
И беленьким снежком пушистым покрывался.
Не нашел-то молодой невольник себе переправы,
Переправы и переходу он, мелкого броду.
Становился же молодой невольник на крутенький
бережочек,　　10
На крутенький бережочек, на сыпучий песочек.
Как ставши на песочек, он горько заплакал:
— Сторона ль ты, моя сторонушка, сторона милая!
Видно, мне, сторонушка, на тебе не бывать,
На тебе не бывать, отца-мать не видать.　　15

15

Как у ключика было у текучего,
У колодца-то было у студеного,
Молодой казак-душечка спочив имел,
Он спочив имел — он коня кормил,
Он кормил-то, поил, все выглаживал:　　5
— Уж ты, конь ли мой, конечек вороненький,
Что не ешь-то ты, мой конь, шелковой травы?
Не пьешь ты, мой конь, ключевой воды
И не ешь-то пьешь, невесел стоишь?
Ты повесил, мой конь, свою буйну головушку.　　10
Иль ты чуешь, мой конь, над собой невзгодушку,
Ты невзгодушку чуешь, несчастье великое?
Тяжела ли тебе моя сбруя ратная?
Иль я-то на тебе, хозяин, тяжело сижу?

— Ты хозяин ты мой, ты хозяинушко,   15
Не тяжела мне твоя сбруя ратная,
Да сам-то ты, хозяин, не тяжело сидишь,
Как тебе-то, хозяину, быть убитому,
Как а мне-то, твоему конечку, быть подстреленному.

16

Не травушка, не ковылушка
В поле шатается —
Он шатался, волочился
Раздобрый молодец.
Идет он, шатается,   5
За ковыл-траву хватается.
Из его свежих ран
Кровь цевкой течет.
На нем черкесочка
Нараспашечку,   10
У черкесочки рукавички
Назад позакиданы,
А полы под ремень
Позатыканы,
Горячей кровью   15
Все призабрызганы.
Навстречу раздоброму молодцу
Мать родимая.
— Ты дите ли мое,
Моя деточка,   20
Ты на что допьяна напиваешься?
— Напоил меня
Русский царь,
Напоил меня тремя пойлами:
Первое пойло — пулечка свинцовая,   25
Второе — шашка острая,
Третье — пика длинная.

17

— Уж ты поле мое, поле чистое,
Ты раздолье мое, ты широкое.

Ты раздолье мое, ты широкое,
Чем ты, полюшко, приукрашено?

— А я, полюшко, все цветочками,   5
Все цветочками, василечками!

    Посреди-то поля част ракитов куст,
Под кустом-то лежит тело белое.

Под кустом-то лежит тело белое,
Тело белое, молодой солдат.   10

Молодой солдат не убит лежит,
Не убит лежит, шибко раненный.

Во главах у него бел горюч камень,
Во руках у него сабля вострая,

Во руках у него сабля вострая,   15
Во груди у него пуля быстрая,

Во груди у него пуля быстрая,
Во ногах у него стоит добрый конь.

— Уж ты конь, ты мой конь, товарищ мой,
Ты ступай-беги во Русску землю;   20

Ты скажи-ка, скажи родному батюшке,
Поклонись-ка ты родной матушке,

Поклонись-ка ты родной матушке.
Ты скажи-ка, скажи молодой жене,

Что женился я на другой жене,   25
Как женил-то меня бел горюч камень,

Как женил-то меня бел горюч камень,
Обвенчала-то меня сабля вострая,

Обвенчала-то меня сабля вострая,
Молода жена — пуля быстрая.   30

18

Из-за леса, леса темного,
Из-за садика зеленого
Собиралась туча грозная
Со снегами, со сыпучими,
Со морозами, со трескучими.   5
Дочка к матке собиралася;
Пособравшись, дочь поехала.
Поехала дочь, не доехала:
Среди лесу становилася:
Лошаденка истомилася;   10
Лошаденка истомилася,
Тележонка изломалася,
Все каточки раскатилися;
Все каточки раскатилися,
Ко дубочку прикатилися.   15
На дубу сидит соловушка.
— Ах ты птушка, птушка вольная!
Ты лети, лети в мою сторонушку,
Ко батюшке во зеленый сад,
А к матушке во вновь терем.   20
Ты неси, неси, соловушка,
Ах, батюшке, да низкой поклон,
А матушке челобитице;
Что пропали наши головы
За боярами, за ворами!   25

Гонят старого, гонят малого
На работушку ранешенько,
А с работушки позднешенько.

BYLINY

Byliny are the epic songs of Russia. They are secular in theme, as distinct from the *dukhovnye stikhi*, and generally lack the distinct historical basis which is a characteristic of the *istoricheskie pesni*. In the second half of the nineteenth century the *byliny* were found to persist in certain areas of northern Russia where they were sung by peasant *skaziteli*. The *skaziteli* themselves called these songs (and *istoricheskie pesni*) старины; the term былина (derived from быть, with the original sense of 'past event') has become popular only as a result of academic usage. The genre is well-represented: there are forty or fifty basic themes and about the same number of less well-known subjects.

The first known transcriptions of *byliny* date from the seventeenth century, but only in the eighteenth century did they begin to attract much interest outside the milieu in which they were sung. The first important collection of *byliny* to be published was that of Kirsha Danilov, a selection of which appeared in 1804 under the title of *Древние российские стихотворения, собранные Киршею Даниловым*. A second and fuller selection from Kirsha Danilov (some sixty pieces) was edited by K. F. Kalaidovich and appeared in 1818. Little is known of the person of Kirsha Danilov, but it is accepted that his collection of *byliny* and *pesni* was made in the first half of the eighteenth century in the Urals or western Siberia. His manuscript passed into the hands of P. A. Demidov, the factory-owner, by whom it was preserved. It is important, not only as the first extensive collection of *byliny*, but also because the 1818 edition of Kalaidovich was the first attempt to analyse or study the material of the *byliny*, and may be considered the beginning of the academic study of this type of literature in Russia.[1]

[1] The most recent edition of Kirsha Danilov's collection was published by the Academy of Sciences in 1958 in the series Литературные памятники.

The first important attempt to make a systematic collection of *byliny* was that of P. V. Kireevsky, who during the thirties and forties of the last century collected a mass of some 15,000 examples of oral literature, including a large number of *byliny* (*Песни, собранные П. В. Киреевским*, М., 1860–74). Until this time, however, the recording of *byliny* was the work of patriotic amateurs, whose texts were collected sporadically over a wide area and whose transcriptions were often inaccurate or refined by editing. A more scientific approach was made a few years later by the compilers of the two classic collections of *byliny*, P. N. Rybnikov and A. F. Gil'ferding (Hilferding), who recorded *byliny* in the area around Lake Onega in northern Russia. These were men on the spot, who did not rely on correspondents and others for their material, as Kireevsky had done, but copied down *byliny* directly as they were recited to them by the *skaziteli*. Rybnikov was exiled as an official to Petrozavodsk in the *guberniya* of Olonets in 1859, and in seven years, 1859–66, he collected over 200 *byliny* from 30 different *skaziteli*. These were published in *Песни, собранные П. Н. Рыбниковым*, М., 1861–67. Gil'ferding's work was done in the same area in the summer months of 1869. His collection, *Онежские былины*, Спб., 1873, contained 300 *byliny* copied from over 70 *skaziteli*.[1] The work of these two men in the same villages and within a few years of each other made possible the study of a number of problems affecting the *byliny*. It was, for instance, possible to examine transcripts of the same *bylina* recorded from different *skaziteli* in order to determine local features in the tradition. Sometimes Gil'ferding heard a *bylina* which Rybnikov had heard from the same *skazitel'* a few years earlier, and a comparison of the texts revealed differences which demonstrated that the *byliny* had no fixed form but were fluid material which the narrator treated differently at different times. Gil'ferding was the first Russian scholar to emphasize the creative and artistic role of the *skazitel'*.

[1] Rybnikov's collection was last issued in the second edition of 1909–10. The most recent edition of Gil'ferding's collection is the fourth, published in 1949–51.

Before Rybnikov the collectors had usually only indirect contact with the source of the *byliny*—the peasant *skaziteli*. It was, in fact, generally supposed that the *byliny* were relics of a defunct tradition, which had by chance been preserved in isolated examples. It was a major discovery, therefore, when Rybnikov found the *byliny* to be a strong and living tradition among the fishermen of Lake Onega. For a time the Olonets region was regarded as the unique repository of the *byliny*, the 'Iceland of the Russian epos', as it was called, but further research showed that *byliny* survived in other districts of northern Russia (especially the *guberniya* of Arkhangel'sk), in parts of Siberia, and among the Cossacks in the extreme south and south-east of Russia. Under the stimulus of the work of Rybnikov and Gil'ferding a number of later collectors added much new material from these areas, notably A. D. Grigor'ev,[1] A. V. Markov,[2] and N. E. Onchukov.[3] Since the Revolution, important collections have been made by the brothers B. M. and Yu. M. Sokolov in the Onega district[4] and by A. M. Astakhova in the White Sea and Pechora districts.[5]

Modern communications, the spread of literacy, and new forms of entertainment have brought about the final decline of *bylina*-singing in the twentieth century, though folklore expeditions are still able to collect *byliny* from peasant singers in the remote northern districts. A recent collection, *Былины Печоры и Зимнего берега*, М.-Л., 1961, contains *byliny* collected in 1955 and 1956.

Why is it that the areas where the *byliny* were best preserved are in the far north of Russia? Most of them are set in and around Kiev in the south, although no *byliny* have been recorded in this area. The *byliny* must originally have been known throughout Russia, but with changing social and cultural conditions they gradually became relegated to the remoter parts

---

[1] *Архангельские былины*, М., 1904, etc.
[2] *Беломорские былины*, М., 1901.
[3] *Печорские былины*, Спб., 1904.
[4] *Онежские былины*, М., 1948.
[5] *Былины севера*, Л., 1938–51.

of the country. The settlers in these areas, isolated from the cultural centres of central and southern Russia, preserved the old cultural traditions they brought with them. Their way of life also encouraged the preservation of *bylina*-singing. The illiterate communities of fishermen on the northern lakes were subjected to long periods of inactivity by the prolonged winter and frequent storms and their only cultural resource was that provided by the singer and story-teller. Another factor, which Gil'ferding thought important, was that there was no serfdom in these areas of *byliny* preservation. Gil'ferding believed that only the free peasant, with his self-respect and independence, could sufficiently appreciate and admire the qualities of the *bogatyri* to preserve the songs about them.

The origin of the *byliny* has been much discussed. In the nineteenth century there were three main schools of thought. The 'mythological' school (represented chiefly by O. F. Miller and F. I. Buslaev) saw the *byliny* as reflecting the pre-Christian mythology of the Eastern Slavs. The 'borrowing' school (notably A. N. Veselovsky) traced the subjects of the *byliny* to common folklore themes which, it was claimed, passed into Russia from other countries. The 'historical' school (V. F. Miller, M. N. Speransky, and others) found in the *byliny* an oral record of Russian history and sought to relate the characters and events described in the *byliny* to historical characters and events described in written sources.

Of these views that of the mythological school soon came to be regarded as unacceptable. The 'borrowing' theory is undoubtedly valid in the case of some *byliny* which have obvious migrant themes, but it was the 'historical' theory which gained the widest support and development, and this remained the generally held view until well after the Revolution. In 1936, however, the historical school was officially condemned by the Soviet authorities as mistaken and 'bourgeois'.

Soviet criticism of the historical school has concentrated on two main points. The first, ideologically more important, point is that of the authorship of the *byliny*. According to the historical school, *byliny* were originally composed and sung in an

aristocratic milieu, only later passing via the *skomorokhi* (itinerant professional entertainers, suppressed in the seventeenth
century) to the peasants who preserved them in corrupt form
until modern times. Vsevolod Miller regarded the position of
the peasants in relation to the *byliny* as that of squatters in the
ruins of a once splendid baronial castle. Soviet specialists reject
this idea of aristocratic origin and claim that the *byliny* originally developed among the common people and have always
been associated with this milieu. The second criticism levelled
at the historical school is that its method of interpreting *byliny*
as a once accurate record of historical events was too narrow
and too literal. How far the *byliny* do in fact record historical
reality is a matter of dispute among Soviet historians and
folklorists themselves. One view, of which the chief representa-
tive is V. Ya. Propp, rejects any suggestion that the *byliny*
record concrete facts of history and sees them as purely imaginary creations in which the ideals and aspirations of the common
people found expression. The *byliny*, according to Propp, may
reflect *general* historical situations and conflicts, but never *particular* events. Other scholars, however, consider the *byliny* to
have more specific historical connections. D. S. Likhachev,
for instance, believes that some *byliny* at least reflect particular
events in history, while B. A. Rybakov claims categorically
that the *byliny* originated as a direct record of historical fact.
Thus, a Soviet 'historical school' can be said to exist, though
its methods and conclusions differ considerably from those of
the old historical school.

The subjects of the *byliny* have been classified in different
ways by different scholars. One early attempt to group the
different *byliny* divided them into two groups according to the
character of the hero, a classification which distinguishes between *byliny* dealing with the so-called 'старшие богатыри',
such as the giant Svyatogor, the wizard Volkh, and the peasant
Mikula, and those dealing with the more historical 'младшие
богатыри', the heroes grouped around Vladimir in Kiev, the
Novgorod heroes, etc. It is also usual to distinguish between
the *byliny* 'cycles' of Kiev and Novgorod—a definition by place

of action. And a further classification groups the *byliny* according to the type of subject—*byliny* with heroic, military themes being classed as былины богатырские or боевые, those with more mundane subjects as былины-новеллы. Among the богатырские былины are most of the *byliny* about Il'ya Muromets, Dobrynya Nikitich, etc., while the былины-новеллы include such *byliny* as *Добрыня и Алеша* (**6**), *Дюк* (**10**), etc.

It seems probable that the main centres of *bylina* composition were Kiev and Novgorod, the two cities where the action is most often centred. Besides these, though, Galich, Suzdal', and other regions may have had their own local tradition of *bylina* composition (cf. *byliny* in which localities other than Kiev or Novgorod are given prominence, e.g. Galich in *Дюк*).

The great majority of *byliny* were composed during the period up to about the sixteenth century, but reliable historical evidence is so scant that it is impossible to tell with certainty at what period a particular *bylina* had its origin. Some, at least, of the *byliny* of the Kievan cycle probably date from the eleventh or twelfth centuries, the period of Kiev's greatness and of her defence against the steppe nomads (a theme often reflected in these *byliny*). Some of these *byliny* may have incorporated legendary themes dating from even earlier periods. The Prince Vladimir of the *byliny* is most likely based on Vladimir I (prince of Kiev, 987–1015) or on Vladimir Monomakh (prince of Kiev, 1113–25) or on a synthesis of both. Clear evidence of a developed oral epic tradition can be found in Russian written literature of the twelfth and thirteenth centuries; and if the Ilias von Riuzen mentioned in thirteenth-century German epic poetry is to be identified with Il'ya Muromets of the *byliny*, this would show that at this time Russian epic songs were known even outside Russia. After the decline of Kiev new *byliny* continued to appear, reflecting new historical situations (such as the Tatar invasion), but in the *byliny* themselves no advance in time is apparent. Events and characters are all related back to Kiev and to the epic period of Prince Vladimir. The Novgorod *byliny* most likely date from the period between 1200 and 1400, and many of the non-heroic *byliny* probably had their origin in this period too. By the sixteenth century the great majority of *byliny* known today were already in existence, and new compositions from this period are *istoricheskie pesni* rather than *byliny*. *Byliny* still developed, however. New variations were given to existing themes, characters received new features (e.g. Il'ya Muromets's title of старый казак, Vladimir's decline from princely dignity to weakness and cowardice), new details were added, sometimes amusingly anachronistic, as in *Волх Всеславьевич* (**1**), where Volkh removes the 'flints and ramrods' from the armoury of the Indian king. Still, from the sixteenth century, as the singers became more and more remote from the ethos of the *byliny*, the *byliny* were a declining genre.

The singing of *byliny* is a specialized art, requiring a good memory, narrative skill, and some measure of poetic sensibility. The task of the *skazitel'* is not merely to repeat something he has learnt by heart. He has no 'text', but only his stock of themes and poetic formulae which he must arrange to the best of his ability. Each singing of a *bylina*—even by the same *skazitel'*—is a unique treatment of the subject, differing in some respect from all others. The role of the *skazitel'* is therefore of prime importance. He may develop an individual style and be skilled at producing particular effects by his manner of narration. He may give the *bylina* a particular colouring, according to his own character or background. Humour and dramatic quality especially depend on the individual *skazitel'*. Among the *skaziteli* there is great variety in talent and the scope of their repertoires. Some may know only one *bylina* and sing it badly, while others may be able to give an expert rendering of ten or twenty. Some *skaziteli* had very large repertoires, and the blind singer P. S. Meshchaninov was said to have known seventy *byliny*. One of the best known *skaziteli* of the nineteenth century was Trofim Ryabinin, a peasant from the village of Seredka, from whom both Rybnikov and Gil'ferding recorded *byliny* (Rybnikov twenty-four, Gil'ferding eighteen), particularly noted for their high poetic quality (see *Илья и Соловей*, **3** in this collection). *Byliny* were sung by women as well as men, and among the best known *skaziteli* of recent times are A. M. and M. S. Kryukova (mother and daughter) and M. D. Krivopolenova. Marfa Kryukova, who was acclaimed for her *byliny* recitals in Moscow and Leningrad in the 1920's, was a prolific composer of new *byliny* on Lenin and other modern themes.

For each *bylina* the *skazitel'* must know the course of the action, its important moments, but to a considerable extent his text will be made up of 'formulae', fixed passages describing common actions or events which the narrator uses when the occasion allows. A person entering a room crosses himself and bows on all sides—in all *byliny* this ritual is described in common terms (see *Илья и Соловей*, **3.** 148–51, *Добрыня и Алеша*, **6.** 144–6, 201–3). The prince's banquet always follows the same pattern (see *Садко*, **8.** 98–107). There are common descriptions for the saddling of a horse (see *Добрыня и змей*, **5.** 10–21) and for the equipment of the hero. The horses leap 'from hill to hill, from mountain to mountain' (see *Илья и Соловей*, **3.** 53–56, *Добрыня и Алеша*, **6.** 130–2); the hero wields his club and forms a road through the enemy (see *Илья и Калин-царь*, **4.** 190–2, *Василий Буслаевич*, **9.** 70–72, 257–9). The use of such *loci communes* is an essential part of the singer's technique, since the repetition of familiar formulae reduces the strain on the attention of the audience and on the concentration of the singer in his exacting task of spontaneous narration.

The singer adds interest and colour to his narrative by various means. The subjects are full of action, and the method of narrating is vivid and direct. Frequent use is made of dialogue. Dramatic effect is created by the use of antithesis, the sudden reversal of the situation (in *Добрыня и Алеша*, for example, Dobrynya returns just as Alesha is about to marry his wife).

A particularly common feature of the style of the *byliny* is the use of repetition. By repetition the *skazitel'* draws attention to the important events of the narrative; he uses it to create dramatic tension and to give the *bylina* a more measured pace; repetition also gives the *skazitel'* time to relax and think ahead to the next part of the narrative. Threefold repetition is especially popular. In *Садко*, for example, the hero goes three times to Lake Il'men' before the Sea King appears to him; he casts for three golden fish; on three successive days he buys up the merchandise of Novgorod; he chooses the maiden Chernava from thrice three hundred maidens. The length of a *bylina* depends to a large extent on the amount of such repetition.

Apart from the extensive repetition of whole episodes, there are other types of repetition which are common features of the *byliny*. The following may be noted:

(*a*) Repetition of a single word or phrase: из *лесу* было *лесу* темного; по *саду*, *саду* по зеленому. Repeated prepositions are very frequent: *из* того ли-то *из* города *из* Муромля; *у* славноей *у* речки *у* Смородины; *за* утехи *за* твои *за* великие, etc.

The repetition is sometimes cumulative, continuing for two or more lines, with one line ending and the next line beginning with the same phrase repeated or reversed:

> Проснулся Садко во синем море,
> Во синем море, на самом дне...

> Оставалось у Буслава чадо милое,
> Милое чадо рожоное.

> Того ли то соболя заморского,
> Заморского соболя ушистого,
> Ушистого соболя пушистого.

(*b*) Use of parallel sentences which differ only slightly in wording:

> Все на пиру пьяны веселы,
> Все на пиру напивалися,
> Все на пиру порасхвастались.

> Вдвойне товаров принавезено,
> Вдвойне товаров принаполнено.

(*c*) Use of synonyms: ходила-гуляла; ум-разум; талан-участь; для-ради; знает-ведает; биться-ратиться.

(d) Use of tautological words from the same root: чудо чудное; молодое молодечество; воля вольная; думать думу.

(e) Negative repetitions of the type: холост-неженат; великий-немалый; поехали дорогами не окольными, поехали дорогами прямоезжими.

Contrast is achieved by using a negative sentence to introduce a positive statement:

> Не сам он побил, ему Бог пособил.

> Не села скоморошина подли князя,
> Не села скоморошина против князя,
> А садилась скоморошина в скамеечку
> Супротив княжны порученыя.

This may also be used for emphasis: не время спать, пора вставать.

Similes are of two main types:

(a) Simple direct comparisons: полетели, как черные вороны; выскочили ясны очи, как пивны чаши; Волх говорит, как гром гремит.

(b) Negative similes, in which first the object of the comparison is negated, then the subject is stated positively:

> Не белая лебедушка проскакивала,
> Не бел горностаюшка следы прометывал,
> Ходит купав добрый молодец.

> Не ясный сокол пролетывает,
> Не черный ворон попурхивает,
> Проскакивает удалый добрый молодец.

Metaphor is less common. The most familiar images are those of the hero as a 'bright falcon' and of the maiden as a 'white swan'. Figurative expressions occur but infrequently: закрыть ясны очи 'to kill'.

Alliteration occurs most often in assonantic words: ушистый-пушистый, or in phrases containing etymologically connected words: стук стучит; писали письма скорописчаты. Sometimes it is more elaborate: день за днем — будто дождь дождит.

A particularly common type of 'formula' in the *byliny* (and in other genres of folk-poetry) is that of the fixed noun–epithet combination. Among the more common of these in the *byliny* are: белое тело; белы руки; белы груди; буйная голова; булатный нож; гусли яровчаты; добрый конь; добрый молодец; зелено вино; золотая казна; красная девица; красное золото; красное солнце; лютый зверь; палаты белокаменны; резвые ноги; ретиво сердце; сахарные уста; синее море; стрела каленая; тугой лук; храбрая дружина; черный ворон; чистое поле; ярлык скорописчатый; ясный сокол; ясные очи. A few nouns may be qualified by more than one of these constant epithets: добрый молодец, for instance, is sometimes further qualified by удалый or дородный.

The connexion of these epithets with the nouns they qualify is automatic and remains constant, irrespective of the context. Thus, the term ласковый is persistently used to describe Prince Vladimir, even on occasions when his mood is the opposite of tender; and when Kalin, the Tatar khan, is speaking, he still refers to the Tatars as 'поганые татары' and to himself as 'я, собака Калин-царь'.

Hyperbole is inseparable from the *bylina* style, although it is questionable how far it is used as a conscious literary device. All the characters and their actions are presented in exaggerated terms: a single *bogatyr'* defeats forty thousand of the enemy; he carries a club weighing, perhaps, 40 poods (about 15 cwt.); in the absence of any other weapon he may pick up a Tatar and use him as a club; he throws his enemy as high as the clouds and refreshes himself with a draught of vodka 'немалая стопа, полтора ведра' (about 4 gallons); his enemy is no less formidable—Solovei's whistle causes destruction all round, and the approach of the dragon in *Добрыня и змей* is like the onset of a thunder-storm; the hero's horse jumps city walls and crosses rivers and mountains with a single leap. Though these details add colour to the narrative, they are more than mere colourful exaggerations. Most of them are traditionally accepted facts of the Russian heroic epos. On Gil'ferding's evidence we know that the majority of *skaziteli* firmly believed in the events which they narrated in all their details, and dismissed doubts about the human possibility of the hero's actions by the simple explanation: 'в старину-де люди были вовсе не такие, как теперь'.

In its most developed structure the *bylina* consists of four parts: (i) the opening запев, a few lines in length and usually not connected with the subject that follows. The запев allows the *skazitel'* to settle to his task and arouses the attention of his listeners; (ii) the зачин, which sets the scene, a banquet at Vladimir's court, for instance, at which the motive for the main action is given (see *Дунай*, **7**), or the hero setting out on a journey on which he will encounter some enemy (see *Добрыня и змей*, **5**); (iii) the main theme itself; (iv) the исход, or conclusion, in which the *skazitel'* rounds off his tale either with a brief final statement on the fate of his heroes (as in *Илья и Соловей*, **3.** 271–2) or some remark on the *bylina* just sung (as in *Добрыня и Алеша*, **6.** 334–6). Many *byliny*, however, consist of only the central narrative section. The зачин and исход are common, but the запев (which collectors may not always have recorded) is relatively rare.

Byliny were sung to simple refrains (напевы), and it is only when a *bylina* is sung to its refrain that its rhythmic structure can be properly appreciated. For this reason it is usually difficult to capture the rhythm from a mere reading of a *bylina* text. The *bylina* metre is tonic. Each line contains a series of main stresses (usually three, sometimes two, more rarely four), which are separated by a varying number of unstressed syllables, e.g., three main stresses:

> Говори́л-то ведь Влади́мир князь да таковы́ слова:
> — Засвищи́-тко, Соловей, ты по-соло́вьему,
> Закричи́-тко, соба́ка, по-звери́ному.

two main stresses:

> Он пришёл в палату белокаменну,
> Во столовую свою во горенку

The position of the stresses is not fixed, except for the final one, which regularly falls on the third (rarely the fourth) syllable from the end, giving a dactylic ending to the line, cf. above по-соловьему, по-звериному. This regular ending often involves a shift of the normal stress of a word:

> Тоби полно-тко слезить да отцей-матерей,
> Тоби полно-тко вдовить да жен молодыих.

The stress of individual words may vary considerably, depending on the requirements of rhythm: Соловей, Соловей; голова, голова; зелёный, зеленый; богатырь, богатырь, богатырь.

There is no regular system of rhyming, but assonance and rhyme are common, especially in words with common morphological elements:

> Эти зятевья да Соловьиные
> Побросали-то рогатины звериные.

> Садись-ка с нами за дубов стол хлеба кушати,
> Станем белые лебедушки мы рушати.

In some words assonance may extend to several syllables: перескакивал... перемахивал; похаживать... поваживать. It also occurs internally:

> Прикажи-тко засвистать ты Соловью да й по-соловьему
> Прикажи-тко закричать да по-звериному...

and may even extend to the whole line:

> С горы на гору стал перескакивать,
> С холмы на холму стал перемахивать.

The *byliny* vary considerably in length. A less gifted *skazitel'* may sing a 'complete' *bylina* in less than a hundred lines, but the average length is between 200 and 350 lines. Some *byliny* of 1,000 or 1,500 lines have been recorded, but these are very exceptional.

Apart from the collectors' compilations of *byliny*, there are a number of general collections. The most useful of these are: M. Сперанский, *Русская устная словесность* (Т. 1. Былины; Т. 2. Былины; Исторические песни), М., 1916, 1919; *Былины*, 2-е изд., Л., 1957 (Библиотека поэта, Большая серия); В. Я. Пропп, Б. Н. Путилов, *Былины*, 2 тт., М., 1958. English translations of the main *byliny* will be found in N. K. Chadwick, *Russian Heroic Poetry*, Cambridge, 1932. A full survey of the problems connected with the *byliny* and of the literature of the subject is given in А. М. Астахова, *Былины. Итоги и проблемы изучения*, М.–Л., 1966.

1. ВОЛХ ВСЕСЛАВЬЕВИЧ

По саду, саду по зеленому ходила-гуляла
Молода княжна Марфа Всеславьевна;
Она с каменю скочила на лютого на змея.
Обвивается лютый змей около чебота зелен сафьян,
Около чулочика шелкова, хоботом бьет по белу стегну.   5
А втапоры княгиня понос понесла,
А понос понесла и дитя родила.
А и на небе просветя светел месяц,
А в Киеве родился могуч богатырь,
Как бы молоды Волх Всеславьевич.   10
Подрожала сыра земля,
Стряслося славно царство Индейское,
А и синее море сколыбалося
Для-ради рожденья богатырского
Молода Волха Всеславьевича.   15
Рыба пошла в морскую глубину,
Птица полетела высоко в небеса,
Туры да олени за горы пошли,
Зайцы, лисицы по чащицам,
А волки, медведи по ельникам,   20
Соболи, куницы по островам.
    А и будет Волх в полтора часа,
Волх говорит, как гром гремит:
— А и гой еси, сударыня-матушка,
Молода Марфа Всеславьевна!   25
А не пеленай во пелену червчатую,
А не пояси в поясья шелковые,
Пеленай меня, матушка,
В крепки латы булатные,
А на буйну голову клади злат шелом,   30
По праву руку палицу,
А и тяжку палицу свинцовую,
А весом та палица в триста пуд.

А и будет Волх семи годов,
Отдавала его матушка грамоте учиться, —   35
А грамота Волху в наук пошла;
Посадила его уж пером писать, —
Письмо ему в наук пошло.
А и будет Волх десяти годов,
Втапоры поучился Волх ко премудростям: 40
А и первой мудрости учился —
Обвертываться ясным соколом;
Ко другой-то мудрости учился он, Волх, —
Обвертываться серым волком;
Ко третьей-то мудрости учился Волх —   45
Обвертываться гнедым туром золотые рога.
    А и будет Волх во двенадцать лет,
Стал себе Волх он дружину прибирать.
Дружину прибирал в три годы,
Он набрал дружины себе семь тысячей;   50
Сам он, Волх, в пятнадцать лет,
И вся его дружина по пятнадцати лет.
Прошла та слава великая
Ко стольному городу Киеву.
Индейский царь наряжается,   55
А хвалится-похваляется,
Хочет Киев-град за щитом весь взять,
А Божьи церкви на дым спустить
И почестны монастыри разорить.
А втапоры Волх он догадлив был,   60
Со всею дружиною хороброю
Ко славному царству Индейскому
Тут же с ними во поход пошел.
Дружина спит, так Волх не спит:
Он обвернется серым волком,   65
Бегал-скакал по темным по лесам и по раменью,
А бьет он звери сохатые,
А и волку, медведю спуску нет,
А и соболи, барсы — любимый кус,
Он зайцам, лисицам не брезгивал.   70

Волх поил-кормил дружину хоробрую,
Обувал-одевал добрых молодцов:
Носили они шубы соболиные,
Переменные шубы-то барсовые.
Дружина спит, так Волх не спит: 75
Он обвернется ясным соколом,
Полетел он далече на сине море,
А бьет он гусей, белых лебедей,
А и серым малым уткам спуску нет.
А поил-кормил дружинушку хоробрую, 80
А все у него были ества переменные,
Переменные ества, сахарные.
    А стал он, Волх, вражбу чинить:
— А и гой еси вы, удалы добры молодцы!
Не много, не мало вас, семь тысячей, 85
А и есть ли, братцы, у вас таков человек,
Кто бы обвернулся гнедым туром,
А сбегал бы ко царству Индейскому,
Проведал бы про царство Индейское,
Про царя Салтыка Ставрульевича, 90
Про его буйну голову Батыевичу?
    Как бы лист со травою пристилается,
А вся его дружина приклоняется,
Отвечают ему удалы добры молодцы:
— Нету у нас такова молодца, 95
Опричь тебя, Волха Всеславьевича.
    А тут таковой Всеславьевич,
Он обвернулся гнедым туром золотые рога,
Побежал он ко царству Индейскому,
Он первую скок за целу версту скочил, 100
А другой скок не могли найти;
Он обвернется ясным соколом,
Полетел он ко царству Индейскому.
И будет он во царстве Индейском,
И сел он на палаты белокаменны, 105
На те на палаты царские,
Ко тому царю Индейскому

И на то окошечко косящатое.
А и буйные ветры по насту тянут,
Царь со царицею в разговоры говорит.   110
Говорила царица Азвяковна,
Молода Елена Александровна:
— А и гой еси ты, славный Индейский царь!
Изволишь ты наряжаться на Русь воевать,
Про то не знаешь, не ведаешь, —   115
А и на небе просветя светел месяц,
А в Киеве родился могуч богатырь,
Тебе царю сопротивничек.

  А втапоры Волх он догадлив был:
Сидючи на окошке косящатом,   120
Он те-то-де речи повыслушал,
Он обвернулся горносталем,
Бегал по подвалам, по погребам,
По тем по высоким теремам,
У тугих луков тетивки накусывал,   125
У каленых стрел железцы повынимал,
У того ружья ведь у огненного
Кременья и шомполы повыдергал,
А все он в землю закапывал.

  Обвернется Волх ясным соколом,   130
Звился он высоко по поднебесью,
Полетел он далече во чисто поле,
Полетел ко своей ко дружине хоробрыя.
Дружина спит, так Волх не спит,
Разбудил он удалых добрых молодцов: 135
— Гой еси вы, дружина хоробрая!
Не время спать, пора вставать,
Пойдем мы ко царству Индейскому!

  И пришли они ко стене белокаменной.
Крепка стена белокаменна,   140
Вороты у города железные,
Крюки, засовы все медные,
Стоят караулы денны-нощны,
Стоит подворотня дорог рыбий зуб,

Мудрены вырезы вырезано,   145
А и только в вырезу мурашу пройти.
И все молодцы закручинилися,
Закручинилися и запечалилися,
Говорят таково слово:
— Потерять будет головки напрасные,   150
А и как нам будет стена пройти?

    Молоды Волх он догадлив был,
Сам обвернулся мурашиком
И всех добрых молодцов мурашками.
Прошли они стену белокаменну,   155
И стали молодцы уж на другой стороне
В славном царстве Индейскием,
Всех обвернул добрыми молодцами.
Со своею стали сбруею со ратною.

    А всем молодцам он приказ отдает: 160
— Гой еси вы, дружина хоробрая!
Ходите по царству Индейскому,
Рубите старого, малого,
Не оставьте в царстве на семена,
Оставьте только вы по выбору,   165
Не много, не мало — семь тысячей
Душечки красны девицы.

    А и ходят его дружина по царству Индейскому,
А и рубят старого, малого,
А и только оставляют по выбору   170
Душечки красны девицы.

    А сам он, Волх, во палаты пошел,
Во те во палаты царские,
Ко тому царю ко Индейскому;
Двери были у палат железные,   175
Крюки, пробои по булату злачены.
Говорит тут Волх Всеславьевич:
— Хотя нога изломить, а двери выставить!

    Пнет ногой во двери железные,
Изломал все пробои булатные,   180
Он берет царя за белы руки,

А славного царя Индейского,
Салтыка Ставрульевича.

    Говорит тут Волх таково слово:
— А и вас-то, царей, не бьют, не казнят! 185
    Ухватя его, ударил о кирпищатый пол,
Расшиб его в крохи...
    И тут Волх сам царем насел,
Взявши царицу Азвяковну,
А и молоду Елену Александровну; 190
А и те его дружина хоробрые
И на тех на девицах переженилися.
А и молоды Волх тут царем насел,
А то стали люди посадские;
Он злата-серебра выкатил, 195
А и коней, коров табуном делил,
А на всякого брата по сту тысячей.

2. ИСЦЕЛЕНИЕ ИЛЬИ МУРОМЦА

    В славном городе во Муромле,
Во селе было Карачарове,
Сиднем сидел Илья Муромец, крестьянский сын,
Сиднем сидел цело тридцать лет.
Уходил государь его батюшка 5
Со родителем со матушкою
На работушку на крестьянскую.
Как приходили две калики перехожие
Под тое окошечко косявчато,
Говорят калики таковы слова: 10
— Ай же ты, Илья Муромец, крестьянский сын!
Отворяй каликам ворота широкие,
Пусти-ка калик к себе в дом.
    Ответ держит Илья Муромец:
— Ай же вы, калики перехожие! 15
Не могу отворить ворот широкиих,
Сиднем сижу цело тридцать лет,

Не владаю ни рукамы, ни ногамы.
  Опять говорят калики перехожие:
— Выставай-ка, Илья, на резвы́ ноги, 20
Отворяй-ка ворота широкие,
Пускай-то калик к себе в дом.
  Выставал Илья на резвы́ ноги,
Отворял ворота широкие
И пускал калик к себе в дом. 25
Приходили калики перехожие,
Они крест кладут по-пи́саному,
Поклон ведут по-ученому,
Наливают чарочку питьица медвяного,
Подносят-то Илье Муромцу. 30
Как выпил-то чару питьица медвяного,
Богатырско его сердце разгорелося,
Его белое тело распотелося.
  Воспроговорят калики таковы слова:
— Что чувствуешь в собе, Илья? 35
  Бил челом Илья, калик поздравствовал:
— Слышу в собе силушку великую.
  Говорят калики перехожие:
— Будешь ты, Илья, великий богатырь,
И смерть тобе на бою не писана: 40
Бейся-ратися со всяким бога́тырем
И со всею паленицею удалою;
А столько не выходи драться
С Святогором-бога́тырем:
Его и земля на себе через силу носит; 45
Не ходи драться с Самсоном-бога́тырем:
У него на голове семь власов ангельских;
Не бейся и с родом Микуловым:
Его любит матушка сыра земля;
Не ходи още на Вольгу Сеславьича: 50
Он не силою возьмет,
Так хитростью-мудростью.
Доставай, Илья, коня собе богатырского,
Выходи в раздольице чисто́ поле,

Покупай первого жеребчика,   55
Станови его в срубу на три месяца,
Корми его пшеном белояровым,
А пройдет поры-времени три месяца,
Ты по три ночи жеребчика в саду поваживай
И в три росы жеребчика выкатывай,   60
Подводи его к тыну ко высокому:
Как станет жеребчик через тын перескакивать,
И в ту сторону, и в другую сторону,
Поезжай на нем, куда хочешь,
Будет носить тебя.   65
    Тут калики потерялися.
Пошел Илья ко родителю ко батюшку
На тую на работу на крестьянскую,
Очистить надо пал от дубья-колодья:
Он дубье-колодье все повырубил,   70
В глубоку реку повыгрузил,
А сам и сшел домой.
Выстали отец с матерью от крепкого сна — испужалися:
  — Что это за чудо подеялось?
Кто бы нам это сработал работушку?   75

Работа-то была поделана, и пошли они домой. Как пришли домой, видят: Илья Муромец ходит по избы. Стали его спрашивать, как он выздоровел. Илья и рассказал им, как приходили калики перехожие, поили его питьицем медвяныим: и с того он стал владать рукамы и ногамы и силушку получил великую.

Пошел Илья в раздольице чисто́ поле.
Видит: мужик ведет жеребчика немудрого,
Бурого жеребчика косматенького.
Покупал Илья того жеребчика,
Что запросил мужик, то и дал;   80
Становил жеребчика в сруб на три месяца,
Кормил его пшеном белояровым,
Поил свежей ключевой водой;
И прошло поры-времени три месяца,

Стал Илья жеребчика по три ночи в саду поваживать,
В три росы его выкатывал,   86
Подводил ко тыну ко высокому,
И стал бурушко через тын перескакивать,
И в ту сторону, и в другую сторону.
Тут Илья Муромец   90
Седлал добра коня, зауздывал,
Брал у батюшка, у матушки
Прощеньице-благословеньице,
И поехал в раздольице чисто поле.

3. ИЛЬЯ И СОЛОВЕЙ

Из того ли-то из города из Муромля,
Из того села да с Карачирова,
Выезжал удаленький дородный добрый молодец,
Он стоял заутрену во Муромле,
А й к обеденке поспеть хотел он в стольный Киев-град,   5
Да й подъехал он ко славному ко городу к Чернигову.
У того ли города Чернигова
Нагнано́-то силушки черным-черно,
А й черным-черно как черна во́рона;
Так пехотою никто тут не прохаживат,   10
На добром коне никто тут не проезживат,
Птица черный ворон не пролетыват,
Серый зверь да не прорыскиват.
А подъехал как ко силушке великоей,
Он как стал-то эту силу великую,   15
Стал конем топтать да стал копьем колоть,
А й побил он эту силу всю великую.
Он подъехал-то под славный под Чернигов-град,
Выходили мужички да тут черниговски
И отворяли-то ворота во Чернигов-град,   20
А й зовут его в Чернигов воеводою.
Говорит-то им Илья да таковы слова:

— Ай же мужички да вы черниговски!
Я не йду к вам во Чернигов воеводою.
Укажите мне дорожку прямоезжую,   25
Прямоезжую да в стольный Киев-град.
    Говорили мужички ему черниговски:
— Ты удаленький дородный добрый молодец,
Ай ты славныя бога́тырь святорусскии!
Прямоезжая дорожка заколодела,   30
Заколодела дорожка, замуравела,
А й по той ли по дорожке прямоезжею
Да й пехотою никто да не прохаживал,
На добром коне никто да не проезживал:
Как у той ли-то у Грязи-то у Черноей,   35
Да у той ли у березы у покляпыя,
Да у той ли речки у Смородины,
У того креста у Левонидова,
Си́ди Со́ловей разбойник во сыром дубу,
Си́ди Со́ловей разбойник Одихмантьев сын,   40
А то свищет Соловей да по-соло́вьему,
Он кричит злодей разбойник по-звериному,
И от него ли-то от посвисту соловьего,
И от него ли-то от покрику звериного,
То все травушки мура́вы уплетаются,   45
Все лазуревы цветочки отсыпаются.
Темны лесушки к земле все приклоняются,
А что есть людей, то все мертвы лежат.
Прямоезжею дороженькой пятьсот есть верст,
А й окольноей дорожкой цела тысяца.   50
    Он спустил добра коня да й богатырского,
Он поехал-то дорожкой прямоезжею.
Его добрый конь да богатырскии
С горы на гору стал перескакивать,
С холмы на́ холму стал перемахивать,   55
Мелки реченки, озерка промеж ног спущал.
Подъезжает он ко речке ко Смородинке,
Да ко тоей он ко Грязи он ко Черноей,
Да ко тою ко березы ко покляпыя,

К тому славному кресту ко Левонидову.   60
Засвистал-то Со́ловей да й по-соло́вьему,
Закричал злодей разбойник по-звериному,
Так все травушки муравы уплеталися,
Да й лазуревы цветочки отсыпалися,
Темны лесушки к земле все приклонилися,   65
Его добрый конь да богатырскии
А он на корзни́ да потыкается;
А й как старый-от казак да Илья Муромец
Берет плеточку шелковую в белу руку,
А он бил коня а по крутым ребрам;   70
Говорил-то он Илья да таковы слова:
— Ах ты волчья сыть да й травяной мешок!
Али ты идти не хошь али нести не мошь?
Что ты на корзни́, собака, потыкаешься?
Не слыхал ли посвисту соловьего,   75
Не слыхал ли покрику звериного,
Не видал ли ты ударов богатырскиих?
  А й тут старыя казак да Илья Муромец
Да берет-то он свой ту́гой лук разрывчатый,
Во свои берет во белы он во ручушки,   80
Он тетивочку шелковенку натягивал,
А он стрелочку каленую накладывал,
То он стрелил в то́го Со́ловья разбойника,
Ему выбил право око со косицею.
Он спустил-то Со́ловья да на сыру землю,   85
Пристянул его ко правому ко стремечке булатному,
Он повез его по славну по чисту полю,
Мимо гнездышко́ повез да Соловьиное.
Во том гнездышке да Соловьиноем
А случилось быть да и три дочери,   90
А й три дочери его любимых;
Бо́льша дочка эта смотрит во окошечко косявчато,
Говорит она да таковы слова:
— Едет-то наш батюшко чистым полем,
А сидит-то на добром коне,   95
Да везет он мужичище деревенщину,

Да у правого стремени прикована.
    Поглядела его дру́га дочь любимая,
Говорила-то она да таковы слова:
— Едет батюшко раздольицем чистым полем   100
Да й везет он мужичища деревенщину,
Да й ко правому ко стремени прикована.
    Поглядела его меньша дочь любимая,
Говорила-то она да таковы слова:
— Едет мужичище деревенщина,   105
Да й сидит мужик он на добро́м коне,
Да й везет-то наша батюшка у стремени,
У булатного у стремени прикована.
Ему выбито-то право око со косицею.
    Говорила-то й она да таковы слова: 110
— Ай же мужевья наши любимые!
Вы берите-тко рогатины звериные,
Вы бежите-тко в раздольице чисто поле,
Да вы бейте мужичища деревенщину.
    Эти мужевья да их любимые,   115
Зятевья-то есть да Соловьиные,
Похватали как рогатины звериные,
Да и бежали-то они да й во чисто поле
Ко тому ли к мужичищу деревенщине,
Да хотят убить-то мужичища деревенщину.   120
    Говорит им Соловей разбойник Одихмантьев сын:
— Ай же зятевья мои любимые,
Побросайте-тко рогатины звериные,
Вы зовите мужика да деревенщину,
В своё гнездышко зовите Соловьиное,   125
Да кормите его ествушкой сахарною,
Да вы пойте его питьицем медвяныим,
Да й дарите ему да́ры драгоценные.
    Эти зятевья да Соловьиные
Побросали-то рогатины звериные   130
А й зовут-то мужика да й деревенщину
Во то гнездышко да Соловьиное.
Да й мужик-от деревенщина не слушатся,

А он едет-то по славному чисту полю,
Прямоезжею дорожкой в стольный Киев-град.   135
Он приехал-то во славный стольный Киев-град
А ко славному ко князю на широкий двор.
А й Владимир князь он вышел со Божьей церквы,
Он пришел в палату белокаменну,
Во столовую свою во горенку,   140
Они сели есть да пить да хлеба кушати,
Хлеба кушати да пообедати.
А й тут старыя казак да Илья Муромец
Становил коня да посеред двора,
Сам идет он во палаты белокаменны,   145
Проходил он во столовую во горенку,
На́ пяту он дверь-ту поразмахивал,
Крест-от клал он по-писа́ному,
Вел поклоны по-ученому,
На все на три на четыре на сторонки низко кланялся,   150
Самому князю Владимиру в особину,
Еще всем его князьям он подколенныим.
    Тут Владимир князь стал мо́лодца выспрашивать:
— Ты скажи-тко, ты откулешный, дородный добрый
                                        мо́лодец,
Тобе как-то молодца да именём зовут,   155
Звеличают удалого по отечеству?
    Говорил-то старыя казак да Илья Муромец:
— Есть я с славного из города из Муромля,
Из того села да с Карачирова,
Есть я старыя казак да Илья Муромец,   160
Илья Муромец да сын Иванович!
    Говорит ему Владимир таковы слова:
— Ай же старыя казак да Илья Муромец,
Да й давно ли ты повыехал из Муромля
И которою дороженькой ты ехал в стольный Киев-град?   165
    Говорил Илья он таковы слова:
— Ай ты славныя Владимир стольно-киевский!
Я стоял заутрену христовскую во Муромле,
А й к обеденке поспеть хотел я в стольный Киев-град.

То моя дорожка призамешкалась;   170
А я ехал-то дорожкой прямоезжею,
Прямоезжею дороженькой я ехал мимо-то Чернигов-град,
Ехал мимо эту Грязь да мимо Черную,
Мимо славну реченку Смородину,
Мимо славную березу-ту покляпую,   175
Мимо славный ехал Левонидов крест.
    Говорил ему Владимир таковы слова:
— Ай же мужичище деревенщина,
Во глазах мужик да подлыгаешься,
Во глазах мужик да насмехаешься!   180
Как у славного у города Чернигова
Нагнано тут силы много множество,
То пехотою никто да не прохаживал,
И на добром коне никто да не проезживал,
Туды серый зверь да не прорыскивал,   185
Птица черный ворон не пролетывал;
А й у той ли-то у Грязи-то у Черноей,
Да у славноей у речки у Смородины,
А й у той ли у березы у покляпою,
У того креста у Левонидова,   190
Соловей сидит разбойник Одихмантьев сын,
То как свищет Сóловей да по-соловьему,
Как кричит злодей разбойник по-звериному,
То все травушки-муравы уплетаются,
А лазуревы цветки прочь отсыпаются,   195
Темны лесушки к земле все приклоняются,
А что есть людей, то все мертвó лежат.
    Говорил ему Илья да таковы слова:
— Ты Владимир князь да стольно-киевский!
Соловей разбойник на твоем дворе,   200
Ему выбито ведь право око со косицею,
Й он ко стремени булатному прикованный.
    То Владимир князь-от стольно-киевский
Он скорешенько ставал да на резвы́ ножки,
Куնью шубоньку накинул на одно плечко,   205
То он шапочку соболью на одно ушко,

Он выходит-то на свой-то на широкий двор
Посмотреть на Со́ловья разбойника.
Говорил-то ведь Владимир князь да таковы слова:
— Засвищи-тко, Соловей, ты по-соловьему,   210
Закричи-тко, собака, по-звериному.
   Говорил-то Со́ловей ему разбойник Одихмантьев сын:
— Не у вас-то я сегодня, князь, обедаю,
А не вас-то я хочу да и послушати,
Я обедал-то у старого каза́ка Ильи Муромца,   215
Да его хочу-то я послушати.
   Говорил-то как Владимир князь да стольно-киевский:
— Ай же старыя казак ты Илья Муромец!
Прикажи-тко засвистать ты Со́ловью да й по-соло́вьему,
Прикажи-тко закричать да по-звериному.   220
   Говорил Илья да таковы слова:
— Ай же Со́ловей разбойник Одихмантьев сын!
Засвищи-тко ты во по́л-свисту соло́вьего,
Закричи-тко ты во по́л-крику звериного.
   Говорил-то ему Со́ловей разбойник Одихмантьев сын: 225
— Ай же старыя казак ты Илья Муромец!
Мои раночки кровавы запечатались,
Да не ходят-то мои уста сахарные,
Не могу я засвистать да й по-соло́вьему,
Закричать-то не могу я по-звериному.   230
А й вели-тко князю ты Владимиру
Налить чару мне да зелена́ вина,
Я повыпью-то как чару зелена́ вина,
Мои раночки кровавы поразойдутся,
Да й уста мои сахарны порасходятся,   235
Да тогда я засвищу да по-соловьему,
Да тогда я закричу да по-звериному.
   Говорил Илья-тот князю он Владимиру:
— Ты Владимир князь да стольно-киевский!
Ты поди в свою столовую во горенку,   240
Наливай-ко чару зелена вина,
Ты не малую стопу да полтора ведра,
Подноси-тко к Со́ловью к разбойнику.

То Владимир князь да стольно-киевский
Он скоренько шел в столову свою горенку, 245
Наливал он чару зелена́ вина,
Да не малу он стопу да полтора ведра,
Разводил медами он стоялыма,
Приносил-то он ко Со́ловью разбойнику.
Соловей разбойник Одихмантьев сын 250
Принял чарочку от князя он одной ручкой,
Выпил чарочку-ту Соловей одним духом,
Засвистал как Соловей тут по-соловьему,
Закричал разбойник по-звериному,
Маковки на теремах покри́вились, 255
А око́ленки во теремах рассыпались
От него от посвисту соловьего,
А что есть-то людюшек, так все мертвы́ лежат;
А Владимир князь-от стольно-киевский
Куньей шубонькой он укрывается. 260
А й тут старый-от казак да Илья Муромец
Он скорешенько садился на добра коня,
А й он вез-то Соловья да во чисто поле,
Й он срубил ему да буйну голову.
Говорил Илья да таковы слова: 265
— Тоби полно-тко свистать да по-соловьему,
Тоби полно-тко кричать да по-звериному,
Тоби полно-тко слезить да отцей-ма́терей,
Тоби полно-тко вдовить да жен моло́дыих,
Тоби полно-тко спущать-то сиротать да малых детушек. 270
   А тут Соловью ему и славу́ поют,
А й славу́ поют ему век по́ веку.

4. ИЛЬЯ И КАЛИН-ЦАРЬ

Да из орды, Золотой земли,
Из тоя Могозеи богатыя,
Когда подымался злой Калин-царь,
Злой Калин-царь Калинович,
Ко стольному городу ко Киеву 5

Со своею силою с поганою.
Не дошед он до Киева за семь верст,
Становился Калин у быстра Непра.
Сбиралося с ним силы на сто верст,
Во все те четыре стороны.   10
Зачем мать сыра земля не погнется?
Зачем не расступится?
А от пару было от кониного
А и месяц, солнце померкнуло,
Не видеть луча света белого;   15
А от духу татарского
Не можно крещеным нам живым быть.
Садился Калин на ременчат стул,
Писал ярлыки скорописчаты
Ко стольному городу ко Киеву.   20
Ко ласкову князю Владимиру,
Что выбрал татарина выше всех:
А мерою тот татарин трех сажен,
Голова на татарине с пивной котел,
Которой котел сорока ведер,   25
Промеж плечами косая сажень.
От мудрости слово написано:
Что возьмет Калин-царь стольный Киев-град,
А Владимира-князя в полон полонит,
Божьи церкви на дым пустит.   30
Дает тому татарину ярлыки скорописчаты,
И послал его в Киев наскоро.
Садился татарин на добра коня,
Поехал ко городу ко Киеву,
Ко ласкову князю Владимиру.   35
А и будет он, татарин, в Киеве,
Середи двора княженецкого,
Скакал татарин с добра коня;
Не вяжет коня, не приказывает,
Бежит он в гридню во светлую,   40
А Спасову образу не молится,
Владимиру-князю не кланется,

И в Киеве людей ничем зовет.
Бросал ярлыки на круглый стол
Перед великого князя Владимира.   45
Отшед татарин, слово выговорил:
— Владимир-князь стольный киевский!
А наскоре сдай ты нам Киев-град,
Без бою, без драки великия,
И без того кровопития напрасного.   50
    Владимир-князь запечалился,
А наскоре ярлыки распечатывал
И просматривал,
Глядючи в ярлыки, заплакал свет.
По грехам над князем учинилося: 55
Богатырей в Киеве не случилося,
А Калин-царь под стеною стоит;
А с Калином силы написано
Не много, не мало — нá сто верст.
Во все четыре стороны.   60
Еще со Калином сорок царей со царевичем,
Сорок королей с королевичем,
Под всяким царем силы по три тьмы, по три тысячи;
По праву руку его зять сидит,
А зятя зовут у него Сартаком;   65
А по леву руку сын сидит,
Сына зовут Лоншеком.
И то у них дело не окончено,
Татарин из Киева не выехал.
Втапоры Василей Пьяница   70
Збежал на башню на стрельную,
Берет он свой тугой лук разрывчатый,
Калену стрелу переную,
Наводил он трубками немецкими,
А где-то сидит злодей Калин-царь.   75
И тот-то Василей Пьяница
Стрелял он тут во Калина-царя;
Не попал во собаку Калина-царя,
Что попал он в зятя его Сартака:

Угодила стрела ему в правый глаз,   80
Ушиб его до́ смерти.
И тут Калину-царю за беду стало,
Что перву беду не утушили,
А другую беду они загрезили,
Убили зятя любимого   85
С тоя башни со стрельныя.
Посылал другого татарина
Ко тому князю Владимиру,
Чтобы выдал того виноватого.
А мало время замешкавши,   90
С тоя стороны полуденныя,
Что ясный сокол в перелет летит,
Как белый кречет перепорхивает,
Бежит паленица удалая,
Старый казак Илья Муромец.   95
Приехал он во стольный Киев-град,
Середи двора княженецкого
Скочил Илья с добра коня,
Не вяжет коня, не приказывает,
Идет во гридню во светлую;   100
Он молится Спасу со Пречистою,
Бьет челом князю со княгинею,
И на все четыре стороны,
А сам Илья усмехается:
— Гой еси, сударь Владимир-князь!   105
Что у тебя за болван пришел?
Что за дурак неотесанный?
     Владимир-князь стольный киевский
Подает ярлыки скорописчаты.
Принял Илья, сам прочитывал;   110
Говорил тут ему Владимир-князь:
— Гой еси, Илья Муромец!
Пособи мне думушку подумати,
Сдать ли мне, не сдать ли Киев-град,
Без бою мне, без драки великия,   115
Без того кроволития напрасного?

Говорит Илья таково слово:
— Владимир-князь стольный киевский!
Ни о чем ты, осударь, не печалуйся:
Боже-Спас оборонит нас,   120
А не что, Пречистой, и всех сохранит!
Насыпай ты мису чиста серебра,
Другую — красна золота,
Третью мису — скатного жемчуга;
Поедем со мной ко Калину-царю,   125
Со своими честными подарками,
Тот татарин-дурак нас прямо доведет.
    Наряжался князь тут поваром,
Замарался сажею котельною.
Поехали они ко Калину-царю,   130
А прямо их татарин в лагери ведет.
Приехал Илья ко Калину-царю
В его лагери татарские.
Скочил Илья с добра коня,
Калину-царю поклоняется,   135
Сам говорит таково слово:
— А и Калин-царь, злодей Калинович!
Прими наши дороги подарочки
От великого князя Владимира:
Перву мису чиста серебра,   140
Другу — красна золота,
Третью мису — скатного жемчуга;
А дай ты нам сроку на три дни,
В Киеве нам приуправиться,
Отслужить обедни с панафидами,   145
Как-де служат по усопшим душам,
Друг с дружкой проститися.
    Говорит тут Калин таково слово:
— Гой еси ты, Илья Муромец!
Выдайте вы нам виноватого,   150
Который стрелял с башни со стрельныя,
Убил моего зятя любимого!
    Говорит ему Илья таково слово:

— А ты слушай, Калин-царь, повеленое:
Прими наши дороги подарочки   155
От великого князя Владимира.
Где нам искать такого человека и вам отдать?
   И тут Калин принял золоту казну
Нечестно у него, сам прибранивает.
И тут Илье за беду стало,   160
Что не дал сроку на три дни и на три часа.
Говорил таково слово:
— Собака, проклятый ты Калин-царь!
Отойди с татарами от Киева:
Охота ли вам, собака, живым быть?   165
   И тут Калину-царю за беду стало,
Велел татарам сохватать Илью;
Связали ему руки белые
Во крепки чембуры шелковые.
Втапоры Илье за беду стало,   170
Говорил таково слово:
— Собака, проклятый ты Калин-царь!
Отойди прочь с татарами от Киева:
Охота ли вам, собака, живым быть?
   И тут Калину за беду стало   175
И плюет Илье во ясны очи:
— А русский люд всегды хвастлив,
Опутан весь, будто лысый бес,
Еще ли стоит передо мною, сам хвастает!
   И тут Илье за беду стало,   180
За великую досаду показалося,
Что плюет Калин в ясны очи,
Скочил в полдрева стоячего,
Изорвал чембуры на могучих плечах.
Не допустят Илью до добра коня,   185
И до его-то до палицы тяжкия,
До медны литы в три тысячи.
Схватил Илья татарина за́ ноги,
Который ездил во Киев-град,
И зачал татарином помахивати: 190

Куда ли махнет — тут и улицы лежат,
Куды отвернет — с переулками;
А сам татарину приговаривает:
— А и крепок татарин, не ломится,
А жиловат, собака, не изорвется.   195

И только Илья слово выговорил,
Оторвется глава его татарская,
Угодила та глава по силе вдоль,
И бьет их, ломит, вконец губит.
Достальные татара на побег пошли,   200
В болотах, в реках притонули все,
Оставили свои возы и лагери.
Воротился Илья он ко Калину-царю,
Схватил он Калина во белы руки,
Сам Калину приговаривает: 205
— Вас-то, царей, не бьют, не казнят,
Не бьют, не казнят и не вешают!

Согнет его корчагою,
Воздымал выше буйны головы своей,
Ударил его о горюч камень,   210
Расшиб его в крохи...
Достальные татара на побег бегут,
Сами они заклинаются:
— Не дай Бог нам бывать ко Киеву,
Не дай Бог нам видать русских людей!   215
Неужто в Киеве все таковы,
Один человек всех татар прибил?

Пошел Илья Муромец
Искать своего товарища,
Того ли Василья Пьяницу Игнатьева;   220
И скоро нашел его на кружале петровскием;
Привел ко князю Владимиру.
А пьет Илья довольно зелено вино
С тем Васильем со Пьяницей,
И называет Илья того Пьяницу   225
Василья братом названыим.
То старина, то и деянье.

5. *ДОБРЫНЯ И ЗМЕЙ*

Добрыне говорила родна́ матушка:
— А что молод начал ездить во чисто поле,
А топтать-то младыих змеенышев,
Выручать-то полонов да русскиих.
Не куплись, Добрыня, во Пучай-реке,   5
Пучай-река да есть великая,
Средняя струя-то как огонь сечет.
   А Добрыня матушки не слушался,
Он зашел-то во конюшеньку стоялую.
Он и взял себе да коня доброго,   10
Он седлал во седелышко черкаское,
Он потнички-то клал на потнички,
А на потнички-то клал ведь войлочки,
Он на войлочки черкаское седелышко,
И натягивал двенадцать тугих подпругов,   15
А тринадцатый-то клал для ради крепости,
Чтобы добрый конь и седла не выскочил,
Добра молодца с седла не вырутил.
Подпруги-то были шелковые,
А шпеньки-ты были булатные,   20
Пряжки у седла да красна золота.
Вот как шелк не рвется, а булат не трется,
Красно золото не ржавеет,
Молодец на коне сидит не стареет.
Он поехал во далече во чисто поле   25
На тые горы сорочинские.
Притоптал всех младыих змеенышев,
Богатырское его сердце разгорелося,
Разгорелося да распотелося.
Он правил ко́ня ко Пучай-реке,   30
Снимает платьице он цветное,
Забрел он за струечку за первую,
Забрел он за струечку среднюю,
Сам говорит таково слово:

— Мне, Добрыне, матушка говорила,   35
Мне Никитичу матушка наказывала:
Не куплись, Добрыня, во Пучай-реке,
А Пучай-река да есть свирепая,
Средняя струя да как огонь сечет.
А Пучай-река да есть смирна крутка,   40
Как будто лужа ведь дождевая.

Вот как ветра нет и тучу поднесло,
Тучи нет, да будто гром гремит,
Грому нет, да искры сыплются.
Налетело змеичище Горынчище   45
О двенадцати змея о хоботах.
— А теперь Добрыня во моих руках,
Я теперь Добрыню съем-сожру,
С конем съем-сожру, а захочу в полон возьму!

Как не было у Добрыни да добра коня,   50
Да не было у Добрыни платья цветного,
Да не было меча да бурзомецкого,
А Добрыня-то плавать горазд он был.
Нырнет на бережек на тамошний,
Перенырнет на бережек на здешниий.   55
А только лежал да пухов колпак.
Насыпан колпак да земли греческой,
Весом колпак ровно три пуда.
Он ударил во змею да во проклятую,
Отбил двенадцать хоботов —   60
Тут упала змея да во ковыль траву.
А Добрыня да на ножку поверток;
Он скочил змее да на белы груди,
Вот как тут змея да взмолилася:
— Ай же ты Добрыня сын Никитинич!   65
Мы положим с тобой заповедь великую,
Чтоб не ездить бы тебе во далече чисто поле,
Не топтать-то ведь младых змеенышев,
А моих-то ведь рожоных малых детушек,
А мне не летать больше на святую Русь,   70
Не носить-то людей да во полон к себе.

А и та змея да ведь проклятая,
Поднялась она да ведь под облаку.
Случилось ей лететь через Киев-град,
Захватила тут князеву племянницу   75
Молоду Забаву дочь Путятичну.
Солнышко Владимир стольно-киевский,
Он и кликал ведь былиц да волшебниц,
Кто бы мог достать Забаву дочь Путятичну.
Как проговорит Алешенька Левонтьевич: 80
— Ай ты солнышко Владимир стольно-киевский!
Ты накинь-ка эту службу на Добрынюшку,
На молода Добрынюшку Никитинича.
У него-то со змеей заповедь положена
А не ездить боле во чисто поле,   85
На тые горы сорочинские,
Не топтать-то ведь младых змеенышев,
А змее не летать да на святую Русь,
Не полонить ей да людей русскиих.
Так он может достать без бою, без драки кровопролития.   90
   Как пошел Добрыня, закручинился,
Он повесил буйну голову,
Утупил он ясны очи во сыру землю.
Как проговорила Добрынина матушка,
Пречестна вдова да Мальфа Тимофеевна: 95
— Ай же ты, Добрынюшка Микитинич!
Что же ты Добрыня закручинился?
Али место тебе было не по чину,
Али чарой на пиру тебя пообнесли,
Дурак на пиру да насмеялся-де?   100
   Испроговорит Добрыня родной матушке:
— Место мне было ведь по чину,
Чарою меня да не пообнесли,
А дурак-то на пиру не насмеялся-де.
Как солнышко Владимир стольно-киевский   105
Он накинул мне да службу ведь великую,
Съездить мне далече во чисто поле
На тые горы сорочинские,

Во тую нору во глубокую,
А достать князеву племянницу   110
Молоду Забаву дочь Путятичну.
   Проговорит Добрынюшкина матушка:
— Молись-ко Богу и ложись-ко спать:
Утро будет мудрое,
Мудренее оно вечера!   115
   Поутру он вставал ранешенько,
Умывался водушкой белешенько,
Подкрутился ведь да хорошехонько.
Он зашел во конюшеньку стоялую,
Он седлал ведь коня дедушкова,   120
Он седлал да во седелышко черкаское,
Потнички он клал на потнички,
Он на потнички клал ведь войлочки,
А на войлочки черкаское седелышко.
Он натягивал двенадцать тугих подпругов,   125
А тринадцатый-то клал для ради крепости:
Чтобы добрый конь с седла не выскочил,
Добра молодца с седла не вырутил.
Подпруги-то были шелковые,
Шпеньки-ты были булатные,   130
Пряжки у седла да красна золота.
Вот как шелк не рвется, а булат не трется,
Красно золото не ржавеет,
Молодец на коне сидит не стареет.
Он прощался с родной матушкой,   135
Пречестной вдовой да Мальфой Тимофеевной.
Она на прощаньице ему да плетку подала,
Сама говорила таково слово:
—Когда будешь далече во чистом поле
На тыих горах да сорочинскиих,   140
А притопчешь-то всех младых змеенышев,
Подточат у бурка они да щеточки,
Так возьми ты плеточку шелковую,
Бей бурушкс промежду ушей.
Бей бурушке промежду ноги,   145

Промежду ноги да ноги задние.
Станет бурушка-кавурушка подскакивать,
А змеенышев от ног он да оттряхивать,
Притопчет всех да до единого.
   Он приехал-то во чисто поле   150
На тые горы сорочинские,
Притоптал-то он младыих змеенышев.
Подточили да змеи коню под щеточки,
Не может бурушка боле да подскакивать,
Змеенышев от ног да ведь оттряхивать   155
Добрынюшка Микитинич
Он взял плеточку шелковую,
Стал бить бурушка промежду ушей,
Промежду ушей и промежду ноги,
Промежду ноги да ноги задние.   160
Стал бурушка-кавурушка поскакивать,
А змеенышев от ног да ведь оттряхивать,
Притоптал он всех да до единого.
Как из норы да из глубокия
Выходило змеище Горынчище,   165
Выходила змея да та проклятая,
Сама говорит да таково слово:
— Как у нас с тобой была заповедь положена,
Чтоб не ездить тебе боле во чисто поле,
Не топтать-то младыих змеенышев,   170
Моих-то рожоных малых детушек.
   Испроговорит Добрыня сын Никитинич:
— Ай же ты змея да ты проклятая!
А черти ль тебя несли да через Киев!
Зачем ты взяла князеву племянницу   175
Молоду Забаву дочь Путятичну?
Ты отдай без брани, без бою кровопролития!
   Испроговорит змея та проклятая:
— Не отдам тебе без брани, без бою кровопролития!
   Они тут дрались да цело пó три дня.   180
А Добрыня сын Никитинич
Отшиб у ей двенадцать хоботов,

Убил змею да ту проклятую.
Сошел во нору во глубокую,
Там много князей бояров,   185
И много русскиих могучиих богатырей,
А мелкой силы и сметы нет.
Испроговорит Добрыня сын Никитинич:
— Теперь вам да воля вольная!

   Он взял князеву племянницу   190
Молоду Забаву дочь Путятичну,
Он отдал Алешеньке Поповичу
Свезти ее да во Киев-град,
Ко солнышку ко князю ко Владимиру,
А сам увидел лошадиный брод: 195
По колен-то у бурки да ноги грязнули.
Он наехал паляницу женщину великую,
Он ударил своей палицей булатною
Да тую паляницу в буйну голову, —
Паляница назад не оглянется,   200
Добрыня на коне да приужахнется.
Воротился Добрыня да ко сыру дубу,
Толщину дуб шести сажен.
Он ударил своей палицей булатною во сырой дуб,
И расшиб-то дуб да весь по ластиньям,   205
Сам он говорит таково слово:
— Как сила у богатыря по старому,
А смелость у богатыря не по старому.

   Он догнал-то паляницу женщину великую,
Он ударил своей палицей булатною   210
Тую паляницу в буйну голову.
Паляница-то назад да не оглянется,
Добрыня на коне да приужахнется.
Воротился Добрыня ко сыру дубу,
Толщиною дуб сажен двенадцати.   215
Он ударил своей палицей булатною во сырой дуб,
Он расшиб-то дуб весь да по ластиньям,
Сам говорит таково слово:
— Как сила у богатыря по старому.

A смелость у богатыря не по старому.   220
Он догнал-то паляницу женщину великую,
Он ударил своей палицей булатною
Тую паляницу в буйну голову.
Паляница та назад да приоглянется,
Сама говорит таково слово: 225
— Я думала комарики покусывают;
Ажно русские могучие богатыри пощелкивают!
  Ухватила Добрыню за желты кудри,
Посадила Добрыню во глубок карман,
А везла Добрыню цело по три дня.   230
Испроговорит паляницын конь человеческим голосом:
— Ай же ты, хозяюшка любимая!
Не могу я вас везти со богáтырем.
Конь у богатыря супротив меня,
А сила у богатыря супротив тебя!   235
  Испроговорит паляница женщина великая:
— Если стар богатырь, я голову срублю,
Если млад богатырь, я в полон возьму;
Если ровня богатырь, я замуж пойду!
  Повыкинет Добрыню из карманчика,   240
Тут ей Добрыня ведь понравился,
Поехали ко городу ко Киеву,
Ко ласкову князю ко Владимиру
Принимать с Добрыней по злату венцу,
По три было дня у них да пированьице.   245

6. *ДОБРЫНЯ И АЛЕША*

  Говорит Добрыня сын Никитич
Своей государыне родной матушке:
— Ах ты ей, государыня родна матушка!
Ты на что меня Добрынюшку несчастного спородила?
Спородила бы, государыня родна матушка,   5
Ты бы беленьким горючим меня камешком,

Завернула в тонкий в льняной во рукавичек,
Спустила бы меня во сине море:
Я бы век Добрыня в море лежал,
Я не ездил бы Добрыня по чисту полю,   10
Я не убивал бы Добрыня неповинныих душ,
Не пролил бы крови я напрасныя,
Не слезил Добрыня отцов-матерей,
Не вдовил Добрыня молодыих жен,
Не пускал сиротать малыих детушек.   15

   Ответ держит государыня его матушка:
— Я бы рада тебя, дитятко, спородити
Таланом-участью в Илью Муромца,
Силой в Святогора-богатыря,
Смелостью в смелого в Алешку во Поповича,   20
Красотой бы я в Осипа Прекрасного,
Я походкою бы тебя щепливою
Во того Чурилу во Пленковича,
Я бы вежеством в Добрынюшку Никитича:
Сколько тые статьи есть, а других Бог не дал,   25
Других Бог не дал, не пожаловал.

   Скоро-наскоро Добрыня он коня седлал,
Поезжал Добрыня во чисто поле,
Провожала Добрыню родна матушка;
Простилася, воротилася,   30
Домой пошла, сама заплакала,
Учала по палаты похаживать,
Начала голосом поваживать
Жалобнехонько она, с причетью.

   У тыя было у стремены у правыя   35
Провожала Добрыню любимая семья,
Молода Настасья дочь Никулична;
Сама говорила таково слово:
— Когда Добрынюшка домой будет,
Когда дожидать Добрыню из чиста поля?   40
   Отвечал Добрыня сын Никитич:
— Когда у меня ты стала спрашивать,
Тогда я стану тебе сказывать:

Сожидай Добрынюшку по три году;
Если в три году не буду, — жди друго три;   45
А как сполнится времени шесть годов,
Да не буду я домой из чиста поля, —
Поминай меня Добрынюшку убитого,
А тебе-ка-ва, Настасья, воля вольная:
Хоть вдовой живи, хоть замуж поди,   50
Хоть за князя поди, хоть за боярина,
А хоть за русского могучего богатыря,
А только не ходи за моего за брата за названого,
За смелого за Алешу за Поповича.
    Стала дожидать его по три году.   55
Как день за днем, будто дождь дождит,
Неделя за неделей, как трава растет,
А год за годом, как река бежит.
Прошло тому времени да три году,
Не бывал Добрыня из чиста поля.   60
Стала сожидать его по другое три.
Опять день за днем, будто дождь дождит,
Неделя за неделей, как трава растет,
А год за годом, как река бежит.
Прошло тому времени шесть уже лет,   65
Не бывал Добрыня из чиста поля.
    Во тую пору, в то время
Приезжал Алеша из чиста поля,
Привозил он весточку нерадостну,
Что нет жива Добрыни Никитича.   70
Тогда государыня родна его матушка
Жалешенько она по нем плакала,
Слезила она очи ясные,
Скорбила она лицо белое
По своем рожоном дитятке,   75
По молодом Добрыне Никитиче.
    Стал солнышко Владимир тут похаживать,
Настасьи Никуличной посватывать:
— Как тебе жить молодой вдовой,
Молодой век свой коротати?   80

Поди замуж хоть за князя, хоть за боярина,
Хоть за русского могучего богатыря,
А хоть за смелого Алешу Поповича.
    Отвечала Настасья дочь Никулична:
— Я исполнила заповедь мужнюю, —   85
Я ждала Добрыню цело шесть годов,
Не бывал Добрыня из чиста поля;
Я исполню заповедь свою женскую, —
Я прожду Добрынюшку друго шесть годов;
Так сполнится времени двенадцать лет,   90
Да успею я и в ту пору замуж пойти.
    Опять день за днем, будто дождь дождит,
А неделя за неделей, как трава растет,
А год за годом, как река бежит.
Прошло тому времени друго шесть годов,   95
Сполнилось верно двенадцать лет,
Не бывал Добрынюшка из чиста поля.
    Стал солнышко Владимир тут похаживать,
Настасьи Никуличной посватывать,
Посватывать, подговаривать: 100
— Как тебе жить молодой вдовой,
Молодой свой век коротати?
Поди замуж хоть за князя, хоть за боярина,
А хоть за русского могучего богатыря,
А хоть за смелого Алешу Поповича.   105
    Не пошла замуж ни за князя, ни за боярина,
Ни за русского могучего богатыря,
А пошла замуж за смелого Алешу Поповича.
Пир идет у них по третий день.
Сегодня им идти ко Божьей церкви,   110
Принимать с Алешей по злату венцу.
    А Добрыня лучился у Царя-града,
А у Добрыни конь потыкается:
— Ах ты волчья сыть, ты медвежья шерсть!
Зачем сегодня потыкаешься?   115
    Испровещится ему добрый конь,
Ему голосом человеческим:

— Ты ей, хозяин мой любимый!
Над собой невзгодушки не ведаешь:
Твоя молода Настасья дочь Никулична замуж пошла   120
За смелого Алешу за Поповича;
Пир идет у них по третий день;
Сегодня им идти ко Божьей церкви,
Принимать с Алешей по злату венцу.

   Разгорячился Добрынюшка Никитич,   125
Он берет да плеточку шелковую,
Он бьет бурка промежу ноги,
Промежу ноги между задние, —
Что стал его бурушка поскакивать
С горы на гору, с холма на холмы   130
И реки, озера перескакивать,
Широкие раздолья между ног пущать.

   Как не ясный сокол в перелет летит:
Добрый молодец перегон гонит.
Не воротмы ехал — через стену городовую,   135
Мимо тую башню наугольную,
К тому придворью ко вдовиному;
На двор заехал безобсылочно,
В палаты идет бездокладочно;
Не спрашивал у ворот приворотников,   140
У дверей не спрашивал придверников,
Всех он взашей прочь отталкивал;
Смело проходил в палаты во вдовиные,
Крест кладет по-писаному,
Поклон кладет по-ученому,   145
Пречестной вдовы да он в особину:
— Ты здравствуешь, честна вдова, Мамельфа Тимофеевна!

   Вслед идут придверники, приворотники,
Сами говорят таково слово:
— Пречестна вдова, Мамельфа Тимофеевна!   150
Как этот удалый добрый молодец
Наехал из чиста поля скорым гонцом,
Нас не спрашивал, у ворот приворотников,
У дверей не спрашивал придверников,

Всех нас взашей прочь отталкивал. 155
   Испроговорит им честна вдова:
— Ах ты ей, удалый добрый молодец!
Ты зачем заехал на сиротский двор,
В палаты идешь бездокладочно?
Как было бы живо мое чадо милое, 160
Молодой Добрыня сын Никитич,
Отрубил бы он тебе буйну голову
За твои поступки неумильные.
   Говорит Добрыня сын Никитич:
— Не напрасно ли вы согрешаете? 165
А я вчерась с Добрыней поразъехался,
Добрыня поехал ко Царю-граду,
А я поехал ко Киеву.
Наказывал мне братец тот родимый
Спросить про его милу семью, 170
Про молоду Настасью Никуличну.
Где же есть она, Настасья Никулична?
   — Добрынина родима семья замуж пошла,
Пир идет у них по третий день,
Сегодня им идти ко Божьей церкви; 175
А в тую ль было пору, в тые шесть лет,
Приезжал Алеша из чиста поля,
Привозил он весточку нерадостну,
Что нет жива Добрыни Никитича:
Убит лежит во чистом поле, 180
Буйна голова испроломана,
Могучи плечи испрострелены,
Головой лежит чрез ракитов куст.
Я жалешенько об нем плакала.
   Говорил Добрыня сын Никитич: 185
— Наказывал братец мне названый:
Если лучится быть тебе на пиру во Киеве,
Ты возьми мое платье скоморошское
И гусельки возьми яровчаты,
В новой горенке все на столике. 190
   Принесли они платье скоморошское

И гусельки ему яровчаты.
Накрутился молодец скоморошиной,
Пошел как на хорош почестный пир.
  Идет он на княженецкий двор безобсылочно, 195
А в палаты идет бездокладочно;
Не спрашивал у ворот приворотников,
У дверей не спрашивал придверников,
Всех он взашей прочь отталкивал;
Смело проходил в палаты княженецкие, 200
Крест кладет по-писаному,
Поклон ведет по-ученому,
Солнышку Владимиру в особину,
Сам говорит таково слово:
— Здравствуй, солнышко Владимир стольно-киевский 205
Со своей княгиней со Апраксией!
  Вслед идут все, жалобу творят:
— Солнышко Владимир стольно-киевский!
Как этот удалый добрый молодец
Наехал из поля скорым гонцом 210
И тепереча идет скоморошиной;
Он не спрашивал у ворот приворотников,
У дверей не спрашивал придверников,
Всех нас взашей прочь толкал,
Скоро проходил в палаты княженецкие. 215
— Ах ты ей, удалая скоморошина!
Ты зачем идешь на княженецкий двор,
На княженецкий двор безобсылочно,
Во палаты идешь бездокладочно,
Не спрашивал у ворот приворотников, 220
У дверей не спрашивал придверников,
Скоро проходил в палаты княженецкие?
  Скоморошина к речам не примется,
Скоморошина в речи не вчуется:
— Скажи, где есть наше место скоморошское? 225
  С сердцем говорит Владимир стольно-киевский:
— Что ваше место скоморошское
На той на печке на муравленой,

На муравленой печке — на запечке.
   Он скочил скоро на место на показанно,   230
На тую на печку на муравлену;
Натягивал тетивочки шелковые
На тые струночки золоченые,
Учал по стрункам похаживать,
Учал он голосом поваживать;   235
Играет-то в Цари-гради,
А на выигрыш берет все в Киеве,
Он от старого всех до малого.
   Тут все на пиру призамолкнули,
Сами говорят таково слово: 240
— Что не быть это удалой скоморошины,
А кому ни надо быть русскому,
Быть удалому доброму молодцу!
   Говорил Владимир стольно-киевский:
— Ах ты ей, удалый скоморошина!   245
Опущайся из печки из запечки,
Садись-ка с нами за дубов стол хлеба кушати,
Станем белые лебедушки мы рушати.
За твою игру за веселую
Дам тебе три места любимыих: 250
Перво место, сядь подли меня,
Друго место, супротив меня,
А третье место, куда сам захошь,
Куда сам захошь, еще пожалуешь.
   Не села скоморошина подли князя,   255
Не села скоморошина против князя,
А садилась скоморошина в скамеечку
Супротив княжны порученыя.
Говорит удала скоморошина:
— Что солнышко Владимир стольно-киевский!   260
Бласлови мне налить чару зелена вина,
Поднесть эту чару, кому я знаю,
Кому я знаю, еще пожалую.
   Как он налил чару зелена вина,
Он опустит в чару свой золочен перстень,   265

Подносит княжны порученыя,
Сам говорит таково слово:
— Молода Настасья дочь Никулична!
Прими сию чару единой рукой
Да выпей-ка чару единыим духом: 270
Буде пьешь до дна, так видаешь добра,
А не пьешь до дна, не видаешь добра.

  Она приняла чару единой рукой,
Да и выпила чару единыим духом,
Да и посмотрит в чары свой злачен перстень,   275
Которым с Добрыней обручалася;
Сама говорит таково слово:
— Солнышко Владимир стольно-киевский!
Не тот мой муж, который подли меня,
А тот мой муж, который супротив меня,   280
Сидит мой муж на скамеечке,
Подносит мне чару зелена вина.

  Сама выскочит из-за стола из-за дубового,
Упала Добрыне в резвы ноги:
— Прости, прости, Добрынюшка Никитич,   285
В той вины прости меня, в глупости,
Что не по твоему наказу-де я сделала,
Я за смелого Алешеньку замуж пошла.

  Говорил Добрыня сын Никитич:
— Что не дивую я разуму-то женскому,   290
Что волос долог, да ум короток:
Их куда ведут, они туда идут,
Их куда везут, они туда едут;
А дивую я солнышку Владимиру
С молодой княгиней со Апраксией: 295
Солнышко Владимир тот тут сватом был,
А княгиня Апраксия свахою,
Они у живого мужа жену просватали!

  Тут солнышку Владимиру к стыду пришло,
А говорил Алешенька Григорьевич: 300
— Прости, прости, братец мой названый,
Что я посидел подли твоей любимой семьи,

Подли молодой Настасьи Никуличной.
— В той вины, братец, тебя Бог простит,
Что ты посидел подли моей любимой семьи,   305
Подли молодой Настасьи Никуличной;
А в другой вины тебе, братец, не прощу:
Как приезжал ты из чиста поля в первых шесть лет,
Привозил ты весточку нерадостну,
Что нет жива Добрыни Никитича,   310
Убит лежит во чистом поле,
Буйна голова испроломана,
Могучи плечи испрострелены,
Головой лежит чрез ракитов куст;
Так тогда государыня родна матушка   315
Жалешенько с-по мне плакала,
Слезила свои очи ясные,
Скорбила свое лицо белое:
С этой вины тебя не прощу!
     Ухватил Алешку за желты кудри,   320
Выдернет Алешку чрез дубовый стол,
Бросил Алешку о кирпичен мост,
Повыдернет шалыгу подорожную,
Учал шалыжищем ухаживать:
Что хлопанье и что оханье, не слышно ведь.   325
     Всяк-то, братцы, на веку женится,
А не дай Бог женитьбы той Алешиной:
Только-то Алешенька женат бывал,
Женат бывал, с женой сыпал.
     Тут взял Добрыня любиму семью,   330
Молоду Настасью дочь Никуличну,
Пошел к государыне родной матушке,
Тут сделал он доброе здоровьице.
Век про Добрыню старину скажут,
Синему морю на тишину,   335
Вам всем, добрым людям, на послушанье.

7. *ДУНАЙ*

В стольном городе во Киеве
У ласкова князя у Владимира
Было пированьице, почестен пир
На многих князей, на бояр,
На могучиих на богатырей,   5
На всех купцов на торговыих,
На всех мужиков деревенскиих.
Красное солнышко на вечере,
Почестен пир идет на веселе.
Испроговорит Владимир стольно-киевский: 10
— Ай вы все князи бояра,
Все могучие богатыри,
Все купцы торговые,
Все мужики деревенские!
Все на пиру поженены,   15
Один я князь не женатый есть.
Знаете ль вы про меня княгиню супротивную,
Чтобы ростом была высокая,
Станом она становитая,
И на лицо она красовитая,   20
Походка у ней часта и речь баска;
Было бы мне князю с кем жить да быть,
Дума думати, долгие веки коротати,
И всем вам князьям всем боярам,
Всем могучиим богатырям,   25
Всем купцам торговыим,
Всем мужикам деревенскиим
И всему красному городу Киеву
Было бы кому поклонятися?
Все на пиру призамолкнули,   30
И ни от кого на то ответа нет.
Один удалый добрый молодец,
Из-по имени Дунаюшка Иванович,
Выходил з-за столика дубового;

Очень он пьян — не шатается,   35
Говорит речи — не смешается,
Бьет челом, поклоняется:
— Князь Владимир стольно-киевский!
Я знаю про то ведаю
Про тебя княгиню супротивную: 40
Во той во земле, в хоробро́й Литвы,
У того королевского величества
Есть две дочери великие,
Обе дочери на выдаваньи:
Большая дочь Настасья королевична,   45
Тая дочь все полякует;
А меньшая дочь все при доме живет,
Тая есть Опракса королевична;
Она ростом высокая,
Станом она становитая,   50
И лицом она красовитая,
Походка у ней часта и речь баска;
Будет тебе князю с кем жить да быть,
Дума думати, долгие веки коротати,
И всем князьям, всем боярам,   55
Всем могучиим богатырям,
Всем купцам торговыим,
Всем мужикам деревенскиим
И всему красному городу Киеву
Будет кому поклонятися.   60
    Этые речи слюбилися;
Скажет князь Владимир стольно-киевский:
— Ай же ты, Дунаюшка Иванович!
Возьми ты у меня силы сорок тысячей,
Возьми казны десять тысячей,   65
И поезжай во тую землю, в хоробру Литву,
И добрым словом посватайся:
Буде в честь не дают, так ты силой возьми,
А столько привези Опраксу королевичну.
    Проговорит Дунаюшка Иванович: 70
— Солнышко ты Владимир стольно-киевский!

Не надо-ка-ва силы сорок тысячей,
Не надо казны десять тысячей;
Дай-ка ты мне любимого товарища,
Любимого товарища, Добрыню Никитича.   75
    Испроговорит князь Владимир стольно-киевский:
— Ай же ты Добрынюшка Никитинич!
Пожалуй ты к Дунаюшке в товарищи.
    Скоро Добрынюшка понакнулся,
И скоро они выедут со города со Киева,   80
Скоро садились на добрых коней;
Видли добрых молодцев сядучись,
Не видли добрых молодцев едучись;
Будто ясные соколы попурхнули —
Так добрые молодцы повыехали   85
И скоро будут во той земле, в хороброй Литвы,
У того королевского величества,
На тот двор на королевскии,
Противу самыих окошечек,
И скоро сходили со добрых коней.   90
    Проговорит Дунаюшка Иванович:
— Ай же ты Добрынюшка Никитинич!
Стой ты у коней, коней паси,
А поглядывай на рынду королевскую,
На палату княженецкую;   95
Каково мне-ка будет, так тебя позову,
А каково бы время, так приуехать бы.
    А приходит к королевскому величеству,
Знает он порядню королевскую:
Не надо креститься, молитвиться;   100
Бьет челом, поклоняется:
— Здравствуй батюшка, король хороброй Литвы!
    А оглянется король хороброй Литвы:
— Прежняя ты слуга, слуга верная!
Жил ты у меня три году;   105
Первый год жил ты во конюхах,
А другой год жил ты во чашниках,
А третий год жил ты во стольниках,

Верой служил, верой правдою.
За твои услуги молодецкие   110
Посажу тебя за больший стол,
За больший стол, в больша место;
Ешь, молодец, досыта,
И пей, молодец, долюби.

    И посадил его за больший стол, во больша место, 115
Стал его король выспрашивать:
— Скажи, скажи, Дунай, не утай собою,
Куды ты поехал, куды путь держишь?
Нас ли посмотреть, али себя показать,
А у нас ли пожить, а еще послужить?   120
— Батюшка король хоробой Литвы!
А поехал я за добрым делом,
Засвататься на твоей дочери на Опраксии.
    Этые речи ему не слюбилися:
— Ай же ты Дунай сын Иванович!   125
Не за свое дело взялся — за бездельице:
Меньшую дочь ты просватываешь,
А большую дочь чем засадил?
Ай же вы татаровья могучие!
Возьмите Дуная за белы руки,   130
А сведите Дуная во глубок погреб,
Заприте решеткамы железныма,
Задвиньте доскамы дубовыма
И засыпьте пескамы рудожелтыма;
И пусть-ка Дунай во Литвы погостит,   135
Во Литвы погостит, в погребу посидит,
А может, Дунай догадается.
    Выставал Дунай на резвы ноги,
И здымал рученьки выше своей буйной головы,
И опирается на рученьки о дубовый стол: 140
Столы дубовые раскрятались,
Питья на столах проливались,
Вся посуда рассыпалась,
Все татаровья испужались.
И скоро прибежали слуги верные   145

Со того двора с королевского:
— Ай же ты, батюшка, король хороброй Литвы!
Ешь ты, пьешь, утешаешься,
Над собой невзгодушки не ведаешь:
На дворе детина не знай собой,   150
Во левой руке два повода добрых коней,
А во правой руке дубин сарацинская;
Как быв ясный сокол попурхивает,
Так тот добрый молодец поскакивает,
На все стороны дубиною размахивает,   155
И убил татар до одиного,
Не оставит то татар на семена.
    Тут король догадается,
Проговорит король хороброй Литвы:
— Ай же Дунаюшка Иванович!   160
Напомни ты старую хлеб да соль,
Оставь татар хоть на семена,
Отдам свою дочь королевичну
За вашего князя за Владимира.
    Скоро они садились на добрых коней,   165
Скоро поехали с того двора королевского
С молодой Опраксой королевичной.
И во тые пути во дороженьки
Сустигала их ночка темная;
Раздернули палатку полотняную,   170
И тут добры молодцы и спать легли;
Во ноженьки поставили добрых коней,
А в головы востры копьи,
А по правую руку сабли вострые,
А по левую кинжалища булатные,   175
И спят добры молодцы, высыпаются,
Темную ночь коротаючись;
Ничего добры молодцы не видели,
Хоть не видели они, столько слышали,
Как ехал татарин на чисто поле.   180
Повставали поутру ранешенько
А выходили на путь на дороженьку:

Едет татарин в погону вслед,
Добрый конь в дорожку до щеточки прогрязывал,
Камешки с дорожки вывертывал,   185
За два выстрела камешки выметывал.
Поехал Добрынюшка Никитинич
С Опраксой королевичной ко городу ко Киеву.
    Поехал Дунаюшка Иванович
По этой по лошадиной по ископыти,   190
За тым татарином в погону вслед.
Где было татарина так доезжать,
Где было татарина копьем торыкать,
Так с татарином промолвился:
— Стой ты, татарин, во чистом поле,   195
Рыкни, татарин, по-звериному,
Свистни, татарин, по-змеиному!
    Рыкнул татарин по-звериному,
Свистнул татарин по-змеиному:
Темные леса распадались,   200
В чистом поле камешки раскатывались,
Травонька в чистом поле повянула,
Цветочки на землю повысыпали,
Упал Дунаюшка с добра коня.
Скоро Дунаюшка ставал на резвы ноги   205
И сшиб татарина с добра коня:
— Скажи ты, татарин, не утай собою:
Чьего ты, татарин, роду, чьего племени?
    Говорил татарин таковы слова:
— Ай же Дунай сын Иванович!   210
Как бы был я на твоих грудях,
Не спрашивал ни родины, ни дедины,
А пластал бы твои груди белые.
    Садился Дунаюшка на белы груди,
Как раскинул плащи татарские,   215
Хочет пластать груди белые,
А видит по перькам, что женский пол.
У него сердечушко ужахнулось,
А рука в плече застоялася.

— Что же ты, Дунаюшка, не опознал? 220
А мы в о́дной дороженьке не езживали,
В одной беседушке не сиживали,
С одной чарочки не кушивали?
А ты жил у нас ровно три году:
Первый год жил ты во конюхах, 225
А другой год ты жил во чашниках,
А третий год жил во стольниках.
— Ай же ты, Настасья королевична!
Поедем мы скоро ко городу ко Киеву,
И примем мы чудны кресты, золоты венцы. 230
    Приехали ко городу ко Киеву,
Ко той ко церкви соборныя;
Меньша сестрица венчается,
Бо́льшая сестрица к венцу пришла.
Пир у них пошел ровно по три дня; 235
На пиру Дунаюшка расхвастался:
— Во всем городе во Киеве
Нет такого молодца на Дуная Ивановича:
Сам себя женил, а друга подарил.
    Ответ держит Настасья королевична: 240
— Ай же ты Дунай Иванович!
Не пустым ли ты Дунаюшка расхвастался?
А и недолго я в городе побыла,
А много в городе признала:
Нет такого молодца на щепленьице, 245
На щепленьице — Добрыни Никитича,
А нет на смелость Алеши Поповича,
А на выстрел нет Настасьи королевичны;
А стреляла я стрелочку каленую,
Попадала стрелкой в ножечно́й острей, 250
Рассекала стрелочку на две половиночки,
Обе половинки ровны пришли.
На взгляд ровнаки и весом ровны.
    И тут Дунаюшке ко стыду пришло,
Скажет Дунаюшка Иванович: 255
— Ай же ты, Настасья королевична!

Поедем, Настасьюшка, в чисто поле,
Стрелять стрелочки каленые.
  И выехали во чисто поле.
И стреляла она стрелочку каленую   260
И попадала стрелкой в ножечно́й острей,
Рассекала стрелочку на две половиночки:
Обе половинки ровны пришли,
На взгляд ровнаки и весом ровны.
И стрелил Дунаюшка Иванович: 265
Так раз стрелил, пере́стрелил,
Дру́гой раз стрелил, не до́стрелил,
И третий раз стрелил, попасть не мог.
Тут рассердился Дунаюшка Иванович,
Наставил стрелочку каленую   270
Во Настасьины белы груди.
Тут Настасья ему смолилася:
— Ай же ты, Дунаюшка Иванович!
Лучше ты мне-ка-ва пригрози три грозы,
А не стреляй стрелочку калену.   275
Первую грозу мне-ка пригрози:
Возьми ты плеточку шелковую,
Омочи плетку в горячу смолу
И бей меня по нагу́ телу;
И другую грозу мне-ка пригрози: 280
Возьми меня за волосы за женские,
Привяжи ко стремени седельному
И гоняй коня по чисту полю;
И третью грозу мне-ка пригрози:
Веди меня во улицу крестовую,   285
И копай по перькам во сыру землю,
И бей меня клиньями дубовыма,
И засыпь песками рудожелтыма,
Голодом мори, овсом корми;
А держи меня ровно три месяца,   290
А дай мне-ка че́рево повы́носити,
Дай мне младенца поотро́дити,
Свои хоть семена на свет спустить.

У меня во чреве младенец есть,
Такого младенца во граде нет: 295
По колен ножки-то в серебре,
По локоть руки-то в золоте,
По косицам частые звездочки,
А в теми печё красно солнышко!
 На эти он речи не взираючись,   300
И спущает стрелочку каленую
Во Настасьины белы груди;
Пала Настасья на головушку;
Пластал он ей груди белы,
Вынимал сердце со печенью;   305
У нее во чреве младенец есть,
Такого младенца во граде нет:
По колен ножки-то в серебре,
По локоть руки-то в золоте,
По косицам частые звездочки,   310
А по теми печет красное солнышко.
Тут сам он на свои руки посягнулся.
Где пала Дунаева головушка,
Протекала речка Дунай-река,
А где пала Настасьина головушка,   315
Протекала речка Настасья-река.

8. *САДКО*

 Во славноем в Новеграде
Как был Садко купец, богатый гость.
А прежде у Садка имущества не было,
Одни были гуселки яровчаты;
По пирам ходил-играл Садко.   5
Садка день не зовут на почестен пир,
Другой не зовут на почестен пир
И третий не зовут на почестен пир.
По том Садко соскучился:

Как пошел Садко к Ильмень-озеру,   10
Садился на бел горюч камень
И начал играть в гуселки яровчаты.
Как тут-то в озере вода всколыбалася,
Тут-то Садко перёпался,
Пошел прочь от озера во свой во Новгород.   15
Садка день не зовут на почестен пир,
Другой не зовут на почестен пир
И третий не зовут на почестен пир.
По том Садко соскучился:
Как пошел Садко к Ильмень-озеру,   20
Садился на бел горюч камень
И начал играть в гуселки яровчаты.
Как тут-то в озере вода всколыбалася,
Тут-то Садко перепался,
Пошел прочь от озера во свой во Новгород.   25
Садка день не зовут на почестен пир,
Другой не зовут на почестен пир
И третий не зовут на почестен пир.
По том Садко соскучился:
Как пошел Садко к Ильмень-озеру,   30
Садился на бел горюч камень
И начал играть в гуселки яровчаты.
Как тут-то в озере вода всколыбалася,
Показался царь морской,
Вышел со Ильменя со озера,   35
Сам говорил таковы слова:
— Ай же ты, Садко новгородскиий!
Не знаю, чем буде тебя пожаловать
За твои за утехи за великие,
За твою-то игру нежную: 40
Аль бессчетной золотой казной?
А не то ступай во Новгород
И ударь о велик заклад,
Заложи свою буйну голову,
И выряжай с прочих купцов   45
Лавки товара красного,

И спорь, что в Ильмень-озере
Есть рыба золоты перья.
Как ударишь о велик заклад,
И поди свяжи шелковой невод, 50
И приезжай ловить в Ильмень-озеро:
Дам три рыбины золоты перья.
Тогда ты, Садко, счастлив будешь.
　Пошел Садко от Ильменя от озера.
Как приходил Садко во свой во Новгород, 55
Позвали Садко на почестен пир.
Как тут Садко новгородскиий
Стал играть в гуселки яровчаты;
Как тут стали Садко попаивать,
Стали Садку поднашивать, 60
Как тут-то Садко стал похвастывать:
— Ай же вы, купцы новгородские!
Как знаю чудо чудное в Ильмень-озере:
А есть рыба золоты перья в Ильмень-озере.
　Как тут-то купцы новгородские 65
Говорят ему таковы слова:
— Не знаешь ты чуда чудного,
Не может быть в Ильмень-озере рыбы золоты перья.
— Ай же вы, купцы новгородские!
О чем же бьете со мной о велик заклад? 70
Ударим-ка о велик заклад:
Я заложу свою буйну голову,
А вы залагайте лавки товара красного.
　Три купца повыкинулись,
Заложили по три лавки товара красного. 75
Как тут-то связали невод шелковый
И поехали ловить в Ильмень-озеро;
Закинули тоньку в Ильмень-озеро,
Добыли рыбку золоты перья;
Закинули другую тоньку в Ильмень-озеро, 80
Добыли другую рыбку золоты перья;
Третью закинули тоньку в Ильмень-озеро,
Добыли третью рыбку золоты перья.

Тут купцы новгородские
Отдали по три лавки товара красного.   85
   Стал Садко поторговывать,
Стал получать барыши великие.
Во своих палатах белокаменных
Устроил Садко все по-небесному:
На небе солнце, и в палатах солнце,   90
На небе месяц, и в палатах месяц,
На небе звезды, и в палатах звезды.
Потом Садко купец, богатый гость,
Зазвал к себе на почестен пир
Тыих мужиков новгородскиих   95
И тыих настоятелей новгородскиих —
Фому Назарьева и Луку Зиновьева.
Все на пиру наедалися,
Все на пиру напивалися,
Похвальбами все похвалялися.   100
Иный хвастает бессчетной золотой казной,
Другой хвастает силой-удачей молодецкою,
Который хвастает добрым конем,
Который хвастает славным отечеством,
Славным отечеством, молодым молодечеством;   105
Умный хвастает старым батюшком,
Безумный хвастает молодой женой.
   Говорят настоятели новгородские:
— Все мы на пиру наедалися,
Все на почестном напивалися,   110
Похвальбами все похвалялися.
Что же у нас Садко ничем не похвастает,
Что у нас Садко ничем не похваляется?
   Говорит Садко купец, богатый гость:
— А чем мне, Садку, хвастаться,   115
Чем мне, Садку, похвалятися?
У меня ль золота казна не тощится,
Цветно платьице не носится,
Дружина хоробра не изменяется.
А похвастать-не похвастать бессчетной золотой казной:

На свою бессчетну золоту казну 121
Повыкуплю товары новгородские,
Худые товары и добрые!
  Не успел он слова вымолвить,
Как настоятели новгородские 125
Ударили о велик заклад,
О бессчетной золотой казны,
О денежках тридцати тысячах:
Как повыкупить Садку товары новгородские,
Худые товары и добрые, 130
Чтоб в Новеграде товаров в продаже боле не было.
Ставал Садко на другой день ранӳм-ранó,
Будил свою дружину хоробрую,
Без счета давал золотой казны,
И распущал дружину по улицам торговыим, 135
А сам-то прямо шел в гостиный ряд,
Как повыкупил товары новгородские,
Худые товары и добрые
На свою бессчетну золоту казну.
На другой день ставал Садко раным-рано, 140
Будил свою дружину хоробрую,
Без счета давал золотой казны,
И распущал дружину по улицам торговыим,
А сам-то прямо шел в гостиный ряд:
Вдвойне товаров принавезено, 145
Вдвойне товаров принаполнено
На тую на славу на великую новгородскую.
Опять выкупал товары новгородские,
Худые товары и добрые
На свою бессчетну золоту казну. 150
На третий день ставал Садко раным-рано,
Будил свою дружину хоробрую,
Без счета давал золотой казны,
И распущал дружину по улицам торговыим,
А сам-то прямо шел в гостиный ряд: 155
Втройне товаров принавезено,
Втройне товаров принаполнено,

Подоспели товары московские
На тую на великую на славу новгородскую.
   Как тут Садко пораздумался: 160
— Не выкупить товара со всего бела света;
Още повыкуплю товары московские,
Подоспеют товары заморские.
Не я, видно, купец богат новгородскиий, —
Побогаче меня славный Новгород.   165
   Отдавал он настоятелям новгородскиим
Денежск он тридцать тысячей.
   На свою бессчетну золоту казну
Построил Садко тридцать кораблей,
Тридцать кораблей, тридцать черленыих;   170
На ты на корабли на черленые
Свалил товары новгородские,
Поехал Садко по Волхову,
Со Волхова во Ладожско,
А со Ладожска во Неву-реку,   175
А со Невы-реки во сине море.
Как поехал он по синю морю,
Воротил он в Золоту Орду,
Продавал товары новгородские,
Получал барыши великие,   180
Насыпал бочки-сороковки красна золота, чиста
                     серебра,
Поезжал назад во Новгород.
Поезжал он по синю морю,
На синем море сходилась погода сильная,
Застоялись черлены корабли на синём море: 185
А волной-то бьет, паруса рвет,
Ломает кораблики черленые;
А корабли нейдут с места на синем море.
   Говорит Садко купец, богатый гость,
Ко своей дружины ко хоробрыя: 190
— Ай же ты, дружинушка хоробрая!
Как мы век по морю ездили,
А морскому царю дани не плачивали;

Видно, царь морской от нас дани требует,
Требует дани во сине море.   195
Ай же, братцы, дружина хоробрая!
Взимайте бочку-сороковку чиста серебра,
Спущайте бочку во сине море.
    Дружина его хоробрая
Взимала бочку чиста серебра,   200
Спускала бочку во сине море:
А волной-то бьет, паруса рвет,
Ломает кораблики черленые;
А корабли нейдут с места на синем море.
Тут его дружина хоробрая   205
Брали бочку-сороковку красна золота,
Спускали бочку во сине море:
А волной-то бьет, паруса рвет,
Ломает кораблики черленые;
А корабли все нейдут с места на синем море.   210
    Говорит Садко купец, богатый гость:
— Видно, царь морской требует
Живой головы во сине море.
Делайте, братцы, жеребья волжаны,
Я сам сделаю на красноем на золоте;   215
Всяк свои имена подписывайте,
Спущайте жеребья на сине море:
Чей жеребей ко дну пойдет,
Таковому идти в сине море.
    Делали жеребья волжаны,   220
А сам Садко делал на красноем на золоте;
Всяк свое имя подписывал,
Спущали жеребья на сине море:
Как у всей дружины хоробрыя
Жеребья гоголем по воды плывут,   225
А у Садка купца ключом на дно.
    Говорит Садко купец, богатый гость:
— Ай же, братцы, дружина хоробрая!
Этые жеребья не правильны:
Делайте жеребья на красноем на золоте,   230

А я сделаю жеребей волжаный.

Делали жеребья на красноем на золоте,
А сам Садко делал жеребей волжаный,
Всяк свое имя подписывал,
Спущали жеребья на сине море: 235
Как у всей дружины хоробрыя
Жеребья гоголем по воды плывут,
А у Садка купца ключом на дно.

Говорит Садко купец, богатый гость:
— Ай же, братцы, дружина хоробрая!   240
Видно, царь морской требует
Самого Садка богатого в сине море.
Несите мою чернилицу вальяжную,
Перо лебединое, лист бумаги гербовый.

Несли ему чернилицу вальяжную,   245
Перо лебединое, лист бумаги гербовый.
Он стал именьице отписывать:
Кое именье отписывал Божьим церквам,
Иное именье нищей братии,
Иное именье молодой жены,   250
Остатнее именье дружины хоробрыя.

Говорил Садко купец, богатый гость:
— Ай же братцы, дружина хоробрая!
Давайте мне гуселки яровчаты,
Поиграть-то мне в остатнее: 255
Больше мне в гуселки не игрывати.
Али взять мне гусли с собой во сине море?

Взимает он гуселки яровчаты,
Сам говорит таковы слова:
— Свалите дощечку дубовую на воду;   260
Хоть я свалюсь на доску дубовую,
Не толь мне страшно принять смерть на синем море.

Свалили дощечку дубовую на воду,
Потом поезжали корабли по синю морю,
Полетели, как черные вороны.   265

Остался Садко на синем море.
Со тоя со страсти со великия

Заснул на дощечке на дубовой.
Проснулся Садко во синем море,
Во синем море, на самом дне.   270
Сквозь воду увидел пекучись красное солнышко,
Вечернюю зорю, зорю утреннюю.
Увидел Садко, во синем море
Стоит палата белокаменная;
Заходил Садко в палату белокаменну: 275
Сидит в палате царь морской,
Голова у царя как куча сенная.

Говорит царь таковы слова:
— Ай же ты, Садко купец, богатый гость!
Век ты, Садко, по морю езживал,   280
Мне царю дани не плачивал,
А нонь весь пришел ко мне во подарочках.
Скажут, мастер играть в гуселки яровчаты;
Поиграй же мне в гуселки яровчаты.

Как начал играть Садко в гуселки яровчаты,   285
Как начал плясать царь морской во синем море,
Как расплясался царь морской.
Играл Садко сутки, играл и другие,
Да играл още Садко и третие,
А все пляшет царь морской во синем море.   290
Во синем море вода всколыбалася,
Со желтым песком вода смутилася,
Стало разбивать много кораблей на синем море,
Стало много гинуть именьицев,
Стало много тонуть людей праведных: 295
Как стал народ молиться Миколы Можайскому.

Как тронуло Садка в плечо во правое·
— Ай же ты, Садко новгородскиий!
Полно играть в гуселышки яровчаты.

Обернулся, глядит Садко новгородскиий: 300
Ажно стоит старик седатыий.
Говорил Садко новгородскиий:
— У меня воля не своя во синем море,
Приказано играть в гуселки яровчаты.

Говорит старик таковы слова: 305
— А ты струночки повырывай,
А ты шпенечки повыломай.
Скажи: «У меня струночек не случилося,
А шпенечков не пригодилося,
Не во что больше играть,   310
Приломалися гуселки яровчаты».
Скажет тебе царь морской:
«Не хочешь ли жениться во синем море
На душечкс на красныя девушке?»
Говори ему таковы слова: 315
«У меня воля не своя во синем море».
Опять скажет царь морской:
«Ну, Садко, вставай поутру ранешенько,
Выбирай себе девицу-красавицу.
Как станешь выбирать девицу-красавицу,   320
Так перво триста девиц пропусти,
И друго триста девиц пропусти,
И третье триста девиц пропусти:
Позади идет девица-красавица,
Красавица девица Чернавушка, —   325
Бери тую Чернаву за себя замуж.
Как ляжешь спать во перву ночь,
Не твори с женой блуда во синем море:
Останешься навеки во синем море;
А ежели не сотворишь блуда во синем море,   330
Ляжешь спать о девицу-красавицу,
Будешь, Садко, во Новеграде.
А на свою бессчетну золоту казну
Построй церковь соборную Миколы Можайскому».

    Садко струночки во гуселках повыдернул,   335
Шпенечки во яровчатых повыломал.

    Говорит ему царь морской:
— Ай же ты, Садко новгородскиий!
Что же не играешь в гуселки яровчаты?
— У меня струночки во гуселках выдернулись,   340
А шпенечки во яровчатых повыломались,

А струночек запасных не случилося,
А шпенечков не пригодилося.
    Говорит царь таковы слова:
— Не хочешь ли жениться во синем море   345
На душечке на красныя девушке?
    Говорит ему Садко новгородскиий:
— У меня воля не своя во синем море.
    Опять говорит царь морской:
— Ну, Садко, вставай поутру ранешенько,   350
Выбирай себе девицу-красавицу.
    Вставал Садко поутру ранешенько,
Поглядит, идет триста девушек красныих;
Он перво триста девиц пропустил,
И друго триста девиц пропустил,   355
И третье триста девиц пропустил;
Позади шла девица-красавица,
Красавица-девица Чернавушка:
Брал тую Чернаву за себя замуж.
Как прошел у них столованье, почестен пир,   360
Как ложится спать Садко во перву ночь,
Не творил с женой блуда во синем море.
Как проснулся Садко во Новеграде,
О реку Чернаву на крутом кряжу,
Как поглядит, — ажно бежат   365
Свои черленые корабли по Волхову.
    Поминает жена Садка со дружиной во синем море:
— Не бывать Садку со синя моря!
    А дружина поминает одного Садка:
— Остался Садко во синем море!   370
    А Садко стоит на крутом кряжу,
Встречает свою дружинушку со Волхова.
    Тут его дружина сдивовалася:
— Остался Садко во синем море,
Очутился впереди нас во Новеграде,   375
Встречает дружину со Волхова!
    Встретил Садко дружину хоробрую
И повел в палаты белокаменны,

Тут его жена зрадовалася,
Брала Садка за белы руки,   380
Целовала во уста во сахарные.
Начал Садко выгружать со черленых со кораблей
Именьице — бессчетну золоту казну.
Как повыгрузил со черленыих кораблей,
Состроил церкву соборную Миколы Можайскому.   385
Не стал больше ездить Садко во сине море,
Стал поживать Садко во Новеграде.

9. ВАСИЛИЙ БУСЛАЕВИЧ

Жил Буславьюшка — не старился,
Живучись, Буславьюшка преставился.
Оставалось у Буслава чадо милое,
Милое чадо рожоное,
Молодой Васильюшка Буславьевич.   5
Стал Васенька на улочку похаживать,
Не легкие шуточки пошучивать:
За руку возьмет, рука прочь,
За ногу возьмет, нога прочь,
А которого ударит по горбу,   10
Тот пойдет — сам сутулится.
И говорят мужики новгородские:
— Ай же ты, Васильюшка Буславьевич!
Тебе с эстою удачей молодецкою
Наквасити река будет Волхова.   15
Идет Василий в широкие улочки,
Не весел домой идет, не радошен,
И стречает его желанная матушка,
Честна вдова Авдотья Васильевна:
— Ай же ты, мое чадо милое,   20
Милое чадо рожоное,
Молодой Васильюшка Буславьевич!
Что идешь не весел, не радошен?

Кто же ти на улушке приобидел?
— А никто меня на улушке не обидел. 25
Я кого возьму за руку, рука прочь,
За ногу кого возьму, нога прочь,
А которого ударю по́ горбу,
Тот пойдет — сам сутулится.
А говорили мужики новгородские, 30
Что мне с эстою удачей молодецкою
Наквасити река будет Волхова.

   И говорит мать таковы слова:
— Ай же ты, Васильюшка Буславьевич!
Прибирай-ка собе дружину хоробрую, 35
Чтоб никто ти в Новеграде не обидел.

   И налил Василий чашу зелена вина,
Мерой чашу полтора ведра,
Становил чашу середи двора
И сам ко чаше приговаривал: 40
— Кто эту чашу примет одной рукой
И выпьет эту чашу за единый дух,
Тот моя будет дружина хоробрая!

   И садился на ременчат стул,
Писал скорописчатые я́рлыки, 45
В ярлыках Васенька прописывал:
«Зовет-жалует на почестен пир»;
Ярлычки привязывал ко стрелочкам
И стрелочки стрелял по Новуграду.

   И пошли мужики новгородские 50
Из тоя из церквы из соборныя,
Стали стрелочки нахаживать,
Господа стали стрелочки просматривать:
«Зовет-жалует Василий на почестен пир».
И собиралися мужики новгородские уваламы, 55
Уваламы собиралися, переваламы,
И пошли к Василью на почестен пир.
И будут у Василья на широком на дворе,
И сами говорят таковы слова:
— Ай же ты, Васильюшка Буславьевич! 60

Мы теперь стали на твоем дворе,
Всю мы у тя еству выедим
И все напиточки у тя выпьем,
Цветно платьице повыносим,
Красно золото повытащим.   65
    Этые речи ему не слюбилися.
Выскочил Василий на широкий двор,
Хватал-то Василий червленый вяз,
И зачал Василий пó двору похаживати,
И зачал он вязом помахивати: 70
Куды махнет — туды улочка,
Перемахнет — переулочек;
И лежат-то мужики уваламы,
Уваламы лежат, переваламы,
Набило мужиков как погодою.   75
И зашел Василий в терема златоверхие:
Мало тот идет, мало новóй идет
Ко Васильюшке на широкий двор.
Идет-то Костя Новоторжанин
Ко той ко чары зелена вина   80
И брал-то чару одной рукой,
Выпил эту чару за единый дух.
Как выскочит Василий со новых сеней,
Хватал-то Василий червленый вяз,
Как ударил Костю-то по горбу: 85
Стоит-то Костя — не крянется,
На буйной головы кудри не ворохнутся.
— Ай же ты, Костя Новоторжанин!
Будь моя дружина хоробрая,
Поди в мои палаты белокаменны.   90
    Мало тот идет, мало новóй идет,
Идет-то Потанюшка Хроменький
Ко Василью на широкий двор,
Ко той ко чары зелена вина,
Брал тое чару одной рукой   95
И выпил чару за единый дух.
    Как выскочит Василий со новых сеней,

Хватал-то Василий червленый вяз,
Ударит Потанюшку по хромым ногам:
Стоит Потанюшка — не крянется,   100
На буйной головы кудри не ворохнутся.
— Ай же Потанюшка Хроменький!
Будь моя дружина хоробрая,
Поди в мои палаты белокаменны.

Мало тот идет, мало новой идет,   105
Идет-то Хомушка Горбатенький
Ко той ко чары зелена вина,
Брал-то чару одной рукой
И выпил чару за единый дух.
Того и бить не шел со новых сеней: 110
— Ступай-ка в палаты белокаменны
Пить нам напитки сладкие,
Ества-то есть сахарные,
А бояться нам в Новеграде некого!

И прибрал Василий три дружины в Новеграде.   115
И завелся у князя новгородского почестен пир
На многих князей, на бояр,
На сильных могучиих богатырей,
А молодца Василья не почествовали.

Говорит матери таковы слова: 120
— Ай же ты, государыня матушка,
Честна вдова Авдотья Васильевна!
Я пойду к князьям на почестен пир.

Возговорит Авдотья Васильевна:
— Ай же ты, мое чадо милое,   125
Милое чадо рожоное!
Званому гостю место есть,
А незваному гостю места нет.

Он Василий матери не слушался,
А взял свою дружину хоробрую   130
И пошел к князю на почестен пир.
У ворот не спрашивал приворотников,
У дверей не спрашивал придверников,
Прямо шел во гридню столовую.

Он левой ногой во гридню столовую,   135
А правой ногой за дубовый стол,
За дубовый стол, в большой угол,
И тронулся на лавочку к пестно́-углу,
И попихнул Василий правой рукой,
Правой рукой и правой ногой: 140
Все стали гости в пестно-углу;
И тронулся на лавочку к верно́-углу,
И попихнул левой рукой, левой ногой:
Все стали гости на новых сенях.
Другие гости перепалися,   145
От страху по домам разбежалися.
И зашел Василий за дубовый стол
Со своей дружиною хороброю.
Опять все на пир собиралися,
Все на пиру наедалися,   150
Все на почестном напивалися,
И все на пиру порасхвастались.
    Возговорил Костя Новоторжанин:
— А нечем мне-ка, Косте, похвастати;
Я остался от батюшки малешенек,   155
Малешенек остался и зеленешенек.
Разве тым мне, Косте, похвастати:
Ударить с вами о велик заклад
О буйной головы на весь на Новгород,
Окроме трех мона́стырей —   160
Спаса Преображения,
Матушки Пресвятой Богородицы,
Да еще монастыря Смоленского.
    Ударили они о велик заклад,
И записи написали,   165
И руки приложили,
И головы приклонили:
«Идти Василью с утра через Волхов мост;
Хоть свалят Василья до мосту, —
Вести на казень на смертную,   170
Отрубить ему буйна голова;

Хоть свалят Василья у моста, —
Вести на казень на смертную,
Отрубить ему буйна голова;
Хоть свалят Василья посеред моста, —   175
Вести на казень на смертную,
Отрубить ему буйна голова.
А уж как пройдет третью за́ставу,
Тожно больше делать нечего».
И пошел Василий со пира домой,   180
Не весел идет домой, не радошен.

И стречает его желанная матушка,
Честна вдова Авдотья Васильевна:
— Ай же ты, мое чадо милое,
Милое чадо рожоное!   185
Что идешь не весел, не радошен?

Говорит Васильюшка Буславьевич:
— Я ударил с мужикамы о велик заклад:
Идти с утра на Волхов мост;
Хоть свалят меня до моста,   190
Хоть свалят меня у моста,
Хоть свалят меня посеред моста, —
Вести меня на казень на смертную,
Отрубить мне буйна голова.
А уж как пройду третью заставу,   195
Тожно больше делать нечего.

Как услышала Авдотья Васильевна,
Запирала в клеточку железную,
Подперла двери железные
Тым ли вязом червленыим.   200
И налила чашу красна золота,
Другую чашу чиста серебра,
Третью чашу скатна жемчуга,
И понесла в даровья князю новгородскому,
Чтобы простил сына любимого.   205

Говорит князь новгородский:
— Тожно прощу, когда голову срублю!

Пошла домой Авдотья Васильевна,

Закручинилась пошла, запечалилась,
Рассеяла красно золото и чисто серебро   210
И скатен жемчуг по чисту полю,
Сама говорила таковы слова:
— Не дорого мне ни золото, ни серебро, ни скатен
                                                        жемчуг,
А дорога мне буйная головушка
Своего сына любимого,   215
Молода Васильюшка Буслаева.
     И спит Василий, не пробудится.
Как собирались мужики уваламы,
Уваламы собирались, переваламы,
С тыма шалыгамы подорожнымa;   220
Кричат они во всю голову:
— Ступай-ка, Василий, через Волхов мост,
Рушай-ка заветы великие!
     И выскочил Хомушка Горбатенький,
Убил-то он силы за цело сто,   225
И убил-то он силы за другое сто,
Убил-то он силы за третье сто,
Убил-то он силы до пяти сот.
На смену выскочил Потанюшка Хроменький
И выскочил Костя Новоторжанин.   230
И мыла служанка, Васильева портомойница,
Платьица на реке на Волхове;
И стало у девушки коромыселко поскакивать,
Стало коромыселко помахивать,
Убило силы-то за цело сто,   235
Убило силы-то за другое сто,
Убило силы-то за третье сто,
Убило силы-то до пяти сот.
И прискочила ко клеточке железныя,
Сама говорит таковы слова: 240
— Ай же ты, Васильюшка Буславьевич!
Ты спишь, Василий, не пробудишься,
А твоя-то дружина хоробрая
Во крови ходит, по колен бродит.

Со сна Василий пробуждается, 245
А сам говорит таковы слова:
— Ай же ты, любезная моя служаночка!
Отопри-ка дверцы железные.

Как отперла ему двери железные,
Хватал Василий свой червленый вяз 250
И пришел к мосту ко Волховскому,
Сам говорит таковы слова:
— Ай же любезная моя дружина хоробрая!
Поди-тко теперь опочив держать,
А я теперь стану с ребятамы поигрывать. 255

И зачал Василий по мосту похаживать,
И зачал он вязом помахивать:
Куды махнет — туды улица,
Перемахнет — переулочек;
И лежат-то мужики увалами, 260
Увалами лежат, перевалами,
Набило мужиков как погодою.

И встрету идет крестовый брат,
Во руках несет шалыгу девяноста пуд,
А сам говорит таковы слова: 265
— Ай же ты, мой крестовый брателко,
Молодой курень, не попархивай,
На своего крестового брата не наскакивай!
Помнишь, как учились мы с тобой в грамоты:
Я над тобой был в те поры больший брат, 270
И нынь-то я над тобой буду больший брат.

Говорит Василий таковы слова:
— Ай же ты, мой крестовый брателко!
Тебя ли черт несет навстрету мне?
А у нас-то ведь дело деется, — 275
Головамы, братец, играемся.

И ладит крестовый его брателко
Шалыгой хватить Василья в буйну голову.
Василий хватил шалыгу правой рукой,
И бил-то брателка левой рукой, 280
И пинал-то он левой ногой, —

Давно у брата и души нет;
И сам говорил таковы слова:
— Нет на друга на старого,
На того ли на брата крестового: 285
Как брат пришел, по плечу ружье принес.
　　И пошел Василий по мосту с шалыгою.
И навстрету Васильюшку Буслаеву
Идет крестовый батюшка, старичище-пилигримище:
На буйной головы колокол пудов во тысячу,   290
Во правой руке язык во пятьсот пудов.
Говорит старичище-пилигримище:
— Ай же ты, мое чаделко крестовое,
Молодой курень, не попархивай,
На своего крестового батюшка не наскакивай!   295
　　И возговорит Василий Буславьевич:
— Ай же ты, мой крестовый батюшка!
Тебя ли черт несет во той поры
На своего на любимого крестничка?
А у нас-то ведь дело деется, —   300
Головамы, батюшка, играемся.
　　И здынул шалыгу девяноста пуд,
Как хлыстнул своего батюшка в буйну голову,
Так рассыпался колокол на ножевые черенья:
Стоит крестный — не крянется,   305
Желтые кудри не ворохнутся.
Он скочил батюшку против очей его
И хлыстнул-то крестного батюшка
В буйну голову промеж ясны очи:
И выскочили ясны очи, как пивны чаши.   310
И напустился тут Василий на домы на каменные.
　　И вышла мать Пресвятая Богородица
С того монастыря Смоленского:
— Ай же ты, Авдотья Васильевна!
Закличь своего чада милого,   315
Милого чада рожоного,
Молода Васильюшка Буслаева,
Хоть бы оставил народу на семена.

Выходила Авдотья Васильевна со новых сеней,
Закликала своего чада милого.   320

10. *ДЮК*

Еще кто бы нам, братцы, старину́ сказал,
Старину́ ту сказал да на старинный лад,
Еще кто бы-то ль, братцы, давнюю песню спел,
Все песню ту спел да под гуслярный звон?
Как во той-то ли было малой Галиче,   5
Во Карелы-то было пребогатоей
Молодой-то жил боярин Дюк Степанович
Со своей ли-то родимоей со матушкой,
Со Мамельфой-то верно Александровной.
Говорил-то ведь Дюк да ведь Степанович: 10
— Уж ты гой еси, любима моя матушка,
Свет Мамельфа-то верно Александровна,
Уж как дай-ко-си мне благословеньице
Еще съездить-то мне-ка в стольный Киев-град,
Поклониться-то ведь мне князю́ Владимиру   15
И княгинюшке верно да Апраксии.
Говорила-то ведь мать да Мамельфа Александровна:
— Уж ты гой еси, любимо мое дитятко,
Молодой-то боярин Дюк Степанович,
Еще есть-то на пути горы толкучие,   20
Еще есть-то на пути птицы клевучие.
Говорит-то ей верно Дюк Степанович:
— У меня есть-то ведь Бурушко-косматушко,
Не боюся я ведь горы ведь толкучие,
Не боюся я верно птицы клевучие.   25
И дала ему тут мать благословеньице,
И поехал он ведь в стольный верно Киев-град.
Подъезжает-то ведь Дюк да верно Степанович,
Подъезжает он к горам да вот толкучиим.
Не успели тут горы как раздвинуться —   30

Проскакал-то его ведь и Бурушко.
Подъезжает он к птицам да вот и клевучиим.
Не успели тут птицы крылья распустити же —
Как проскакиват-то верно его Бурушко.
Приезжает-то Дюк да вот Степанович,   35
Приезжает он да верно в стольный Киев-град.
Заходил-то ведь он во церковь Божию,
Еще стал-то ведь он да к праву клиросу.
Еще кончилась обедня вот и Господня же.
Как выходит-то верно Дюк Степанович,   40
Приглашают-то на пир к князю́ Владимиру.
Как идет по мостовым-то Дюк Степанович,
Еще сам-то на сапожки он поглядыват,
Говорит-то ведь да Дюк Степанович:
— Еще-то все-то ведь здесь да не по-нашему,   45
Мостовые-то ведь все да деревянные.
И песочком-то ведь да не присыпаны,
Как сапожки-то сафьянны я упачкаю.
    Приглашают-то его на честен пир к князю́ Владимиру.
Еще был тут во стольном Киеве   50
Молодой-от боярин Чурила Пленкович.
Как идет-то Чурила как по Киеву,
Еще зонтиком Чурила призакрылся же,
Еще девушки глядят, да все заборы трещат,
Еще молодушки глядят, да как оконницы звенят,
Еще старые старухи костыли грызут.   55
Посадили за столы да за дубовые
И за скатерти его верно браные.
Подносили-то ведь Дюку да Степанычу
Подносили-то чару зелена́ вина,
Еще полчарочки-то пьет, друга́ под стол он льет.   60
Как берет-то калачик, призакусыват,
Как ведь верхнюю-то корку съест, нижню под стол мечет.
Говорит-то ему да князь Владимир же:
— Уж ты гой есь, молодой ведь и боярин же,
Молодой ле ты боярин, Дюк Степанович,   65
Почему ты ведь чарочки под стол-то льешь,

Почему ты калачики под стол мечешь?
  Говорит-то ведь Дюк да верно Степанович:
— Еще все-то у вас в Киеве да не по-нашему.
Как у вас-то ведь в Киеве печки все глиняные,   70
А помя́лышки верно как сосновые,
Еще калачики пахнут верно со́сенкой.
Как у нас-то ведь верно в малой Галиче,
Во Карелы-то верно пребогатоей
Еще печки-то у нас да все муравлены,   75
Еще помя́лышка у нас да все шелко́вые,
Еще водичка у вас да призадохлася, —
Мочат у нас помя́лышки да в медово́й воде,
А водочка у нас в погребах стоит,
На серебряных цепях она качается,   80
Никогда наша вода не задыхается.
  Говорит тут молодой боярин Чурила Младопленкович:
— Уж ты гой еси, Владимир стольно-киевский,
Еще молодой-то боярин призахвастался,
Я советую его да посадить в тюрьму   85
И послать-то туда да нынь разведчиков.
  Как взяли-то ведь тут Дюка да Степановича
Посадили же его да во тюремку же.
Выбирают нонь да верно все разведчиков.
Посылают-то Илью да верно Муромца,   90
Посылают-то другого что Добрынюшку Никитича.
Собираются ведь наши бояры живехонько,
Поезжают-то они во малу Галичу.
И поехал Добрынюшка Никитич же
И со Ильей-то старым да со Муромцем.   95
Как ведь выехали на гору Сорочинскую
И глядят верно в трубу они серебряну,
Говорит-от Добрынюшка Никитич млад:
— Уж ты гой еси, Илеюшко Иванович,
Ведь наверно мала Галича огнем горит.   100
  Говорит-то Илья да верно Муромец:
— Уж мы скажем-то, Добрынюшка Никитич млад,
Неужели посылал Дюк Степанович вести же,

Чтоб спалили его да малу Галичу?

Вот и съехали с горы да с Сорочинскоей,   105
Подъезжают-то они да к малой Галиче,
А на домах-то кровли всюду зо́лоты,
Крыши зо́лоты да как огонь горит.
Как слезают они с добрых коней же
И привязывают коней к столбам дубовым же.   110
Еще заходит Илья да со Добрынюшкой
И заходят да в палаты белокаменны.
Как проходят-то они да перву горницу,
Еще сидит-то нонь тут да баба старая,
Еще вся-то одета она в шелка заморские.   115
Говорит тут Илья да верно Муромец:
— Уж ты здравствуй, ты Дюкова да матушка.

Говорит-то ему да баба старая:
— Я не Дюкова да верно матушка,
Уж я Дюкова-то верно калачница.   120

Еще входят они да в другу́ горницу,
А сидит-то нонь тут да баба старая,
И одета баба да вся в се́ребро.
Говорит тут Илья да верно Муромец:
— Уж здравствуй, ты Дюкова да матушка.   125

Говорит-то да баба верно старая:
— Я не Дюкова да верно матушка,
Уж я Дюкова да верно ноне нянюшка.

Говорит тут Илья да свет Иванович:
— Уж скажи нам, да Дюкова верно нянюшка,   130
Еще где-ка увидеть Дюкову ту матушку?

Говорила-то ведь им да баба старая:
— Еще Дюкова матушка да у обеденки.

Как немножко тут времечка проходит же
И идет-то ведь Дюкова да матушка.   135
Ее ведут-то ведь трое верно под руки,
И одета она вся вот в жемчуг ска́ченый.
По мосточкам-то все да по калиновым
Впереди-то ей сукна верно стелются,
Позади-то ее сукна обираются.   140

Как приходит да верно Дюкова матушка,
Поклонился ведь ей да Илья Муромец:
— Уж ты здравствуй, Дюкова верно матушка.
Еще мы приехали к тебе да приразведати.
Еще твой-от сын да призахвастался, 145
Призахвастался, ноне во тюрьме сидит.
　Говорит ему да Дюкова верно матушка:
— Уж вы гой еси, удалы добры молодцы,
Проходите ко мне да во палатушки.
　Провела она их в столову нову горницу. 150
Во столовой полы да все хрустальные,
Под полами-то верно жива рыбица.
Наливала им Дюкова верно матушка
Что по чары зелена́ вина заморского,
Как по чары-то пьешь, да второй хочется, 155
Еще другу́-то пьешь — да третьей хочется.
Повела их Дюкова да верно матушка
Животы свои да им показывать.
Как писал Добрынюшка Никитич млад,
Как писал Добрыня на бумажечке, 160
На бумажечке верно да скорописчатой,
Он писал-считал сбруи конские,
Как одних-то сбруй записать не мог,
Не хватило у Добрынюшки бумажки ведь.
Говорила тут им Дюкова матушка: 165
— Уж вы гой еси, удалы добры молодцы,
Вы скажите-ка вашему князю Владимиру:
Еще пусть-ка на чернила он Чернигов-град продаст,
На бумагу-то он славный Киев-град,
И тогда-то присылат ко мне описывать. 170
　Распростился Илья-то и Добрынюшка
Как со Дюковой да верно они с матушкой
И поехали домой да в стольный Киев-град.
Приезжают они верно ко князю Владимиру.
Рассказали-то бога́тыри, чего видели. 175
Еще выпустили Дюка вот Степановича,
Угощают-то его да зелены́м вином.

Тут Чурила-то верно Младопленкович
Он задорный был, завистливый,
Говорит Чурила да таковы слова: 180
— Уж мы будем биться о велик залог,
Не о ста-то рублях, не о тысяче —
О своих-то буйны́х со мной головах:
Уж мы ездить будем на добры́х конях,
На добры́х конях верно двенадцать дней, 185
Чтоб о каждый день были кони сменные,
Кони сменные да переменные.

Говорит-то Дюк верно Степанович,
Говорит-то таковы слова:
— У меня-де Бурушко завозный конь. 190

А от залога он-де не отказывается.
Станет поутру ранешенько,
Выйдет на росу верно холоднехоньку
И выводит свово Бурушка-косматушку.
На Бурушке шерсть переменится. 195
Так проездили они двенадцать дней.
На двенадцатый день пришло скочить
Через Почай-реку верно глубокую,
Скочить с конем да обратно о́тскочить.
Первый ско́чил тут Чурила Младопленкович — 200
И обрушился Чурила засередь реки.
Второй ско́чил Дюк Степанович —
Реку пере́скочил и обратно скочи́л
И Чурилу за волосья вытащил.
Говорит-то верно Дюк Степанович, 205
Говорит-то таковы слова:
— Что ты, князь Владимир стольно-киевский,
Ты кому прикажешь голову рубить?

Говорит тут князь Владимир стольно-киевский:
— Ты оставь нам Чурилу хоть для памяти, 210
Не руби ему да буйну верно голову.

А Чурила был завистливый,
Говорит он да верно таковы слова:
— Уж мы будем ходить да в церкви Божии,

Уж мы будем ходить да все двенадцать дней,   215
И на каждый день чтоб было платье сменное,
Платье сменное да переменное.
   Говорит-то Дюк Степанович:
— У меня-де, Чурилушко, платье завозное.
   А от залога не отказывается.   220
Садится он на ремянный стул,
Пишет Дюк да ярлыки он скорописчаты
Что своей ли родимоей матушке,
Зашивает он в сумки переметные,
Отправляет он своего Бурушка косматого.   225
Прибегает Бурушка верно в малу Галичу.
Увидала тут Мамельфа Александровна:
Нет у ей родного сына Дюка ведь Степановича.
И горько она ведь тут заплакала.
Посмотрела она в сумки переметные,   230
Увидала ярлыки да скорописчатые,
Прочитала ярлыки да скорописчатые,
Наложила ему платья она цве́тного,
Что цветно́го платья переменного,
Переменного платья на двенадцать дней.   235
Стали ходить тут в церковь Божию
Дюк Степанович верно с Чурилушкой.
Как Чурилушка ставал на правый клирос,
Как Дюк Степанович на левый клирос.
Пришло время на двенадцатый день,   240
Собралось народу множество.
Как Чурила Младопленкович застегнет пуговки —
Молодец с красной девицей обо́ймутся,
Расстегнет Чурила пуговки — да поце́луются.
Тут глядит Чурила на Дюка да Степановича,   245
Тут и думат — проиграл он буйну голову.
Как и кончилася тут обеденка церковная,
Вынимает Дюк Степанович плетку шелко́вую,
Как ударил Дюк Степанович по своим пуговкам —
Как вот заревели звери лютые,   250
Как и зашипели змеи ползучие,

А народ-то весь тут с ног попа́дали,
Князь Владимир с княгиней Апраксией чуть живы́
ушли.

Говорит тут князь Владимир стольно-киевский:
— Уж ты гой еси, молодой-то боярин, Дюк Степа-
нович,   255
Переиграл ты нашего Чурилу Пленковича.

Говорит тут Дюк Степанович:
— Уж ты гой еси, Владимир князь стольно-киевский,
Ты кому прикажешь рубити буйну голову?

Говорит Владимир стольно-киевский: 260
— А оставь нам Чурилу хоть для памяти.

Говорит тогда Дюк верно Степанович:
— Эх, Чурила, ты млад боярский сын,
Не с бога́тырями бы тебе, Чурила, ведаться,
А водиться бы с киевскими бабами.   265

Распростился он с князем со Владимиром
И поехал на Бурушке косматоем
Ко своей матушке Мамельфе Александровне.

ISTORICHESKIE PESNI

THE *istoricheskie pesni* have much in common with the *byliny*, from which they developed, but, unlike the *byliny*, they usually have as their subject some actual event. Though some *byliny* may have been based on real events and characters, the poetic treatment of the subject in the *byliny* distorted reality and created out of ordinary men gigantic, symbolic figures; actual situations became generalized and the concrete fact was submerged in the poetic exaggerations of the genre. Most *istoricheskie pesni*, however, are a succinct and comparatively unadorned narrative of some known event.

Although the oldest *istoricheskie pesni* are thought to date from the time of the Tatar conquest of Russia in the mid-thirteenth century (*Авдотья Рязаночка*), the earliest specific event to be recorded in an *istoricheskaya pesnya* was the uprising against the Tatar *baskak* Shevkal in Tver′ in 1327 (*Щелкан Дудентьевич*). The first important group of *istoricheskie pesni* appeared in the second half of the sixteenth century and it is in this period that their development really begins. These first *pesni* mostly relate to events in the political and private life of Ivan IV: for example, the capture of Kazan′ and his marriage to Mar′ya Temryukovna. Ivan's political achievements and his colourful personality made him the most popular subject of the *istoricheskie pesni*, in which he is represented as violent and impulsive, though energetic and successful in his undertakings. The Time of Troubles gave rise to a number of *pesni* on such subjects as the False Dmitri, the death of Skopin-Shuisky, Kseniya Godunova, Patriarch Filaret, etc. In the seventeenth century the Cossacks developed a particular type of *istoricheskie pesni*—the *kazach′ya pesnya* which recorded outstanding events and personalities from their own history: Ermak and the conquest of Siberia (probably already sung in the sixteenth century), Sten′ka Razin, and later Pugachev. Other subjects from the latter half of the seventeenth century are the return of Smolensk to Russia in 1654 and the siege of the Solovetsky Monastery. The reign of Peter the Great inspired a further group of *istoricheskie pesni* on the birth of Peter, the execution of the *strel'tsy*, the battle of Poltava, etc. The eighteenth century saw the development of a new sub-genre, the *soldatskaya pesnya*, the main themes of which were military events and the exploits of popular army heroes in the wars with Sweden, Prussia, and Turkey. All this time, however, the *istoricheskaya pesnya* was declining and becoming narrower in scope and appeal. After the first quarter of the nineteenth century, when some new *pesni* appeared on the war of 1812 and on major events of state such as the death of Alexander I, the *istoricheskaya pesnya* in its classic form ceased to exist.

Apart from the *kazach'i* and *soldatskie pesni* the great majority of *pesni* are concerned with events in Moscow, and the *pesni* of the sixteenth and seventeenth centuries were probably mostly composed in Moscow or the Moscow region where there was first-hand knowledge of events in the capital. The songs were composed within a short time of the events taking place, at most, perhaps, a few years, but more often, it seems, within weeks or months. The earliest collection of *istoricheskie pesni* is that which was made for Richard James who was chaplain to the British ambassador in Moscow from January to August 1619. Three of the songs in James's notebook (which is preserved in the Bodleian Library) relate to recent events: two (the lament of Kseniya Godunova and the death of Skopin-Shuisky) to events of some ten to fifteen years earlier, and one (the return of Filaret) to an event that had taken place only in June 1619.

The geographical distribution of the *istoricheskie pesni* is roughly the same as that of the *byliny*, i.e. northern Russia, the Cossack areas in the south, and, in addition, the Moscow region. In recent times *istoricheskie pesni* were sung by peasant *skaziteli* and usually combined in their repertoire with *byliny*. The singers do not distinguish between these two types of composition by name and refer to both as старины. Occasionally

the *skaziteli* transfer characters from *istoricheskie pesni* into *byliny*
—Ermak, for instance, figures in some *byliny* as a companion
of Il'ya Muromets.

The historical perspective of the *istoricheskie pesni* is necessarily
limited by the spontaneity of their composition. The events
recorded are not always the most outstanding events of the
age, and, conversely, many important events appear to have
gone unnoticed by the genre. Although each song relates to
a particular event, there is an evident liking for standard situations. The tsar is almost always portrayed in a favourable
light. He is often helped by a simple soldier. On the other hand,
the princes and boyars are usually cowardly and weak. The
songs often depart from historical fact. Ermak, for instance, is
made to capture Kazan' in some versions of *Взятие Казани* (**1**),
and in *Иван и сыновья* (**2**) Ivan orders the execution of his son.
Though these 'events' have no basis in history, they are never-
theless typical actions of the characters in question. Ermak,
bold and resourceful, might have captured Kazan', and Ivan,
harsh and impulsive, would have been capable of ordering his
own son to be killed. Similarly, though Peter the Great probably never wrestled with his dragoons, as he is made to do in
Петр и драгун (**9**), he might have done, it would have been in
character.

In style the *istoricheskie pesni* are similar to the *byliny*, though
there are some differences. The *istoricheskaya pesnya* usually
deals with a single incident and the narrative is shorter and
more direct than in the *byliny*. The majority are less than 100
lines in length, many are under 50 lines, and few are as long
as 200 lines, which is only moderate length for a *bylina*. This
comparative brevity is due to the less lavish use of repetition
and poetic device than in the *byliny*. There are rarely any of
the *loci communes* of the *byliny*, although they are occasionally
found as, for example, in *Иван и сыновья* (**2**), which opens with
a banquet. The tone of the narrative is generally factual
and realistic. There are none of the hyperbolical distortions of
the *byliny* in the presentation of characters and actions. The
language is simpler, less restricted to the fixed phrase and

recurring noun–epithet combinations of the *byliny*. The metrical
system is similar to that of the *byliny*, though the shorter line
with two main stresses is more often used than in the *byliny*.
Whereas the *byliny* were sung by individual *skaziteli*, *istoricheskie
pesni* in many areas were sung in chorus.

Istoricheskie pesni are included in most of the main collections
of *byliny* (Kireevsky, Rybnikov, Gil'ferding, etc.). The most
useful collection of pre-eighteenth-century *istoricheskie pesni* (ex-
tracted from the main sources) is that of Vsevolod Miller (В.
Миллер, *Исторические песни русского народа*, XVI–XVII вв., П.,
1915), and there is a good general selection from all periods in
Народные исторические песни (Библиотека поэта, Большая
серия), 2-е изд., М.-Л., 1962.

1. ВЗЯТИЕ КАЗАНИ

Вы, молодые ребята, послушайте,
А мы, стары старики, да будем сказывати
Про грозного царя Ивана Васильевича,
Как государь царь Иван Васильевич
Казань город покорил,   5
Под Казанку под реку он подкопы подводил,
За Сулай за реку бочки с порохом катил,
А он пушки и снаряды в чистом поле расставлял:
А татаре-то по городу похаживают,
Они всякие похабности оказывают,   10
Они грозному царю да насмехаются:
— Не бывать нашей Казани да за белыим царем!
    Как тут государь царь Иван Васильевич,
Государь царь поразгневался,
Что подрыв-то так долго медлится,   15
Приказал тут он да пушкарей казнить,
Всех подкопщичков да й зажигальщичков.
Как тут все пушкари призадумалися,
Призадумалися да запечалилися.
А один пушкарь поотважился,   20
Говорит пушкарь да таково слово:
— Ты позволь, государь, слово выговорить!
    Не успел пушкарь слово вымолвить,
Как тут догорели зажигальные свечи,
Вдруг розорвало бочки с порохом: 25
Стены крепости бросало за Сулай за реку.
Татаре тут все устрашилися;
Они белому царю да покорилися.
Говорят те татаре таково слово:
— Вечно быть нашей Казани под святой Русью,   30
Под святой Русью непобедимою,
Непобедимою Богом любимою!

2. *ИВАН И СЫНОВЬЯ*

Когда воцарился грозный царь Иван Васильевич,
Тогда он полонил славное Ообское,
Полонил Ообское и еще и Новгород
И сам на пиру расхвастался:
— Вывел я измену с Ообского,   5
И вывел измену с Новагорода,
Да надо вывести измену с каменной Москвы.
  Говорит ему меньшой сын,
Младой Иванушка Иванович:
— Пустым ты, батюшка, расхвастался: 10
Не вывел измены с Ообского,
Да и не вывел измены с Новагорода,
Да не вывести и с каменной Москвы:
Со изменою и ешь и пьешь,
И думу думаешь за одним столом.   15
  Тут скричал Иван Васильевич:
— Подай измену на очь,
А не подашь измены на очь,
Отсеку у тебя буйну голову,
Не дам живота ни на малый час.   20
  Тут Иванушка задумался:
Сказать на князя иль боярина,
Пролить кровь напрасная;
А сказать на братца на родимого
На младшего Федора царевича: 25
— Грозный царь Иван Васильевич!
Которыми улицами ты ехал, батюшка,
Теми улицами кура не пила;
И которыми ехал Малюта Скурлатович,
И теми улицами кура не пила;   30
А которыми ездил Федор Иванович,
Задергивал решетки железные
И подпись подписывал,
Что улицы казнены и разорены;
А остались те улицы не казнены, не разорены.   35

Скричал грозный царь Иван Васильевич:
— Где мои палачи немилостивы?
Возьмите младого Федора царевича,
Ведите за Москву реку,
Ко плахе ко липовой, ко сабле ко вострой.   40
    Повел его Малюта Скурлатов сын
За матушку за Москву реку,
Ко плахе ко липовой, ко сабле ко вострой.
Не белая лань пробегала вдоль по городу,
Пробегала царица благоверная,   45
В белой тоненькой рубашечке без пояса,
В одних чулочках без чеботов,
Ко своему братцу родимому,
Ко князю Никите Романовичу.
Князь Никита Романович за столом сидит.   50
Сидит, хлеб-соль кушает,
Сам говорит таково слово:
— Ты зачем, гостья не звана идешь?
    А она говорит таково слово:
— Ты братец мой родимый,   55
Князь Никита Романович!
Потухла зоря раноутренния,
Поблекло наше красно солнышко:
Повел Малюта Скурлатов сын
Младого Федора царевича за Москву реку,   60
Ко плахе ко липовой, ко сабле ко вострой,
Отсечь ему буйну голову.
    Князь Никита Романович
Выскочил из-за дубова стола
Через дубовый стол,   65
Дернул чеботы на босу ногу,
Кинул шляпу на одно ухо,
Кунью шубку за рукав схватил,
Бежал на конюший двор,
Взял коня самолучшего,   70
Сел не на уздана, не на седлана,
Поехал вдоль по городу за Москву реку,

Голосом кричит, шляпой машет он:
— Стойте, народ, сторонитеся,
Дайте путь-дорогу широку   75
Ехать за матушку Москву реку,
Ко плахе ко липовой, ко сабле ко востроей.
    И кричит через Москву реку, Малюте Скурлатову:
— Не за кус, собака, хватаешься:
Что съешь, тем и подавишься!   80
    У Малюты сердце испужалося,
Правая рука застоялася,
Левая нога задрожалася.
Приехал князь ко плахе ко липовой, ко сабле ко
                                            востроей,
Скочил он со добра коня,   85
Поднимал младого Федора царевича
Со плахи со липовой, за ручку за правую,
Целовал его в уста во сахарные,
А сам отдал Малюте Скурлатову
Конюха своего любимого,   90
Который был лицо в лицо и плечо в плечо,
И един волос с волосом ладились.
    Бил Иван Васильевич в колокол во казненный,
Чтоб идти в церковь в черных платьях всем.
Князь Никита Романович   95
Надел на себя и на племянника
Красны платья лучше всех.
Подошел к грозному царю Ивану Васильевичу,
Бил челом, его здравствовал:
— Здравствуй, грозный царь Иван Васильевич,   100
Со своей любимой семьей,
И со двумя ясными соколами-сыновьями
И со всема князьямы и боярамы!
    Говорит грозный царь Иван Васильевич:
— Князь Никита Романович!   105
Перво был ты мне старый друг,
Теперь стал ты мне старый пес.
Так-ль-то надо мной невзгоды не ведаешь,

Не ведаешь невзгоды, али надсмехаешься?
   Говорит Никита Романович: 110
— Живет ли виноватому прощеньице?
   Говорит ему грозный царь Иван Васильевич:
— Рад бы простить, да негде взять!
   Вывертывал Никита Романович
Младого Федора царевича: 115
— Вот тебе любезный сын,
Младый Федор царевич.
— Князь Никита Романович!
Прежде был ты мне старый друг,
А теперь роден батюшка.   120
Городов ли тебе надо с пригородками,
Аль казны тебе несчетной однозолотной?
   Говорит ему князь Никита Романович:
— Городов мне не надо с пригородками,
А казны есть своей про себя.   125
А дай мне вотчину Микитину,
Чтоб слыла-была вотчина Микитина
Отныне и до веку:
Кто коня угонит, в мою вотчину ушел бы, —
Того и Бог простит.   130
Кто жену уведет чужую, в мою вотчину ушел бы, —
Того и Бог простит.
Кто голову убьет, да в мою вотчину уйдет, —
Того Бог бы простил.
   Тут дал грозный царь вотчину,   135
Котору он хотел.

3. ЕРМАК

   Как на славных на степях было на саратовских,
Что пониже было города Саратова,
А повыше было города Камышина,
Собирались тут казаки-люди вольные,
Собирались они, братцы, во единый круг,   5
Что донские, гребенские и яицкие.

Атаман у них Ермак, сын Тимофеевич,
Есаул у них Асташка, сын Лаврентьевич.
Они думали думушку все единую:
Уж как лето-то проходит, лето теплое,   10
А зима-то настает, братцы, холодная;
Как и где-то нам, ребята, зимовать будет?
На Яик-ли нам идтить — да переход велик;
А на Волге-то ходить — нам все ворами слыть.
Под Казань город идти — да там сам царь стоит,   15
Как сам-ли грозный царь, он Иван Васильевич.
У него там силы-войска много-множество.
Да тебе-то, Ермаку, быть там повешену,
А нам, братцы, казакам, быть переловленным,
Да по крепким по тюрьмам порассаженным.   20
   Как не золотая трубушка вострубила,
Не серебряная речь громко возговорит, —
Речь возговорит Ермак, сын Тимофеевич:
— Гей, вы думайте-ли, братцы, вы подумайте,
И меня вы, Ермака, братцы, послушайте: 25
Зазимуемте мы, братцы, в Астрахани,
А зимою-то мы, братцы, поисправимся,
А как вскроется, начнется весна красная,
Мы тогда-то, други братцы, во поход пойдем,
Мы заслужим перед грозным царем вину свою: 30
Как гуляли-то мы, братцы, по синю морю,
Что по синю морю, по морю Хвалынскому;
Разбивали-то мы, братцы, бусы, корабли.
Как и те корабли, братцы, неорленые.
Мы убили-ли посланничка не царского.   35
Как того-то мы посланничка персидского!
   Как во славном было городе, в Астрахани,
На широкой ли, на ровной было площади,
Собирались казаки во единый круг,
Они думали думушку все единую: 40
— Как зима-то уж проходит все холодная,
Как и лето настает, братцы, лето теплое,
Да пора нам, братцы, во поход идтить.

Речь возговорит Ермак, сын Тимофеевич:
— Ой вы, гой еси, ребята, добры молодцы,   45
Накидайте вы бабанчики сосновые;
Мы поедемте, ребята, с Божьей помощью,
Мы пригрянем, братцы, вверх по Волге по реке.
Перейдемте-ка мы, братцы, горы крутые,
Доберемся мы до царства басурманского.   50
Завоюем-ка мы, братцы, царство сибирское,
Покорим его мы, братцы, царю белому,
А царя-то мы Кучума во полон возьмем;
И зато-то государь-царь нас пожалует.
Я тогда-то пойду, братцы, ко белу царю,   55
Принесу я царю белому повинную:
«Ой ты, гой еси, надежда-православный царь!
Не вели меня казнить, вели речь говорить:
Как и я то-ли, Ермак, сын Тимофеевич,
Как и я то воровской донской атаманушка,   60
Как и я то ведь гулял-ли по синю морю,
Что по синю морю, морю Хвалынскому,
Как и я то разбивал ведь бусы, корабли,
Как и те то корабли все неорленые;
А теперича, надежда-православный царь,   65
Приношу я тебе буйную головушку
И с буйной головой царство сибирское!»
Речь возговорит надежда-православный царь,
Как и грозный-то царь, сам Иван Васильевич:
«Ой ты, гой еси, Ермак, сын Тимофеевич!   70
Я прощаю тебя, да и со войском твоим;
Я прощаю-ли тебя за твою службу,
Что твою-ли службу ко мне, за верную,
И я жалую тебе весь славный тихий Дон».

4. *ПЛАЧ КСЕНИИ ГОДУНОВОЙ*

Сплачется мала птичка,
Белая перепелка;
«Охти мне, молоды, горевати!

Хотят сырой дуб зажигати,
Мое гнездышко разорити,   5
Мои малые дети побити,
Меня, перепелку, поимати».

Сплачется на Москве царевна:
— Охти мне, молоды, горевати,
Что едет к Москве изменник,   10
Ино Гриша Отрепьев расстрига,
Что хочет меня полонити,
А полонив меня, хочет постричи,
Чернеческий чин наложити!
Ино мне постричи ся не хочет,   15
Чернеческого чину не сдержати:
Отворити будет темна келья,
На добрых молодцев посмотрети.
Ино, ох милые наши переходы!
А кому будет по вас да ходити   20
После царского нашего жития
И после Бориса Годунова?
Ах, милые наши теремы!
А кому будет в вас да сидети
После царского нашего жития   25
И после Бориса Годунова?

5. *СКОПИН-ШУЙСКИЙ*

Ино что у нас в Москве учинилося:
С полуночи у нас в колокол звонили?
А расплачутся гости-москвичи:
— Атепере наши головы загибли,
Что не стало у нас воеводы,   5
Васильевича князя Михаила!
    А съезжалися князи-бояре супротиво к ним,
Мстиславский князь, Воротынский,
И межу собою они слово говорили,

А говорили слово, усмехнулися: 10
— Высоко сокол поднялся,
И о сыру матеру землю ушибся!
    А расплачутся свецкие немцы:
— Что не стало у нас воеводы,
Васильевича князя Михаила!   15
    Побежали немцы в Новгород,
И в Новегороде заперлися,
И многий мир-народ погубили,
И в латинскую землю превратили.

6. *ВОЗВРАЩЕНИЕ ФИЛАРЕТА*

Зрадовалося царство Московское
И вся земля свято-русская:
Умолил государь православный царь,
Князь великий Михайло Федорович.
А что скажут, въехал батюшка   5
Государь Филарет Микитич,
Из неверной земли из Литовской;
С собою он вывез много князей-бояр,
Еще он вывез государева боярина,
Князя Михайла Борисовича Шеина.   10
Съезжалися многие князи-бояре,
Князи-бояре и многие власти,
К сильному царству Московскому:
Хотят встречать Филарета Микитича.
Из славного града каменной Москвы,   15
Не красное солнце катилося,
Пошел государь православный царь,
Встречати своего батюшка,
Государя Филарета Микитича;
С государем пошел его дядюшка,   20
Иван Микитич боярин
    — Дай, Споди, здоров был государь мой батюшка,
А батюшка государь Филарет Никитич!

А как будут они в каменной Москве,
Не пошли они в хоромы в царские,   25
А пошли они к Пречистой соборной,
А пети честных молебенов.
Благословлял своего чада милого:
— И дай Господи, здоров был православный царь,
Князь Великий Михайло Федорович,   30
А ему сдержати царство Московское
И вся земля свято-русская!

7. СТЕНЬКА РАЗИН

Откуль взялся-проявился незнамый человек:
Он частым-часто по городу похаживает,
Черноплисовый кафтан да за един рукав таскал;
Сорыванский кушачок да в его белых руках,
Черна шляпа с брусаментом на его желтых кудрях.   5
Он шефам-офицерам не кланяется;
Астраханскому губернатору челом он не отдает,
Он челом не отдает да все под суд его нейдет.
Взяли-брали молодца да на цареве кабаке;
Становили молодца да против белого крыльца,   10
Против белого крыльца, против губернацкого лица.
Стал губернатор выспрашивати,
Стал выспрашивати да стал выведывати:
— Ты скажи, скажи, детинушка, незнамый человек:
Уж ты со Дону казак, или казацкий сын?   15
Ты казанец, ли рязанец, али астраханец?
     Как ответ держит детинушка, незнамый человек:
— Я не со Дону казак да не казацкий сын,
Не казанец, не рязанец, я не астраханец, —
Я со Камы со реки да Стеньки Разина сын;   20
Мой-от батюшка хотел да к тебе в гости побывать, —
Ты умей его встречать да умей чествовати,
Умей чествовати да умей потчевати.
     Посадили молодца да в белокаменны тюрьмы.

Что со Камы со реки да со самой горной стороны   25
Тут и был-выплывал воровской атаман,
Воровской атаман да Стенька Разин сам.
Он проговорил-спромолвил, да как в трубу струбил:
— Еще что мне, ребятушка, тошным мне тошно,
Мне тошным-тошно, да пособить неможно?   30
Зачерпните-тка воды да со правой стороны,
Вы подайте-тка мне воды да из правой из руки:
Верно, верно, мой сыночек во неволюшке сидит,
В неволюшке сидит да в белокаменной тюрьме.
Уж вы гряньте-тка, ребята, да вниз по Каме по реке,   35
Вниз по Каме по реке да к белокаменной тюрьме;
Белокаменну тюрьму да всю по камню разберу,
С астраханского губернатора с жива кожу сдеру.
    Еще грянули ребята да вниз да по Каме по реке,
Вниз по Каме по реке да к белокаменной тюрьме.   40
Белокаменну тюрьму да всю по камню разобрал,
С астраханского губернатора с жива кожу сдирал.

8. *ОСАДА СОЛОВЕЦКОГО МОНАСТЫРЯ*

    Как во нашем было царстве,
Во Московском государстве,
Перебор был всем боярам,
Пересмотр был воеводам:
Выбирали из больших большого,   5
Генерала Салтыкова,
Посылали его на службу
И за синие за моря
Ко преподобным отцам,
Ко Изосиме, Савватию,   10
К монастырю тому святому,
Ко игумену честному,
Чтобы монастырь той разорити,
Старую веру порушити,

Всех монахов порубити   15
И архимандрита казнити.
Как возговорит воевода:
— О великий государь царь!
Не могу я сего сделать,
Не могу я сего подумать,   20
Чтобы монастырь той разорити,
Старую веру порушити.

  Как возговорит государь царь:
— О добро ж ты, воевода!
Повелю тебя казнити,   25
Руки-ноги отрубити.

  Испугался воевода,
Испрошает силы много:
— О великий государь царь!
Погоди, царю, казнити,   30
Прикажи мне, царю,
Достойну речь говорити:
Уже дай мне силы много,
Стрельцов, бойцов и солдатов.

  Как садился воевода   35
Во легкия во ладья;
Доносила воеводу
К монастырю тому святому:
Как стрелял он воевода
Во святую соборную церковь;   40
Как уранил воевода
В Божью Матерь на престоле.
И все старцы испугались,
По стенам старцы пометались,
Во одно место собирались,   45
Во одно слово говорили:
— Уже мы головы полагаем,
Мы по старому отслужим,
И мы вечные слуги Богу будем,
И во царствии с ним пребудем.   50
  Как восстонет государь царь:

   — Уже есть ли караулы?
   Посылает гонцы скоры,
Чтоб догоняли поскорее,
Чтобы монастырь той не разорили,   55
Старую веру не рушили.
   А монастырь той разорили,
Старую веру порушили,
Всех монахов истребили,
А иных же порубили.   60

9. *ПЕТР И ДРАГУН*

   У дворца-дворца было государева,
У того крыльца у Крашоного,
Стоял тут раздвижной стул,
На стулу сидит православный царь,
Православный царь Петр Алексеевич;   5
Перед ним стоят князья-баре.
Речь возговорил православный царь:
— Ой вы гой еси, князья-бояре!
Нет ли из вас охотничка
Со белым царем поборотися,   10
За проклад царя потешити?
   Все князья-бояре испужалися,
По палатушкам разбежалися.
Перед ним стоит молодой драгун,
Молодой драгун лет пятнадцати;   15
Речь возговорит он белу царю:
— Гой ты, гой еси, православный царь,
Православный царь Петр Алексеевич!
Не прикажи ты меня казнить-вешать,
Прикажи мне слово молвити,   20
Слово молвити, речь возговорити:
Я охотничек с тобой, со белым царем, поборотися,
За проклад царя потешити.
— Когда поборешь ты меня, молодой драгун, милую тебя,

А я поборю — казнить буду тебя.   25
  Речь возговорил молодой драгун:
— Есть воля Божья и твоя царева.

Подпоясывал православный царь шелко́в кушак,
Выходили они, с молодым драгуном, сухваталися,
Речь возговорил ему молодой драгун,   30
Белу царю Петр Алексеевичу:
— Гой ты батюшка, православный царь,
Православный царь Петр Алексеевич!
Да я тебя, православного царя, побороть хочу!
  Левой рукой молодой драгун побарывал,   35
Правой рукой молодой драгун подхватывал, —
Не пущал царя на сыру землю.
Речь возговорил православный царь:
— Сполать тебе, драгун, боротися!
  Подходил к нему молодой драгун близехонько: 40
— Гой ты, гой еси, батюшка православный царь,
Православный царь Петр Алексеевич!
Не погневайся на мое бороньице.
— Благодарю тебя, молодой драгун, за бороньице!
Чем тебя, молодой драгун, дарить-жаловать: 45
Селами ли те, деревнями,
Али те золотой казной?
— Не надо мне ни селов, ни де́ревнев,
Ни матушки золотой казны:
Дай ты мне безденежно   50
По царевым кабакам вино пить.

10. СМЕРТЬ АЛЕКСАНДРА

Выезжает Александр наш свою армию смотреть:
Обещался Александр наш к Рожеству домой прибыть.

Все празднички на проходе — Александра дома нет.
— Пойду-выйду на ту башню, которая выше всех,

Погляжу я в ту сторонку, в коей Александр наш был!   5
  По Питерской по дорожке пыль столбом она стоит,
Пыль столбом она стоит, молодой курьер бежит.
  — Я пойду — спрошу курьера: «Ты куда, курьер, бежишь?
Ты скажи-ка нам, курьер, про Александру царя?»
  — Вы скидайте алы шали, надевайте черный траур,   10
Всю правдушку вам скажу про Александру царя:
Наш Александр император в Таганроге жизнь скончал!
  Что двенадцать генералов на главах царя несут,
Вот не двое ли армейских ворона коня ведут,
Не четыре ли гвардейских со знаменами идут.   15

DUKHOVNYE STIKHI

DUKHOVNYE STIKHI are songs broadly similar to *byliny* and *istoricheskie pesni*, but distinct from them in the religious character of their subject-matter. They were the 'oral literature' of popular Christianity in Russia (akin to the Negro 'spirituals' of America), in which were reflected the ideals and beliefs of the Christian faith as they were understood in those sections of the community where they were sung. Unlike the other genres of folk literature, practically all *dukhovnye stikhi* derived their themes from written literature—the Bible, the lives of the saints and, above all, the numerous apocryphal works which were current in medieval Russia. Iconography too provided material for some *dukhovnye stikhi*.

Dukhovnye stikhi grew up in a milieu that was closely associated with the Church, and it is thought that they were first sung in the later Middle Ages by pilgrims on their journeys to the Holy Land or about Russia. Later, *dukhovnye stikhi* were sung mainly by professional singers, the so-called калики перехожие.[1] These were beggars, usually blind or crippled, who wandered from place to place singing outside churches in return for alms. *Dukhovnye stikhi* also had some currency outside the beggar communities—they were particularly popular among the Old Believers, who developed a number of themes relating to their own religious outlook, and some *dukhovnye stikhi* which had a vigorous narrative content (e.g. *Аника воин, Сорок калик со каликою*) found a place in the repertoire of the *bylina*-singers of northern Russia.

It is not known exactly when the *dukhovnye stikhi* first developed as a genre. The earliest evidence of their existence dates from the fifteenth century, and they were a very flourishing genre by the time of the religious troubles in the seventeenth

---

[1] калика meant originally 'pilgrim', but later its application came to be limited to the itinerant beggars who sang *dukhovnye stikhi*. It is probably related to калека 'cripple' which sometimes replaces it in this context.

century. The chief collections are those made in the last century by V. K. Varentsov (*Сборник русских духовных стихов*, Спб., 1860) and, more important, P. A. Bessonov (*Калеки перехожие*, 1–6, М., 1861–4). Though the beggar-singers have disappeared since the Revolution, it appears that *dukhovnye stikhi* still survived, for a time at least, among some religious communities such as the Old Believers.

Unlike the *byliny*, which were limited to particular areas, *dukhovnye stikhi* were sung in all parts of Russia, although there were two distinct regional types, one current in northern and central Russia, the other in the south and west.

It is usual to divide *dukhovnye stikhi* according to their subject-matter into two types—the 'epic' and the 'lyric'. The epic *stikhi* have as a rule a well-developed narrative interest. The subjects are drawn mainly from hagiography and apocryphal sources, and among the best known *stikhi* of this type are those recording the achievements of warrior- or martyr-saints such as St. George (*Егорий Храбрый*, 3), St. Demetrius of Salonica (*Дмитрий Солунский*), St. Theodore Tiro (*Федор Тирон*), and the story of Anika the Warrior and his vain struggle against death (*Аника воин*). Biblical themes are less common in the epic songs, the most important of the 'epic' biblical subjects being the story of Joseph (*Иосиф Прекрасный*). Poverty and asceticism are also favourite themes, and these occur in the story of Lazarus and the rich man (*Богатый и Лазарь*) and in *Алексей Божий Человек*, which tells of the rich man who gives up his wealth to lead the life of an ascetic. Close in spirit to these last songs are two others which are directly concerned with the калики перехожие themselves: *Вознесение* (1), an account of the Ascension in which Christ is made to bequeath his name to the poor for their sustenance, and *Сорок калик со каликою*, the story of a band of pilgrims and the moral strength of one of them who resists the attempts of the princess of Kiev to seduce him. Distinct from the purely narrative type of song in this group is *Голубиная книга* (2), a popular account of cosmogony in the form of questions and answers on the creation of the world, the origin of man, etc.

The lyric *stikhi* are primarily concerned with the emotional appeal of various aspects of the Christian life. They generally give expression to the feelings inspired by the occasion of some religious festival or by the memory of an episode from the life of Christ, the Virgin Mary, or one of the saints. Often the subject of the *stikh* is invoked in prayer. The most important source of themes for this group of *stikhi* is the New Testament (the Birth of Christ, the Massacre of the Innocents, the Resurrection).

A third category of *dukhovnye stikhi* is sometimes distinguished —the 'lyro-epic' group, which consists of a small number of important songs partly epic and partly lyric in theme. Examples of this type are *Страшный суд*, *Плач Адама*, and *Иоасаф и Пустыня* (**4**).

Dukhovnye stikhi are also divided into two groups according to their age and style. The older *stikhi* (стихи старшие), the type commonly sung in northern Russia, originated at different times up to the seventeenth century and are purely 'oral' compositions. To this type belong the epic and lyro-epic songs, which are composed in the same stylistic tradition as the *byliny*. They have tonic metre and employ many of the traditional devices of the *bylina* style, though making less use of the repetitions and *loci communes* that occur so frequently in the *byliny*. The later *stikhi* (стихи младшие) are lyric songs of the type known as псальми and канты. These songs, which were widespread in the Ukraine and Belorussia, but little known in other parts, date from the seventeenth century or later. They emanated from a cultured milieu—the schools and seminaries of south-west Russia—and began their existence as literary compositions written on the model of Ukrainian religious verse of the seventeenth century, which in turn depended on Latin and Polish models. The псальмы and канты have none of the features of the traditional oral style, but are composed in the same form as the literary models which inspired them, with syllabic metre and regular rhymed endings. Their language, too, is noticeably bookish in character, in contrast to the popular language of the older *stikhi*, which contain only sporadic elements of the ecclesiastical style. The four *stikhi* which follow all belong to the older type.

The *stikhi* vary considerably in length. The epic ones, due to their more direct manner of narration, are shorter than the average *byliny*, usually between 100 and 200 lines in length. The normal length of the lyric *stikhi* is 20–40 lines. Both types of *stikh* were sung in the south and west usually to the accompaniment of a lyre or *bandura* (a kind of guitar), in the north generally unaccompanied.

1. ВОЗНЕСЕНИЕ

Как вознесся Христос на небеса,
Расплакалась нищая братья,
Расплакались бедные-убогие, слепые и хромые:
— Уж ты истинный Христос, царь небесный!
Чем мы будем бедные питаться?   5
Чем мы будем бедные одеваться, обуваться?
    Тут возговорил Христос царь небесный:
— Не плачьте вы, бедные-убогие!
Дам я вам гору да золотую,
Дам я вам реку да медвяную: 10
Будете вы сыты да и пьяны,
Будете обуты и одеты.
    Тут возговорит Иван да Богословец:
— Ведь ты истинный Христос да царь небесный!
Не давай ты им горы да золотыя,   15
Не давай ты им реки медвяныя:
Сильные-богатые отнимут;
Много тут будет убийства,
Тут много будет кровопролитья.
Ты дай им свое святое имя: 20
Тебя будут поминати,
Тебя будут величати, —
Будут они сыты да и пьяны,
Будут и обуты и одеты.
    Тут возговорит Христос да царь небесный: 25
— Ты Иван да Богословец,
Ты Иван да Златоустый!
Ты умел слово сказати,
Умел слово рассудити!
Пусть твои уста да золотые,   30
Пусть те в году праздники частые.

2. ГОЛУБИНАЯ КНИГА

Восходила туча сильна-грозная,
Выпадала Книга Голубиная,
И не малая, не великая:
Долины книга сороку сажен,
Поперечины двадцати сажен.   5
Соезжалися, собиралися
Сорок царей со царевичам,
Сорок князей со князевичам
К одному к царю ко премудрому
Ко Давыду ко Евсеевичу.   10
И возговорит Володимир князь,
Володимир князь Володимирович:
— Премудрый царь, Давыд Евсеевич!
Прочти нам Книгу Голубиную,
Расскажи нам про весь белый свет: 15
От чего зачался у нас белый свет?
От чего у нас солнце красное?
От чего у нас млад-светел месяц?
От чего у нас зори ясные?
От чего у нас звезды частые?   20
От чего у нас ночи темные?
От чего у нас дробен дождек?
От чего у нас духи Божие?
   Ответ держал премудрый царь,
Премудрый царь Давыд Евсеевич: 25
— А ты гой еси, Володимир князь,
Володимир князь Володимирович!
А мне честь книгу — не прочесть будет;
На руках держать — не сдержать будет;
А по книге ходить — всю не выходить.   30
Расскажу я книгу по памяти,
А по памяти как по грамоте:
А зачался у нас белый свет
От Свята́ Духа, самого Христа,

Самого Христа, царя небесного;   35
Солнце красное от лица его,
Самого Христа, царя небесного;
Млад-светел месяц от грудей его,
Самого Христа, царя небесного;
Зори светлые от риз его,   40
Самого Христа, царя небесного;
Звезды частые от очей его,
Самого Христа, царя небесного;
Ночи темные от волос его,
Самого Христа, царя небесного;   45
Дробен дождек от слезы его,
Самого Христа, царя небесного;
Духи Божие от устов его,
Самого Христа, царя небесного.
    Возго́ворит Володимир князь,   50
Володимир князь Володимирович:
— Премудрый царь, Давыд Евсеевич!
Который царь у нас над царями царь?
Который город городам мати?
Которая церква церквам мати?   55
Которое море морям мати?
Которая река рекам мати?
Которая рыба рыбам мати?
Который зверь зверям мати?
Которая птица птицам мати?   60
Которая гора горам мати?
Которая древо древам мати?
    Ответ держал премудрый царь,
Премудрый царь Давыд Евсеевич:
— А гой еси, Володимир князь,   65
Володимир князь Володимирович!
У нас Белый царь над царями царь.
Почему ж Белый царь над царями царь?
И он держит веру крещеную,
Веру крещеную, богомольную: 70
Потому у нас Белый царь над царями царь.

Русалим город городам мати.
Почему тот город городам мати?
Стоит он что ни пуп земли,
Что ни пуп земли, свету белого: 75
Потому тот город городам мати.
Собор-церква всем церквам мати.
Почему Собор-церква всем церквам мати?
Стоит в ней гробница белокаменная,
Почивают мощи самого Христа,   80
Самого Христа, царя небесного:
Потому Собор-церква церквам мати.
Окиян море всем морям мати.
Почему Окиян всем морям мати?
Выходила церква соборная   85
Святого Климента, попа Рымского:
От того Окиян всем морям мати.
Ердань река всем рекам мати.
Почему Ердань река рекам мати?
Окрестился на ней сам Исус Христос,   90
Со силою со небесною,
Со ангелами со хранителями,
Со Иоанном светом со Крестителем:
Потому Ердань река рекам мати.
Китра рыба всем рыбам мати.   95
Почему Китра рыба всем рыбам мати?
Основана на ней мать сыра земля,
Утвержен на ней весь белый свет:
Потому Китра рыба всем рыбам мати.
Когда Китра рыба поворóхнется,   100
Весь белый свет поколы́бнется.
А Индра зверь всем зверям мати.
Почему Индра зверь всем зверям мати?
Живет он во святой горе,
Пьет и ест во святой горе,   105
Куды хочет, идет по подзéмелью,
Как солнышко по поднебесью:
Потому Индра зверь всем зверям мати.

Страхви́рь птица всем птицам мати.
Почему она всем птицам мати?   110
Живет она на синем морю,
И пьет и ест из синя́ моря:
Потому Страхвирь птица птицам мати.
Когда Страхвирь птица вострепехнется,
Все синее море восколыбнется,   115
Затопляла товары заморские.
Варгор гора всем горам мати.
Почему Варгор гора горам мати?
Преобразился на ней сам Исус Христос,
Со силою со небесною: 120
Потому Варгор гора горам мати.
Купарис древо всем древам мати.
Почему то древо всем древам мати?
Распят на ней был Исус Христос,
Распинали жиды со Пилатами: 125
Потому то древо всем древам мати.
Плакун трава всем травам мати.
Почему Плакун всем травам мати?
Потому Плакун трава всем травам мати:
Мать Пречистая Богородица   130
По Исусу Христу сильно плакала,
По своем по сыну по возлюбленном,
Как повели жиды Христа на распятие;
Ронила слезы пречистые
На матерь на сыру́ землю;   135
От тех от слез от пречистыих
Зарождалася мать Плакун трава:
Потому Плакун трава травам мати.
    Возговорит Володимир князь,
Володимир князь Володимирович: 140
— Премудрый царь, Давыд Евсеевич!
Мне в ночи мало спалося,
Во сне много сну видалося:
Будто юноши соходилися,
Два младые подиралися.   145

Ответ держит премудрый царь,
Премудрый царь Давыд Евсеевич:
— А гой еси, Володимир князь!
Не два юноши соходилися,
Не два младые подиралися: 150
Это Кривда с Правдой соходилася,
Кривда с Правдою подиралася.
Кривда Правду одолеть хочет;
Правда Кривду перемо́жила:
Правда пошла на не́беса,   155
К самому Христу, царю небесному,
К святой Троице, Богородице,
Кривда осталась на сыро́й земле. —

Молодым людям на поученье,
Старым людям на послу́шенье.   160
Восходил Господь на Сионские горы,
Показал славу ученикам своим.
Славен Господь, и велико имя его!

3. *ЕГОРИЙ ХРАБРЫЙ*

Во шестом году в седьмой тысяче,
При том царе при Федоре,
А жила царица благоверная,
Святая Софья Перемудрая.
Воспоро́дила да три отрока,   5
А три отрока да две де́вицы,
А третьего сына святого Егория Хораброго:
По колена ноги в чистом се́ребре,
По локо́ть руки в красном золоте,
Голова у Егория вся жемчужная.   10
А злодей царище бусурманище
Увозил Егорья во свою землю,
Во свою землю во неверную.
И стал Егория света спрашивать:

— Ты скажи, Егорий, не утай себя,   15
Ты которой вере веруешь,
Ты которому, свет, Богу молишься?
   Святой Егорий свет глаголует:
— Ты злодей царище бусурманище!
Я не верую веры твоей неверноей,   20
Ни твоим богам ко идолам,
Ни тебе царищу бусурманищу;
А верую верой крещеноей,
Крещеныя, богомольныя,
И во Троицу неразделимую,   25
И во Мать Божию Богородицу.

   И злодей царище бусурманище
Осердился он на Егория света,
На свята́ Егория свет Хораброго.
Повелел Егория света мучити   30
Он и муками разноличными,
Повелел Егория в топоры рубить:
У топоров ле́зья завороча́лися,
У мастеров руки опущалися,
Очи ясные спомуча́лися,   35
Ничего Егорью не подеялось,
Он поет стихи херувимские
И гласа́ гласит свет архангельски.
И злодей царище бусурманище
Осердился он на Егория света.   40
Повелел Егория света мучити,
Он и муками разноличными,
Повелел Егория в пилы пилить:
И у пил зубцы осыпа́лися,
Ничего Егорью не подеялось.   45
И злодей царище бусурманище
Повелел Егория мучити
Он и муками разноличными,
Повелел Егория во смоле варить:
И смола кипит, яко гром гремит,   50

А святой Егорий он поверх смолы,
Он поверх смолы, свет, плавает,
Ничего Егорью не подеялось.
А злодей царище бусурманище
Повелел Егория мучити,   55
Повелел Егорья по гвоздям водить:
А от ног гвозди приломалися,
Ничего Егорью не подеялось.
И злодей царище бусурманище
Повелел Егория мучити,   60
Повелел Егория на огне жещи́:
Святый Егорий посеред огня стоит,
Он поет стихи херувимские,
И гласа гласит архангельски,
Ничего Егорью не подеялось.   65
И злодей царище бусурманище
Изыскал собака таких мастеров,
Повелел копать глубок погреб:
Глубины погреб сорока сажен,
Ширины погреб двадцати сажен.   70
Посадил Егорья во глубок погреб,
Закрывал досками он железными,
Прибивал гвоздями полужеными,
Засыпал песками разножелтыми,
Защита́л щитами он дубовыми.   75
Над святым Егорьем насмехается,
Он и сам собака приговаривает:
— Не бывать Егорью на святой Руси,
Не видать Егорью света белого,
Не обозреть Егорью солнца красного,   80
Не видать Егорью отца и матери,
Не слыхать Егорью звона колокольного,
Не слыхать Егорью пения церковного!
    Когда тридцать лет произойдется,
Да явилося солнце красное,   85
Еще явилася Мать Пресвятая Богородица,
Святу́ Егорью, свет, глаголует:

— Ой ты еси, святый Егорий, свет Хорабрый!
Ты за это ли претерпение
Ты наследуешь себе царство небесное,   90
Будет имя от Христа написано.
  От свята́ града Ерусалима
Подымались ветры буйные,
Разнесло щиты дубовые,
Размело пески разножелтые,   95
Приломало гвозди полуженые,
Разметало доски железные, —
Выходил Егорий на святую Русь.
И пошел Егорий по святой Руси,
По святой Руси, по сырой земле,   100
Ко тому граду ко Ерусалиму,
Где его родима матушка
На святой молитве Богу молится.
Она у́зрела и усмотрела
Свово чаду свово милого,   105
Свята́ Егория света Хораброго.
Свету Егорью, свет, глаголует:
— Ой ты еси, мое чадо милое,
Святой Егорий, свет Хорабрый!
Ты куды идешь, куды Бог несет,   110
А еще тебе куды путь лежит?
  Святый Егорий свет глаголует:
— Государыня ты моя матушка,
Свята Софья Перемудрая!
Я иду далече во чисты поля   115
И побить царища бусурманища,
И отлить ему кровь горючую,
Утвердить веру християнскую.
  Све́ту Егорию мать глаголует:
— Ты поди, мое чадо милое,   120
Ты поди далече во чисты́ поля,
Ты возьми конь богатырского,
Со двена́десять цепей железньих,
И со сбруею богатырскою,

Со востры́м копьем со булатныим,   125
И со книгою со Евангельем.
   Святый Егорий проезжаючи,
Святую веру утверждаючи,
И еще Егорий наезжаючи
И на те горы на толкучие: 130
Святу Егорью не проехать.
Святой Егорий свет глаголует:
— Ой вы еси, горы то́лкучие!
Разойдитеся, расшатнитеся,
Вы на все на четыре на сто́роны.   135
   Святой Егорий проезжаючи,
Святую веру утверждаючи,
А еще Егорий наезжаючи
И на те стада на звериные,
На серых волков, на рыскучиих: 140
Святу́ Егорью не проехати.
Святый Егорий свет глаголует:
— Ой вы еси, серы́ волки, рыскучие!
Разойдитеся, разбегитеся
Вы на все на четыре на сто́роны.   145
   Расходилися, разбегалися,
По два и по три и по единому.
— Пейте и ешьте благословленное
От свята Егория свет Хораброго.
   Оставалися да два пастыря,   150
А два пастыря да две де́вицы,
А две девицы да родные сестры;
Святый Егорий свет глаголует:
— Ой вы еси, два пастыря,
Да две сестры ро́дные!   155
Вы подите на Иордань реку,
Вы умойтеся, окреститеся:
И на вас кожа, как еловая кора,
И на вас власы, как камышь трава!
   Умывалися, окрещалися: 160
Камышь трава с них свалилася,

И еловая кора опустилася.
Святый Егорий проезжаючи,
Святую веру утверждаючи,
А еще Егорий наезжаючи   165
И на те врата Херсонские,
И на тех вратах на Херсонскиих
Сидит Черногóн птица,
В когтях держит осетра рыбу:
Святу Егорью не проехати.   170
Святой Егорий свет глаголует:
— Ой ты еси, Черногон птица!
Полети ты на сине море,
И детей води во синé море,
И пей и ешь из синя моря.   175

Святый Егорий проезжаючи,
Святую веру утверждаючи,
И еще Егорий наезжаючи
На того царя бусурманица:
И тот царь бусурманище   180
И яко змей летит.
Он поднял доску железную,
И отшиб ему кровь со печеньями,
И отлил ему кровь горючую.

Поем славу свята́ Егория,   185
Свята Егория свет Хораброго,
Во веки его слава не минуется,
И во веки веков, аминь.

4. ИОАСАФ И ПУСТЫНЯ

При долине, при долине
Стояла мать прекрасная пустыня,
К которой пустыне
Приходил тут младой царевич,

А младой царевич Асафей: 5
— Прекрасная мать пустыня,
Любимая моя мати!
Приими меня во пустыню:
Я рад на тебя, мати, работати,
Земные поклоны исправляти.   10
    Отвеща ему мать пустыня
Ко младому царевичу Асафью:
— Ты младой царевич Асафей!
Не жить тебе во пустыне:
Кому владеть вольным царством,   15
Твоею белой каменной палатой,
Твоею казною золотою?
    Отвеща ей млад Асафей:
— Прекрасная мать пустыня,
Любимая моя мати!   20
Не хощу я на вольное царство зрети,
На свою белу каменну палату,
На свою казну золотую.
Хощу пребыть во пустыне:
Я рад на тебя, мати, работати,   25
Земные поклоны исправляти.
    Отвеща ему мать пустыня
Ко младому царевичу Асафью:
— Ты младой царевич Асафей!
Не жить тебе во пустыне: 30
Как придет весна та мать красная,
И лузи-болоты разольются,
Древа все листами оденутся,
Воспоют птицы все райские, —
А ты из пустыни вон и выйдешь,   35
Меня, мать прекрасную, покинешь.
    Отвеща младой царевич Асафей:
— О прекрасная мать пустыня,
Любимая моя мати!
Как придет весна та мать красная   40
И лузи-болоты разольются,

Древа все листами оденутся,
Воспоют птицы все райские:
А я из пустыни вон не выйду,
Тебя, мать прекрасная, не покину.   45

И все святые праведные
Асафью царевичу вздивовались,
Его ли младому царскому смыслу.
Ему поем слава
И во веки веков, аминь.   50

LIST OF ABBREVIATIONS

acc. accusative

approx. approximately

coll. colloquial

compar. comparative

CS Church Slavonic

d. died

dat. dative

dim. diminutive

f. feminine

ff. following

folk-poet. folk-poetic

gen. genitive

idiom. idiomatic

imp. imperfective

instr. instrumental

lit. literal(ly)

m. masculine

n. neuter

nom. nominative

obs. obsolete

perf. perfective

pl. plural

pop. popular

prep. prepositional

reg. regional

sc. understand

sing. singular

tr. translate(d)

Words are designated *CS, obs., reg., pop., coll.,* and *folk-poet.* in accordance with the divisions normally recognized by Russian lexicographers (церковно-славянское, устарелое, областное, просторечие, азговорное, народно-поэтическое). These divisions are bound to be arbitrary in some cases—it is, for instance, impossible to define exactly the boundary between colloquial and popular usage; and many words which are obsolete in literary Russian are still current in regional or popular speech, so that they might be glossed as *obs., reg.,* or *pop.* For the sake of simplicity one designation only is given in most cases.

The texts of each genre have been numbered in bold type, e.g. **1.** All references to the texts in the Notes and Glossary are by this number, preceded by the key-letter of the genre (*Skazki* = S, *Liricheskie pesni* = LP, *Byliny* = B, *Istoricheskie pesni* = IP, *Dukhovnye stikhi* = DS). Thus, a reference to B **6.** 42–43 is to text **6.** of the *Byliny,* lines 42–43.

SOURCE REFERENCES

Short references to the sources of the texts are given in the Notes. Full details of the editions referred to will be found in the introductions to the separate genres.

NOTES

SKAZKI

1. *КОТ И ЛИСÁ* (Афанасьев, No. 40, Т. I, pp. 59 ff.)

1. 1. Жил-был: a common formula for the commencement of a folk-story: 'Once upon a time there was . . .'.

1. 6. себé: *coll.* 'to his heart's content'.

захóчет есть — пойдёт: co-ordination instead of subordination: 'if he felt hungry, he would go'. The perfectives are frequentative.

1. 7. опя́ть на чердáк: a verb (залéзет or an equivalent) is understood.

1. 8. гóря емý мáло: 'he hadn't a worry in the world'.

1. 9. навстрéчу емý лисá: a verb (идёт or попадáется) is understood.

1. 11. ви́дывала: *coll.* frequentative from ви́деть. In past tense after не it means 'had never seen'.

1. 12. Скажи́сь: *coll.* and *obs.* in this sense 'tell me your name'.

1. 14. шерсть: means not only 'wool', but 'hair', 'fur'.

1. 15. Котофéй: a name formed from кот on the analogy of Тимофéй.

1. 16–17. не знáла... не вéдала: The use of two words with virtually the same meaning is a feature of the folk style.

1. 17. ко мнé: 'to my place'. к is equivalent to the French 'chez' where motion is indicated.

1. 21. возьми́ меня́ зáмуж: *obs.* for 'жени́сь на мне'.

1. 26. кумá: 'gossip', the usual title of the fox in Russian folk-tales.

1. 29. Лизавéта: The fox is called Лизавéта because of the similarity of sound between Ли́за and лисá. Her patronymic is frequently Патрикéевна.

1. 32–33. на негó посмотрéть: Eleven lines lower occurs the expression посмотрéть егó. In modern standard Russian смотрéть with a direct object and смотрéть на have two slightly different meanings, both of which may be expressed by the English 'to look at'. Он посмотрéл на музéй would mean 'he looked (from the outside) at the museum (building)'; он посмотрéл музéй would mean 'he looked at the (exhibits in the) museum'. In the present context it is difficult to distinguish between the meanings of the two expressions.

l. 34. по нём: 'suits him'. По+*prep.* is *pop.* in this sense.

смотри: used in *coll.* speech with a following imperative to mean 'see that you . . .'.

l. 35. на поклон: *coll.* 'as a token of respect' (from an inferior to a superior).

l. 36. брат: a patronising form of address: 'my lad'.

l. 37. туго придётся: *coll.* 'it'll be the worse for you'.

l. 39. Мишка: or, more formally, Михайло Иваныч (or Потапыч), is the usual name of the bear.

l. 51. лезет: the use of the verb лезть to indicate mere motion is *pop.*

l. 52. Левон: the name of the wolf.

l. 53. дожидаю: *pop.* for дожидаюсь.

l. 56. откуда не взялся: variant of откуда ни возьмись, 'suddenly appeared'.

l. 56–57. как крикнет: 'shouted (suddenly)'. Colloquial usage.

l. 57. Поди-ка: -ка added to imperatives softens the peremptory character of the command.

косой: in *pop.* speech the hare is commonly called 'косой'.

l. 62. поклониться бараном: 'to present him with a sheep'. Cf. на поклон, l. 35 above.

l. 64. где бы спрятаться: 'where they could hide'. Deliberative use of infinitive+бы.

l. 67. не взберусь: 'couldn't climb up'. Potential perfective.

l. 68. помоги горю: 'help me out' (idiom.).

l. 70. -таки: here an intensive particle. Tr. 'right to the very top'.

l. 75. будем: here a verb of motion: 'will come'.

l. 80. Мало: 'not enough'.

l. 81–82. Нам четверым не съесть: 'four of us couldn't eat it'.

l. 84, 85. листья: *pl.* of лист (unlike листьё in the preceding paragraph, which is a collective neuter singular).

l. 85–86. услыхал, что лист шевелится: 'heard the leaves rustling'.

l. 86. как кинется: 'sprang'. Cf. как крикнет above, and как шмякнется in the next paragraph.

l. 87. волку: *dat.* of person interested (to be translated into English by the possessive case).

1. 88. дава́й Бог но́ги: *coll.* 'went for his life'.

быʌ тако́в: *coll.* 'that was the last seen of him'.

1. 92. все печёнки отби́ʌ: *pop.* 'damaged all his inside'.

бежа́ть: 'away he ran'. The infinitive is used colloquially, and vividly, as a finite verb.

1. 93. он вам зада́ст: *coll.* 'he'll give it to you'.

2. *МА́РЬЯ МОРЕ́ВНА* (Афана́сьев, No. 159, T. 1, pp. 376 ff.)

2. 1. В не́котором ца́рстве, в не́котором госуда́рстве: a common formula of commencement.

2. 4. нака́зывали: наказа́ть with the dative means 'to bid', 'to tell' (*pop.*).

2. 11. я́сен со́коʌ: 'bright falcon'. The original sense of я́сный in this expression was 'bright-eyed'.

2. 12. до́брым мо́ʌодцем: до́брый мо́ʌодец is a standard folk expression for 'a dashing young man'.

2. 15. с Бо́гом: 'with my blessing'.

2. 19. как не быва́ʌо: 'had gone by'.

2. 36. хоро́ш собо́й: 'handsome'.

2. 48–49. наезжа́ʌ... выходи́ʌа.: compounds of е́хать, ходи́ть are frequently used in the past imperfective where the sense is perfective.

2. 52–53. де́ʌо не к спе́ху: *coll.* 'you are not in a hurry'.

2. 59. на: 'to the care of'.

2. 60. не моги́: *reg.* 'don't'.

2. 63. Коще́й Бессме́ртный: a rapacious ogre, a recurring figure of the *skazki*.

2. 73. как уше́й свои́х: 'any more than you can see your own ears'.

2. 83. встре́ʌа: *pop.* for встре́тила.

2. 123–4. пока́ не вида́ть Коще́я: 'while Koshchei is not to be seen'.

2. 127. каку́ю: *coll.* for каку́ю-нибудь.

2. 132. и то: 'even then'.

2. 139. Коще́я Бессме́ртного до́ма не случи́ʌося: случа́ться in the sense of 'to happen to be (somewhere)' is *coll.*

2. 141. часо́к-друго́й: *coll.* 'an hour or two'.

2. 148. до отвала: *coll.* 'your fill'.

2. 161. поклал: *pop.* for положил.

2. 167. живой водою: живая вода is the 'water of life'.

2. 169. склали: *pop.* for сложили.

2. 179. тридевять: found only in the expression за тридевять земель, meaning 'in an infinitely remote land', 'at the end of the earth'.

2. 180. баба-яга: the witch of Russian folklore. She was supposed to travel through the air in a mixing-bowl, propelling herself with a pestle and destroying her tracks with a broom; cf. ll. 263–4 below.

2. 193. Съем-ка: -ка attached to the first-person forms of verbs indicates a desire or intention: 'I think I'll eat . . .'.

2. 199. попадает ему навстречу: *pop.* for попадается ему навстречу (*coll.*) (cf. ll. 191–2 above).

2. 201. ажно: *pop.* 'to such an extent that even'.

2. 210. не год служить: 'you don't have to work for a year'.

2. 212. торчать твоей голове: 'without fail your head will stand'.

2. 216. глазами вскинуть: 'to look up'.

2. 222. Как же нам было не воротиться?: 'How could we help coming back?'

2. 231. да и: 'until he finally . . .'.

2. 234. пуще прежнего: *pop.* 'more than the former time'.

2. 248. украдь: *pop.* for укради.

2. 253. видимо-невидимо: *coll.* 'myriads'.

2. 253–4. давай... жалить: *coll.* 'they started to sting'.

2. 262–3. видом не видать: *pop.* 'was nowhere to be seen'.

2. 263. во весь дух: *coll.* 'with all speed'.

2. 267. чубурах: *pop.* 'she crashed'. Verbal interjection from чубурахнуть.

2. 272. Так и так: an expression used to indicate that a story known to the reader is related. Tr. 'He told her the whole story and said, "Let's go." '

2. 274. изрублену: The use of the dative of the short form of the adjective and participle is *obs.*

2. 282. Долго ли, коротко ли: a common formula in folk-stories. It means 'after some time, whether long or short I do not know'.

2. 284. в тѐ поры: *reg.* 'just then'.

2. 292. там: 'then' (*coll.* in this sense).

2. 295–6. во всём свѐте поискáть — другóй не найти́: 'if one were to seek throughout the whole world, one would never find another'.

3. *СВИ́НКА ЗОЛОТА́Я ЩЕТИ́НКА, У́ТКА ЗОЛОТЫ́Е ПЁРЫШ-КИ, ЗОЛОТОРО́ГИЙ ОЛЕ́НЬ И ЗОЛОТОГРИ́ВЫЙ КОНЬ*
(Афанáсьев, No. 182, Т. 2, pp. 10 ff.)

3. 9. Поди́: *coll.* for пойди́ 'go'.

3. 11. крáсные сапоги́: traditionally, red is the Russian fool's favourite colour. Cf. l. 20 below.

3. 19. дерýтся: not 'fight (among themselves)', but 'hit (me)' (*pop.* in this sense).

3. 27. Си́вка-бýрка, вѐщая каýрка: 'grey-dark bay, prophetic sorrel'.

3. 33. ни вздýмать, ни взгадáть, ни перóм написáть: 'it would be impossible to think of (such a handsome fellow) or imagine him or describe him with the pen.'

3. 34. клич кли́чет: *pop.* 'makes a public announcement'.

3. 38–39. и то: 'they may not be worth much, but . . .'.

3. 55–56. где тебѐ такóго коня́ достáть!: 'How could you have got such a horse?'

3. 76. Знай на печи́ лежи́: 'you just go on sitting'. Cf. note S **7.** 9.

3. 77. не я, так…: 'if it wasn't me, then . . .'.

3. 100. вот вам и дурáк!: 'there's a fool for you!'

3. 102. мир: here not 'world' but 'community'.

3. 115–6. ни пи́во вари́ть, ни винó кури́ть: 'they don't have to brew beer or distil vodka'. In popular speech винó normally means 'vodka', not 'wine'.

3. 119. Сослужи́те мне слýжбу: *coll.* 'do me a service'.

3. 120. ýточка золоты́е пёрышки: 'a duck with golden feathers'. The appositional construction is a feature of the folk-poetic style.

3. 123. водовóзницу: this word, which originally meant 'a horse used for transporting water' has come by extension to mean 'a sorry nag'. The usual form is водовóзка.

3. 139. В ва́шу по́ру: 'the same age as yourselves'. This *pop.* use of пора́ is related to that of the same word in the expression впо́ру, 'fitting', 'just right'.

3. 141. не прода́жная, а заве́тная: 'must be bought not with gold but with a forfeit'.

3. 150. сви́нка золота́я щети́нка: щети́нка is used here with collective force—'a pig with golden bristles'.

3. 192. пока́... излома́ются: literary style would require the insertion of не.

ра́зве: here has the *coll.* meaning of 'only'.

3. 231. как вко́панный: 'stock-still'.

4. *МУ́ДРАЯ ЖЕНА́* (Афанасьев, No. 216, Т. 2, pp. 161 ff.)

4. 7. что... что...: 'whether . . . or . . .'.

4. 12. смотря́ на них: 'following their example'.

4. 14. Про то я зна́ю: 'That's my business'.

4. 16. плеча́: *obs.* for пле́чи.

4. 20. промышля́ть: 'to forage'.

4. 24. из полови́ны: 'on a half-and-half basis'.

4. 25. Куда́ нам э́того зве́ря?: 'What's the good of this beast to us?'

4. 27. тро́жьте: *pop.* for тро́ньте.

4. 29. э́то де́ло: 'that makes sense', 'that's a good idea'.

4. 33. купе́ц на них: *pop.* 'a purchaser for them'.

4. 49. Куда́ мне с ним?: 'What can I do with it all?'

4. 64. дохну́ть не дал: 'killed him in a moment' (lit. 'didn't allow him to draw a single breath').

4. 66. ста́рче: *obs.* vocative case of ста́рец.

4. 79. кра́сной де́вицей: *folk-poet.* 'a beautiful maiden'.

4. 90. како́й: *pop.* for како́й-нибудь.

4. 92. к за́втрему: *pop.* 'by tomorrow'.

4. 94. а не вы́строишь: 'if you don't build it'.
то: 'then'.

4. 98. а не бу́дет...: 'and if it isn't . . .'.

4. 99–100. у́тро ве́чера мудрене́е: 'best to sleep on it'.

4. 105. кóтики морскúе: In modern Russian морскóй кóтик means the young of the fur-seal. Here some strange type of cat is indicated.

4. 115–6. однó-другóе: 'one or two'.

4. 118. тот свет: 'the other world'.

4. 125. в провожáтые: 'as escort'.

4. 126. дýмных людéй: 'royal counsellors' (members of the боя́рская дýма).

4. 132. на покóйном корóлевском отцé: 'with the King's late father harnessed to the cart'.

4. 137. Есть когдá толковáть!: 'Much time there is for chatting!'

4. 139–40. Живóй рукóй: *pop.* 'quick and lively'.

4. 145. сúла не в том: *coll.* 'that's not the important thing'.

4. 146. не по прáвде: 'unjustly'.

4. 165. Не то: 'the wrong thing'.

4. 179. полотéнце своéй рабóты: 'a towel of her own handwork'.

4. 181–2. как бы корóль чегó злóго не сдéлал: 'I hope the King doesn't do anything wrong'.

4. 193. чтóбы: here relative (= котóрый бы).

4. 210. С дорóги: 'from (the fatigue of) the journey'.

4. 217. На прощáнье: 'as a parting gift' (cf. на поклóн, S 1. 35).

4. 242. Мне из твоéй виньí не шýбу шить: 'Much good your being sorry is to me' (lit. 'I can't make myself a fur-coat from your (admission of) guilt').

4. 244. дéло к расплáте идёт: 'punishment was in the offing'.

5. *РОГÁ* (Афанасьев, No. 193, Т. 2, pp. 56 ff.)

5. 11. ружьёв: *pop.* for ружéй.

5. 21. хоть когó: *coll.* 'anyone at all'.

5. 34. с устáтку: 'to restore my strength' (lit. 'because of my weariness').

5. 49. зóлота с сеннýю кýчу: 'a heap of gold the size of a haycock'.

5. 55. что э́таких: an illiterate equivalent of какúх.

5. 68. полньí твой палáты засы́плет: 'he'll fill your palace up'.

5. 79. Мне свойх дéнег не пропúть бýдет: 'I shan't be able to drink all my money'.

5. 87–88. пожа́ловал его на́бо́льшим мини́стром: 'appointed him prime minister'.

5. 92. повёл: *pop.* 'ran things'.

5. 99. за его́: *pop.* for за него́.

5. 101. в дому́: the modern literary form is в до́ме.

5. 111. не прожи́ть бу́дет: 'it won't be possible to spend it all'.

5. 114. усыпа́ющего зе́лья: 'a sleeping draught'.

5. 153. до́хтуром: *pop.* for до́ктором.

5. 154. В те́ поры: *reg.* 'just then'.

6. *ВОР* (Афана́сьев, No. 383, Т. 3, pp. 163 ff.)

6. 2. пока́… вы́рос: the omission of не is *coll.* Cf. S **3.** 192.

6. 4. Когда́: 'since'.

6. 5. до во́зраста лет: 'till I grew up'.

6. 14. бить чело́м на: *pop.* 'to lay a complaint against'.

6. 18. по мне как зна́ешь: 'as far as I am concerned, do as you wish'.

6. 20. Тем вре́менем: 'just then'. This use of the instrumental is *pop.*

6. 23–24. тут как тут: 'right on the spot'.

6. 26. обува́й: the use of обува́ть for надева́ть is *coll.*

6. 29. де́ло моё: 'it was my doing'.

6. 33. укра́дь: *pop.* for укради́.

6. 35. Слу́шаю-с: 'very good, sir'.

6. 42. что си́л бы́ло: 'with all his might', 'with all speed'.

6. 48–49. так и не пойма́ли: 'but in the end failed to catch him'.

6. 52. с пови́нною голово́ю: 'acknowledging their guilt'. In the more usual form of this idiom голово́ю is omitted.

6. 53. дурачьё безмо́зглое: 'pack of nitwitted fools'. дурачьё: a collective formed from дура́к.

6. 55. бык да быка́…: да is emphatic—'that an ox should actually eat an ox'.

Позва́ть: infinitive used in peremptory command.

6. 56. дева́л: a *coll.* perfective.

6. 72. то́лько и ви́дели: 'that was the last they saw of him'.

6. 73. что: 'how is . . . getting on?'

6. 76. Счáстлив твой Бог: 'lucky for you'.

6. 78. кéрженского: i.e. 'Old Believer'. The Kerzhenets district, to the east of Nizhny Novgorod (Gor′ky), was a well-known centre of the Old Believers.

6. 79. Хóчешь трúста рублéй (sc. положý)?: 'would you agree if I said three hundred roubles?'

6. 81. что сам знáешь: 'as you think fit'.

6. 83. спать не могú: 'don't sleep'.

6. 83–84. на тебя́ похваля́ется: 'is boasting that he can get the better of you'.

6. 87. человéче: archaic vocative of человéк. This *CS* form, like the *gen.* нéбеси (for нéбо) in the same line, is appropriate to conversation on spiritual matters.

6. 89. и влез: 'did get into'.

6. 106. так нет!: 'but oh, no!' Так here has adversative force.

7. *БАТРÁК* (Афанасьев, No. 150, Т. 1, pp. 332 ff.)

7. 2. в батракú наним́аться: 'to get a job as a labourer'.

7. 3. кудá: *pop.* 'ever so'. In this sense кудá is usually followed by как.

7. 3–4. Тóлько однý речь и держáл: 'there was only one thing he used to say'.

7. 4. как: *coll.* 'as soon as'.

7. 7. взял расчёт: 'got paid off'.

7. 9. Кудá тебé: 'what hope have you got?'
      Знал бы сидéл: 'you just go on sitting'.

7. 10. Полýчше тебя́: 'better people than you'.
      ни с чем: 'disappointed'.

7. 11. как хóчешь: 'whatever you may say'.

7. 12–13. Что хорóшего скáжешь?: a formula of greeting.

7. 14. у меня́: 'my rule is'.

7. 15. Знáмое дéло: *pop.* 'of course'.

7. 15–16. наня́лся, что продáлся: 'taking a job is the same as selling yourself'.

7. 19–20. Вот когдá дéшево нáнял, так дéшево: 'if ever I got a man at a cheap rate, it was this man'.

NOTES

195

7. 29. что за при́тча така́я: *coll.* 'what on earth was happening'.

7. 30. го́рло драть: *pop.* 'to bawl'.

7. 36. Да: 'oh...'

7. 49. то-то: то-то has several meanings. Here it expresses ironical agreement: 'oh, yes!'

7. 51. оде́лся: *not* 'got dressed', but, as often, 'put his coat on'.

7. 54–55. куда́ затеса́лась: *coll.* '(look) where you've got to'.

7. 60. всех до одно́й: *coll.* 'every single one'.
так и: here emphasizes the verb and has no equivalent in English. Tr. 'he finished off the lot of them'.

7. 68. из него́ и дух вон: *pop.* 'he died on the spot'.

7. 69. ему́ нипочём: *coll.* 'are nothing to him'.
Ра́зве: 'only—and then only possibly'.

7. 72–73. отдава́ть не отдаю́т: 'as to paying me back—no sign of that'.

7. 79. а то: 'as things are'.

7. 80. Что ты!: 'how can you say such a thing?'

7. 84. After лопа́ту understand взя́лся.

7. 89. Вели́кая ва́жность: *coll.* 'much that matters'.

7. 90. ме́ряй: from ме́рять, а *coll.* form of ме́рить.

7. 94. как раз: 'just the right amount'.

7. 96. пришло́: *pop.* for пришло́сь.

7. 97. Насы́пал батра́к по́лон воз: 'the labourer filled a cartload'.

7. 98. не берёт: *coll.* 'can't get the better of him'.

7. 104. не ворохнётся: 'doesn't stir'. The use of the future perfective emphasizes the intentional character of the negative action.

7. 105. плеча́: *obs.* for пле́чи.

7. 106. подаёт го́лос: 'called out'. подава́ть го́лос is *pop.* in this sense. In literary Russian it means 'to give one's vote'.

7. 112. Все бока́ переломаешь: cf. S **1.** 92 все печёнки отби́л.

7. 125–6. то́лько и жил купе́ц: *pop.* 'that was the end of the merchant'.

8. *ФОМА́ БЕРЕ́ННИКОВ* (Афанасьев, No. 431, Т. 3, pp. 239 ff.)

8. 3. зава́линку: зава́линка usually means the ridge of earth beside the wall of a cottage. Here it refers to a ridge in a field.

8. 6. без счёту: 'uncounted'. Normally this phrase has the meaning 'innumerable'.

сме́ты нет: *pop.* 'innumerable'.

8. 10. ме́лкой си́лы: 'petty warriors'.

8. 13. по́прища: the plural is unusual. The sense is that of the singular, 'career'.

8. 22. Илья́ Му́ромец: the popular hero of the *byliny*; see introduction to notes on *Илья́ Му́ромец* (B **2–4**).

8. 23. по́прыска: *pop.* for по́прыск 'footprint', 'traces'.

8. 27–28. тоё... меля́ны́я: *obs.* forms for той... меляно́й.

8. 31. Алёша Попо́вич: another of the *byliny* heroes; see introduction to notes on *Добрыня и Алеша* (B **6**).

8. 38. мово́: for моего́.

8. 46. воева́л того́ царя́: воева́ть is not transitive in literary Russian.

8. 50. гра́моте... разуме́л: In *pop.* syntax the word гра́мота is usually put in the dative after знать, разуме́ть.

8. 56. Илью́шка: The suffix -ка here, as in Алёшка and Фо́мка below, is derogatory.

8. 65. на племя́: 'for breeding purposes'.

8. 77–78. Не уви́дел бы: 'I hope . . . didn't see'.

8. 78. Зада́ст он нам жа́ру: *coll.* 'he'll give us what for'.

8. 85–86. и себе́ тож: *pop.* 'did the same'.

8. 94. как рванётся: 'dashed forward'. Cf. S **1.** 56–57: как кри́кнет.

8. 95. во всю мочь: *pop.* 'with all its might'.

8. 99–100. всех... до еди́ного: *coll.* 'every single one'.

8. 106. полца́рства моего́ бе́лого: see note IP **1.** 12. Here бе́лое ца́рство is applied as a fixed phrase to the Prussian kingdom as well.

LIRICHESKIE PESNI

1. Ах матушка, тошно мне, голова болит (Соболевский, Т. 5, No. 307; *Народные лирические песни*, p. 157).

2. Туманно красное солнышко, туманно (Соболевский, Т. 5, No. 50; *Народные лирические песни*, p. 135).

3. Уж ты, мать моя, матушка (Шейн, No. 587; *Народные лирические песни*, p. 222).

3. 3. хорошу: here in the sense of 'beautiful'.

3. 9. запеваются: 'go wrong in their singing'.

3. 10. зачитаются: 'go wrong in their reading'.

4. Во тереме свечка не ярко горит (Шейн, No. 1975; *Народные лирические песни*, p. 257).

4. 8. с крутогор = с крутых гор.

4. 11. зыбится: *reg.* for зыблется.

4. 12. ломлются: *reg.* for ломятся.

4. 16. Уси: *reg.* for все.

5. У всех-то мужья молодые (Китайник, No. 52; *Народные лирические песни*, p. 319).

5. 9. уходом: *obs.* 'secretly'.

5. 17–18. Скок-поскок... Стук да бряк: verbal roots used for vividness in place of скакнула, стукнула, брякнула.

5. 20. Расседая: the *pop.* prefix рас- (раз-) here and in l. 26 has intensive force: 'very', 'ever so'.

6. Нападала роса на темны леса (Соболевский, Т. 3, No. 426; *Народные лирические песни*, p. 324).

6. 7. те: *pop.* for тебе.

6. 8. что: here in the *pop.* sense of 'like'.

6. 11. Распостылая: 'hateful'. The prefix рас- here has intensive force.

7. Ой ты роща ты моя, роща, рощица березовая (Соболевский, Т. 3, No. 484; *Народные лирические песни*, p. 326).

7. 6. заплутамши: 'having lost her way'. The gerund in -мши is *reg.*

7. 14. возмой: imperative of взмыть 'to soar'.

8. Беседа моя, беседушка, беседа смирна (А. С. Пушкин, *Записи народных песен*, in *Полное собрание сочинений*, Т. 3, М. 1957, p. 442).

8. 8. вчерашней ночи: *gen.* of 'time when', a construction which survives in literary Russian in indications of the date, сегодня, третьего дня.

8. 29. век вековать: *folk-poet.* for вековать (*coll.*) 'to spend a whole lifetime'.

9. Как доселева у нас, братцы, через темный лес (Соболевский, Т. 1, No. 358).

9. 27. что: here in the *pop.* sense of '(it is) just like'.

10. Не шуми, мати зеленая дубровушка (Соболевский, Т. 6, No. 424; *Народные лирические песни*, p. 425).
This famous song was twice utilized, in part or in whole, by Pushkin—in *Dubrovsky* and in *The Captain's Daughter*.

11. Ты взойди-ка, красно солнышко (Соболевский, Т. 6, No. 404; *Народные лирические песни*, p. 426).

12. По горам-горам (*Народные лирические песни*, p. 444).

13. Полно, белые снежочки (*Народные лирические песни*, p. 453).

13. 5. горе мыкати: *pop.* 'to lead a hard life'.

13. 14. Сложимся по денежке: 'we'll club together a *denezhka* ($\frac{1}{2}$ copeck) apiece'.

14. Как бежал-то, бежал молодой невольник (*Народные лирические песни*, p. 460).

15. Как у ключика было у текучего (*Народные лирические песни*, p. 461).

15. 3. спочив имел: *reg.* 'rested'.

16. Не травушка, не ковылушка (Кравченко, No. 112; *Народные лирические песни*, p. 462).

16. 8. цевкой: lit. 'like a bobbin'. The sense is obviously 'fast and free'.

17. Уж ты поле мое, поле чистое (Балакирев, No. 25; *Народные лирические песни*, p. 464).

18. Из-за леса, леса темного (Шейн, No. 853; *Народные лирические песни*, p. 103).

18. 13. каточки: *dim.* of катки 'rollers'. Here probably in the sense of 'wheels'.

18. 20. вновь: for нов 'new'.

BYLINY

1. *ВОЛХ ВСЕСЛАВЬЕВИЧ* (Кирша Данилов, 6).

Volkh Vseslav′evich is the subject of two *byliny*. One describes his birth and childhood and then tells of his conquest of the Indian kingdom, the other relates his encounter with the peasant hero Mikula Selyaninovich (see note B 2. 48). Volkh is a typical hero of the earlier epic tradition in which supernatural powers play an important part. He is born of the union between a princess and a serpent and after a precocious childhood becomes a mighty hunter and warrior, his chief weapon being his ability to take on at will the form of other creatures.

Volkh's name is an unusual one and appears to be a contraction of волхв ('sorcerer'). On account of his wisdom and cunning he has been identified by some with Oleg Veshchy ('second-sighted'), who was prince of Kiev 878–912 (?), and the variant of his name, Вольга, by which he is known in some versions of the *byliny*, could be a form of the name Oleg. A more convincing theory, however, links him with Vseslav Bryacheslavich, the weird prince of Polotsk (d. 1101) who was reputed to possess magic powers (cf. his portrayal in *Слово о полку Игореве*). Here too support for the theory can be found in the name, in this case the patronymic Всеславьевич.

1. 8. просветя here = просветил.

1. 22. А и будет Волх в полтора часа: 'and when Volkh is an hour and a half old'.

1. 36. грамота Волху в наук пошла: 'Volkh mastered the art of reading and writing'.

1. 46. гнедым туром золотые рога: 'a bay aurochs with golden horns'. The statement of an attribute by means of a juxtaposed phrase in the nominative is a common feature of the folk style. Cf. in *Садко* B **8.** 48 рыба золоты перья.

1. 47. А и будет Волх во двенадцать лет: 'and when Volkh is twelve years old'.

1. 53. слава: here in the sense of 'rumour', 'report'.

1. 67. звери сохатые: 'elks' (lit. 'antlcred beasts').

1. 90–91. Про царя Салтыка Ставрульевича, Про его буйну голову

Батыевичу. The names of the foreign enemies in the *byliny* are some-times clearly taken from historical figures. Tatar names are fairly common—here Батыевич derives from Батый (Batu), first khan of the Golden Horde, and Салтык and Ставрульевич (perhaps from Товлур) also have Tatar associations.

l. 108. окошечко косящатое: косящатое 'framed' is the fixed epithet for 'window' in the *byliny*. The framed window was a mark of quality, being superior to the normal волоковое окно of the peasant *izba*, which was just a small opening cut in the timbers and closed by a slid-ing shutter.

l. 109–10. The sound of the Tsar and Tsaritsa talking is likened to the sound of the wind blowing over the snow-crusted earth.

l. 111. Азвяковна: the name suggests a connexion with the Tatar khan Uzbek (usually called Азбяк in Russian sources). See note ll. 90–91 above.

l. 145–6. Мудрены вырезы... мурашу пройти: 'it is carved with intricate carvings through which only an ant could pass'.

l. 150. Потерять будет головки напрасные: 'we shall lose our heads to no avail'.

l. 154. The verb обернул is understood.

l. 164. Не оставьте... на семена: 'leave nobody for breeding pur-poses'—i.e. 'spare nobody'.

l. 176. Крюки, пробои по булату злачены: 'the hooks and staples of gilded steel'.

l. 194. люди посадские: посадские люди were merchants and artisans who lived in special suburbs (посады) adjoining the medieval Russian town. Here perhaps translate 'prosperous citizens'.

ИЛЬЯ МУРОМЕЦ (2–4).

Il'ya Muromets is the best known of all the *byliny* heroes. The *byliny* about him are very numerous and constitute a whole Il'ya Muromets cycle. The most important themes are: (i) *Исцеление Ильи Муромца* (**2**), (ii) *Илья и Соловей* (**3**), (iii) *Илья и Калин-царь* (**4**), (iv) *Илья и Идолище*, (v) *Илья и Сокольник*, (vi) *Илья в ссоре с Влади-миром*, (vii) *Илья и голи-кабацкие*, (viii) *Три поездки Ильи Муромца*.

Il'ya is the greatest of the *bogatyri* in strength and courage. His most characteristic role is that of defender of the Russian land and he is most often seen overcoming some enemy of giant strength or size,

such as Solovei or Idolishche, or even a whole host of invaders. He is
acknowledged by the other *bogatyri* as their senior and is often described as 'old'—a detail which is in keeping with his essential character as the wise, seasoned, resourceful champion. He is in all respects
the ideal simple hero—brave, strong, wise, honest, just, infallible, and
possessing a simple frankness and dignity that is sometimes made to
contrast with the speciousness of Prince Vladimir and the boyars of
his court. He is unmarried and the only *bylina* in which any involve-
ment of Il'ya with the opposite sex is mentioned is *Илья и Сокольник*,
which repeats the well-known subject of the father unwittingly fighting
his own son.

The oldest of the *byliny* about Il'ya probably date from the Kievan
period, but attempts to relate him to a historical prototype have met
with small success. No likely Il'ya is mentioned in the Russian
chronicles, and the first written reference to Il'ya Muromets by name
occurs in 1574, when he is mentioned in a letter written by a certain
Filon Kmita Chernobyl'sky of Orsha in West Russia. His name
appears again in an account written at the end of the sixteenth century by the German traveller Erich Lassota, who mentions the tomb
of Il'ya (Eliae Morowlin) in the Kiev Monastery of the Caves.
Earlier references to an Il'ya who might be identified with the Il'ya
of the *byliny* are found in non-Russian sources. The thirteenth-century
German epic *Ortnit* speaks of 'Ilias von Riuzen' as an uncle of the
Russian prince Ortnit, and the Norwegian *Thidrikssaga* of the same
period mentions an 'Ilias jarl af Greka'. Some authorities have
attempted to identify Il'ya with the historical Prince Oleg of Kiev or
with Dobrynya, the uncle of Prince Vladimir, but there is no reliable
evidence for connecting Il'ya with any particular historical figure.
He is perhaps best regarded as a composite figure embodying the
heroic ideal of strength, bravery, and service.

In most *byliny* about him Il'ya is said to have come to Kiev from the
village of Karacharovo near Murom (where there is a village of this
name). There are, though, variants of the name Muromets (Muro-
vets, Muravlin, and others) which have given rise to the suggestion
that Il'ya may have come not from Murom but from Moroviisk, a
town near Chernigov. Il'ya's provenance from Murom still remains,
however, generally accepted.

The question of Il'ya's social origin is to some extent an ideological
one. He is often referred to as 'старый казак' and as 'крестьянский
сын'. The description of Il'ya as a cossack must be of relatively recent
date (from about the seventeenth century), but there is an important

division of opinion over the term 'peasant's son'. The traditional view was that Il'ya's peasant descent was not an original feature of his character but was added at some later period by the peasant *skaziteli*. This view is contested by Soviet scholars (not all, however) who claim that the original conception of Il'ya was precisely that of the heroic peasant *bogatyr'*, supremely strong and resourceful and dedicated to the national cause.

2. *ИСЦЕЛЕНИЕ ИЛЬИ МУРОМЦА* (Рыбников, 51).

The *bylina* of the healing of Il'ya is of late origin, dating probably from the seventeenth century. It is usually sung as a preface to Il'ya's first feats of strength, and it was evidently created to serve as a general introduction to the cycle of *byliny* about Il'ya, giving some account of his origin and of his life before he first arrives in Kiev. It is worth noting that the presentation of Il'ya as a *peasant* hero is particularly developed in this *bylina*.

Исцеление Ильи Муромца is a relatively rare *bylina* and its form is often that of the prose *pobyval'shchina*. In such metrical versions as exist, the rhythm is usually poorly sustained (cf. the section following l. 75 in the present text where the rhythm is lost). This lack of good metrical versions and the fact that the theme of the incapacitated peasant becoming a hero is well-known in the *skazki* has led to the conclusion that the *bylina* originated as a *skazka* and was then adapted to the *bylina* form, without, however, becoming firmly established in the genre.

The present text, with its division into metrical lines, is taken from the first edition of Rybnikov. In the second edition it was printed entirely 'in prose'.

2. 1–2. во Муромле, во... Карачарове: see introductory note on Il'ya Muromets above.

2. 3. Сиднем сидел: 'sat unable to move'. Сидень—a person unable to move due to illness. Il'ya was a cripple.

крестьянский сын: see introductory note above.

2. 8. калики перехожие: 'wandering pilgrims'.

2. 27–28. Они крест кладут по-писа́ному, Поклон ведут по-ученому: 'they cross themselves in the way prescribed and bow in educated fashion'. This ritual carried out by a person entering a room (crossing himself before the icon and bowing to those present) is a recurring motif in the *byliny*; cf. also *Илья и Соловей*, B **3.** 148–52.

2. 40. смерть тобе на бою не писана: 'you are not fated to die in battle'. Few *byliny* provide any details of Il'ya's end. In some he is simply said to have disappeared without trace, in others he turns into stone or suffers the fate of Svyatogor (cf. note on l. 44 below). The prophecy is thus borne out.

2. 44. С Святогором-богáтырем: Svyatogor is the greatest of the so-called старшие богатыри and is characterized by his immense strength. He could overturn the earth if there were some point by which he could lift it and the earth bears his weight with difficulty (see l. 45). He is the subject of two *byliny*. In the first he finds a small bag and dies in his efforts to lift it from the ground, for the bag contains the weight of the whole earth. In the second he encounters Il'ya Muromets (whom he carries with his horse in his pocket!) and together they find a stone coffin. Il'ya lies in it first and then Svyatogor, but Svyatogor is unable to get out and dies. As he dies Il'ya licks his sweat (in some versions the foam from his lips) and becomes possessed of Svyatogor's great strength.

2. 46. с Самсоном-богáтырем: another of the старшие богатыри, obviously inspired by the Old Testament Samson. He is sometimes confused with Svyatogor—in one of the two *byliny* about him he attempts to lift the bag containing the earth's weight; the other relates, with some variations, the Old Testament story of Samson and Delilah.

2. 47. семь власов ангельских: the 'seven locks', source of Samson's strength, which were cut off by Delilah. Cf. Judges xvi. 13, 19.

2. 48. с родом Микуловым: 'with Mikula's race'. Mikula Selyaninovich is another of the старшие богатыри. He represents the peasant ideal of strength and toil (cf. селянин—'villager', 'peasant'). Unlike the warrior *bogatyri* he uses his strength in the peaceful task of tilling the soil. He is best known from the *bylina Вольга и Микула*. Vol'ga and his *druzhina* meet Mikula ploughing. Mikula agrees to go with them, but before leaving he asks Vol'ga's *druzhina* to put his plough behind some bushes. Despite their combined efforts they are unable to move it, but Mikula lifts it with one hand and tosses it away. On their journey his horse outstrips those of Vol'ga and his *druzhina*, but he refuses to sell it at any price.

2. 50. Вольгу Сеславьича: i.e. Волх Всеславьевич. See the introductory note to *Волх Всеславьевич* (**B 1**).

2. 75. Here the *skazitel'* temporarily loses the rhythm of his narrative and lapses into prose.

3. *ИЛЬЯ И СОЛОВЕЙ* (Гильфердинг, 74)

This is one of the best known *byliny* about Il'ya Muromets. It gives an account of his first two achievements as a *bogatyr'*. As he travels from Murom to go to Kiev for the first time he delivers Chernigov from a besieging army and then opens up the road from Chernigov to Kiev by overcoming the robber Solovei. It is on the latter deed that the *bylina* concentrates. The figure of Solovei is interesting since unlike Il'ya's usual opponents (who for the most part symbolize foreign invaders) he is a native villain, and it is possible that the *bylina* originated in a legend commemorating some notorious robber. Solovei is a fantastic creature, part man, part monster. His bird-like character is suggested by his name and by other details, such as his piercing cry and his living in a tree. In some versions he is said to fly.

The present version, recorded by Gil'ferding from the celebrated *skazitel'* Trofim Ryabinin, is an excellent example of the singer's art, particularly in the skilful use of varied repetition.

3. 1–2. из Муромля... с Карачирова: See introductory note on Il'ya Muromets. The events described in this *bylina* take place when Il'ya first goes to Kiev to serve Vladimir, cf. ll. 153–6, where Vladimir receives Il'ya as a stranger.

3. 4. стоял заутрену: 'attended mattins'.

3. 4–5. The distance from Murom to Kiev which Il'ya proposes to cover between mattins and mass is a mere 600 miles.

3. 6. Чернигову: In the pre-Tatar period Chernigov was the second most important city in southern Russia. It is situated on the River Desna, about 75 miles north of Kiev.

3. 19–21. Il'ya's being invited by the men of Chernigov (мужички черниговски) to become their *воевода* (military governor) is not without historical parallel. The popular assembly (*veche*) of the town sometimes took into its own hands the selection of its prince and officers. There is the well-known instance of the popular election of Prince Vseslav of Polotsk as prince of Kiev in 1068.

3. 35–38. у Грязи-то у Черноей... у березы у покляпыя... у речки у Смородины... у того креста у Левонидова: These are all conventional locations in the *byliny*, remote in the 'no-man's land' of the steppe. They are commonly the place of *bogatyri* meeting. Левонидов крест: perhaps a cross of the type used in medieval Russia to indicate direction. Левонидов is thought to be derived from Ливан 'Lebanon' and to indicate that the cross was made of cedar of Lebanon.

3. 39–40. Сóловей разбойник… Одихмантьев сын: The name Соловей was not an uncommon personal name in old Russia (cf. the modern name Соловьев), though here its literal meaning helps to support the bird-like character of Solovei. The patronymic Одихмантьев(ич), which has several variants in other versions of the *bylina*, may have its origin in some Tatar name.

3. 48. А что есть людей, то все мертвы лежат: 'and any people who are nearby all fall dead'.

3. 68–74. This 'unchivalrous' treatment by the hero of his horse is a common humorous motif in the *byliny*. There is generally a bond of good-humoured comradeship between horse and master, and the horse often plays a significant role in the story by giving help or advice to the hero: cf. *Добрыня и Алеша*, B **6.** 113–24, *Дюк*, B **10.** 221–35.

3. 73. хошь… мошь: contractions of хочешь, можешь.

3. 77. Не видал: here 'have you not felt?'

3. 96. мужичище деревенщину: 'a block-headed peasant'.

3. 148–52. See note B **2.** 27–28.

3. 170. моя дорожка призамешкалась: 'my journey was delayed' or 'I got held up on the way'.

3. 213. Solovei will only obey Il'ya who has defeated him. He signifies his dependence on Il'ya by receiving food and drink from him, but not from Vladimir.

3. 218. старыя казак: Vladimir calls Il'ya 'peasant' when he scornfully disbelieves him (ll. 178–80), but now, with greater respect, he calls him 'cossack'. It is noticeable that Il'ya is here shown in better light than Vladimir and is far from subservient to the prince. Il'ya's superiority over the passive Vladimir and his lack of respect for him are a regular feature of their relationship and appear most clearly in the *bylina Ссора Ильи с Владимиром*, in which Il'ya takes offence on being slighted by Vladimir and comes into open conflict with him.

3. 223–4. Il'ya takes the precaution of ordering Solovei to whistle and cry at only half-strength.

3. 248. Разводил медами он стоялыма: 'mixed it with old mead'.

NOTES

4. *ИЛЬЯ И КАЛИН-ЦАРЬ* (Кирша Данилов, 25)

Илья и Калин-царь is one of a group of *byliny* on the subject of the Tatar invasion of Russia. The 'basic' version of this *bylina* describes how the Tatars arrive before Kiev and demand its surrender. At first it seems that the city must be captured since all the *bogatyri* are absent, but Il'ya Muromets makes a timely appearance and goes to Khan Kalin to ask for time in which the Kievans might prepare for death. Il'ya then summons the *bogatyri* from their camp and puts the Tatars to flight. A significant variation of this subject is found, however, in the *bylina* known as *Камское побоище* or *Как перевелись витязи на святой Руси*. This *bylina* treats the same situation as *Илья и Калин-царь*, but ends differently, with the Russians being defeated and all the *bogatyri* perishing. This theme of defeat and the fall of all the greatest Russian champions has given rise to the widely held view that the *bylina* was inspired by the disastrous defeat suffered by the Russians at the Battle of the Kalka during the first incursion of the Tatars into Russia in 1224. The supporters of this view claim that the more common version of the *bylina* (which ends in victory for the Russians) was a later modification of the original theme.

The present variant from Kirsha Danilov's collection has some important differences from the 'basic' version of *Илья и Калин-царь* described above. It does not contain all the episodes of the story (in particular, it omits Il'ya's summoning of the *bogatyri*) and it includes material taken from another *bylina* of the 'Tatar cycle', that of *Василий Игнатьев*. *Василий Игнатьев* has a basic similarity to *Илья и Калин-царь*: the Tatars under Batyga (Batu) attack Kiev, but the *bogatyri* are all away and there is no one to defend the city but Vasili Ignat'ev 'the Drunkard'. Vasili is summoned from the tavern and kills three of the Tatar chiefs with arrows shot from the city walls. When the Tatars demand the surrender of the culprit, he gives himself up and offers to lead the Tatars against the city. The Khan gives him command of the Tatar armies and Vasili leads them away and slaughters them single-handed.

The present text, therefore, provides an example of the way in which themes are sometimes confused and merged by the singers. It is notable too for its poetic quality, particularly in the opening passage describing the Tatar host.

4. 1. из орды, Золотой земли: 'from the Horde, the Golden Land', i.e. from the Golden Horde of the Tatars.

4. 2. Могозеи: Могозея is a corruption of Мангазея, a town in western

Siberia, which was an important and wealthy trading centre during
the seventeenth century. The singer appears to associate it with the
beginning of Tatar territory in the east.

4. 3. Калин-царь: The origin of the name Kalin has been variously
explained. It has been most widely accepted as being derived from
the name of the battle on the Kalka fought against the Tatars in 1224
(Калкское or Калкинское побоище), but the arguments in favour of
this are by no means conclusive. Vasmer (*Russisches etymologisches
Wörterbuch*, Bd. I) suggests the derivation from the Tatar word *kalyn*
'fat', which may have been used at some time as a nickname for a
Tatar khan.

4. 8. Непра: i.e. Днепра.

4. 24. голова... с пивной котел: 'a head the size of a beer-copper'.

4. 26. косая сажень: a proverbial expression to describe the breadth
of a man's shoulders, equivalent to the English phrase 'as broad as
a barn door'. The term is explained in Dal'´s *Толковый словарь* as being
the distance 'from the big toe of a man's outstretched foot to the tip
of the index finger on his hand raised above his head on the opposite
side'.

4. 40. гридню: The гридня or гридница in the prince's palace was
the hall of the *druzhina* (гридь: '*druzhina*') and the chief reception
room.

4. 43. людей ничем зовет: 'he doesn't call people by their names',
i.e. he treats them scornfully.

4. 55. По грехам над князем учинилося: 'it befell the prince for his
sins'.

4. 65. Сартаком: The name is taken from a historical original. Sartak, the son of Batu-Khan, was ruler of the Golden Horde 1256–7.

4. 70. Василей Пьяница: the hero of the *bylina Василий Игнатьев*
(see introductory note above). He is the most important of a number
of roisterous plebeian heroes who appear in minor roles in the *byliny*,
and is presented as an inveterate drunkard. At the moment of crisis
he is usually found lying drunk on the stove in the tavern.

4. 74. Наводил он трубками немецкими: tr. 'he directed his telescope'.
For трубка in the sense of 'telescope' see also *Дюк*, B **10. 96.** The
word немецкий, used here in the general sense of 'foreign' rather than
in the specific sense of 'German', gives the suggestion of the telescope
as being a new-fangled gadget from abroad.

4. 79–81. The killing of Sartak by an arrow shot from the walls of Kiev recalls an episode which took place during the Tatar attack on Moscow in 1381, when a certain 'суконник Адам' shot an arrow from the wall of the city and killed one of the Tatar princes.

4. 101. Он молится Спасу со Пречистою: 'he prays to the Saviour and the Pure (Virgin)'.

4. 128–30. Vladimir disguises himself and goes with Il′ya to Kalin, presumably to watch the outcome of the negotiations. The singer subsequently appears to forget about Vladimir's presence in the Tatar camp, since he makes no mention of him in the following episode.

4. 154. слушай… повеленое: 'listen to what I have been ordered to say'.

4. 158–69. In the 'basic' version of this *bylina* Il′ya is captured when he falls from his horse on his way to attack the Tatars. Here the singer provides his own motivation—Il′ya is enraged by Kalin's accepting the gifts without agreeing to the truce, and insults the Khan who has him seized.

4. 183. Скочил в полдрева стоячего: 'he leapt half as high as a standing tree'.

4. 186–7. After в три тысячи sc. пудов: 'to his heavy mace of cast bronze, 3000 poods in weight'.

4. 198. Угодила та глава по силе вдоль: 'the head went slap through the length of the (Tatar) army'.

4. 205–11. Cf. the similar end of Tsar Saltyk in *Волх Всеславьевич*, B 1. 181–7.

4. 221. на кружале петровскием: 'at Tsar Peter's tavern'. From the sixteenth century there was a state monopoly in the sale of alcohol and taverns operated only under royal licence. In the *byliny* taverns are commonly called by the old terms царев кабак, кружало государево (and, here, петровское).

4. 227. То старина, то и деянье: tr. 'these are the happenings and deeds of ancient times'.

ДОБРЫНЯ НИКИТИЧ (5–6).

Both in popularity among *skaziteli* and importance among the *bogatyri* Dobrynya Nikitich is second only to Il′ya Muromets. He is the subject of a number of *byliny*, the most important of which are

210 BYLINY

(i) *Добрыня и змей* (**5**), (ii) *Добрыня и Маринка*, (iii) *Добрыня и Василий Казимирович*, (iv) *Добрыня и Алеша* (**6**), and (v) *Добрыня-сват*—an alternative name for the *bylina* *Дунай* (**7**).

Dobrynya is the most developed and individualized character among the *bogatyri*. As well as possessing the usual attributes of strength and bravery, he is noted especially for his wisdom, courtesy (вежество), and diplomatic skill. He is also a skilled musician (see *Добрыня и Алеша*) and in general possesses more of the refinement associated with the western conception of chivalry than the other *bogatyri*.

Because of his character and certain of his deeds many scholars believe him to have a historical prototype in Dobrynya, the maternal uncle of Prince Vladimir I. They draw attention to the fact that Dobrynya is sometimes referred to in the *byliny* as Vladimir's племян-ник ('kinsman') and point out that both the *bylina* of Dobrynya slaying the dragon (*Добрыня и змей*) and that of his marriage embassy on Vladimir's behalf (*Добрыня-сват*) could relate to events in the life of the historical Dobrynya—the first to Dobrynya's supposed conversion of Novgorod (see introductory note to *Добрыня и змей* below), and the second to Dobrynya's mission to Prince Rogvolod of Polotsk in 980 to request the hand of his daughter Rogneda for Vladimir. Though these particular historical associations are open to dispute, there is no denying that of all the *byliny* heroes Dobrynya Nikitich is the one who comes closest to a known historical figure.

5. *ДОБРЫНЯ И ЗМЕЙ* (Гильфердинг, 157)

This *bylina*, which treats the ancient theme of dragon-slaying, is recognized as being one of the earliest of the Kievan *byliny*. It consists of two main episodes in which Dobrynya fights the dragon Gorynchishche. The first encounter ends with an agreement on 'spheres of influence', then, when Gorynchishche breaks this agreement by abducting Vladimir's kinswoman Zabava, Dobrynya fights him a second time and kills him.

The most popular interpretation of Dobrynya's defeat of the dragon sees it as an allegorical account of the forceful conversion of Novgorod to Christianity in the tenth century, with the dragon representing the old paganism. One of the main arguments brought forward in support of this interpretation is the fact that the task of establishing Christianity in Novgorod was allegedly carried out by Dobrynya, the uncle of Prince Vladimir, who, as was mentioned above, is widely held to be the prototype of the Dobrynya of the *byliny*. The theme of Christianization is also suggested by the weapon which Dobrynya uses against the dragon in their first encounter, the колпак or шапка земли греческой, which is generally accepted as a token of Christian enlightenment. Some recent commentators, however, reject the 'Novgorod' hypothesis. Likhachev (in *Русское народное поэтическое творчество*, Т. 1, М.-Л., 1953) sees the dragon as just another example of the 'national enemy' symbol; Propp (in *Русский героический эпос*, Л., 1955) regards the conflict as originally symbolizing man's struggle to master the forces of nature; while Rybakov (in *Древняя Русь*, М., 1963) recognizes the theme as that of Christianization, but of Russia as a whole, not specifically Novgorod.

The final episode in the present text (ll. 190–245) is one which often appears in versions of *Добрыня и змей* as an afterpiece to the main theme, telling how Dobrynya met and married his wife, the *polenitsa* Nastas'ya.

5. 5. Не куплись… во Пучай-реке: The Puchai is an 'epic' river that figures in this *bylina* and in the *bylina* of Dyuk Stepanovich (see *Дюк*, В **10**. 198, Почай-река). Some commentators have identified it with the River Pochaina near Kiev, in which the Kievans first received baptism, and suggest that this sacred association of the river would explain why Dobrynya is warned against bathing in it.

5. 17. и седла: i.e. из седла.

5. 26. тые горы сорочинские: 'the Saracen mountains', a conventional location in the *byliny*. They appear to be situated in the no-man's land outside the borders of Kievan territory and are commonly used as a vantage point by the *bogatyri* (see *Дюк*, В **10**. 96). Here the mountains are the home of the dragon and his offspring.

5. 40. крутка: the word is not attested in Dal''s *Толковый словарь*. From the context it appears to mean 'twisting' (cf. крутиться 'to twist'), which would imply that the river flowed sluggishly.

5. 45–46. змеичище Горынчище О двенадцати змея о хоботах: 'the great dragon Gorynchishche, the dragon with twelve heads'. Хобот 'proboscis' is evidently used here of the dragon's elongated necks, each of which would terminate in a head.

5. 56–58. The weapon with which Dobrynya strikes off the dragon's heads is a tall cap of the type worn by monks and pilgrims 'filled with Greek earth'. In many versions of this *bylina* the cap is referred to simply as шапка земли греческой, a designation which merely recognizes this particular type of head-dress as of Greek provenance. It seems that in Dobrynya's struggle with the dragon the monastic cap originally represented the power of Christian enlightenment over the forces of evil. Some singers, however, for whom this symbolism proved perhaps understandably obscure, attempted to add verisimilitude to the episode by making the genitive земли греческой partitive rather than possessive, thus giving Dobrynya a kind of cosh—a cap filled with Greek soil. In the present version this interpretation is made explicit by the statement 'насыпан колпак да земли греческой'.

5. 76. Молоду Забаву дочь Путятичну: The patronymic of Vladimir's 'niece' or 'kinswoman' is a detail which has been claimed as a further connexion of *Добрыня и змей* with the conversion of Novgorod, since Prince Vladimir's *tysyatsky* who is supposed to have taken part with Dobrynya in the expedition against Novgorod was named Putyata.

5. 80. Алешенька Левонтьевич: see introductory note to *Добрыня и Алеша* (B **6**).

5. 96. Микитинич: *pop.* for Никит(ин)ич.

5. 98–99. место тебе... пообнесли?: 'was the place you were given unbefitting to your rank? or did they miss you out when passing round the cup?'

5. 114–15. Утро будет мудрое, Мудренее оно вечера: cf. the proverbial expression утро вечера мудренее 'morning is wiser than evening', which implies the value of sleeping on a matter.

5. 127. с седла: i.e. из седла.

5. 147. бурушка-кавурушка: the affectionate designation of Dobrynya's horse—бурушка from бурка 'a dark bay horse' and кавурушка from ка(в)уурка 'sorrel'.

5. 187. мелкой силы и сметы нет: 'and there's no reckoning the number of lesser warriors'.

5. 203. Толщину: 'in thickness' (cf. толщиною in l. 215).

5. 234–5. Конь у богатыря супротив меня, etc.: 'the *bogatyr*'s horse is a match for me, the *bogatyr*'s strength is a match for you'.

5. 244. Принимать... по злату венцу: 'to receive each a golden crown'—that is, 'to get married'. The reference is to the golden crowns which are held over the heads of the bride and bridegroom during the Orthodox marriage service.

6. *ДОБРЫНЯ И АЛЕША* (Рыбников, 26)

Добрыня и Алеша is non-heroic in theme and belongs to the type of
былины-новеллы. It presents a domestic situation: in Dobrynya's
absence from home Alesha Popovich spreads the report that he is
dead, he then courts Dobrynya's wife and arranges to marry her, but
is prevented by Dobrynya's timely return. Alesha Popovich who
plays this dubious role is one of the most popular of the *byliny* heroes.
He plays a minor part in a number of *byliny*, but is best known from
Алеша Попович и Тугарин, *Алеша Попович и сестра Петровичей*, and the
present *bylina*, in all of which he is the central character. In *Алеша и
Тугарин* he appears in the heroic role of defender of Russia against
the monster Tugarin, but as a rule he is presented as a less serious
character than Il'ya Muromets or Dobrynya. He is young and bold,
but in his boldness there is a touch of irresponsibility. In some *byliny*
(as the present one) he is cast in the semi-comic role of philanderer
or 'бабий насмешник'. His origin as the son of a Rostov priest
(Попович) has also made him the butt of popular anti-clericalism.

The light-hearted theme of the present *bylina* probably made it
popular among the professional *skomorokhi* and evidence of its having
been in the *skomorokh* repertoire is provided by the *skomorokh* interest
of the piece—Dobrynya disguising himself as a strolling minstrel to
attend the marriage celebrations of Alesha and Nastas'ya.

6. 17–18. Я бы рада тебя, дитятко, спородити… в Илью Муромца:
'I should have gladly borne you, my child, with the fortune of Il'ya
Muromets'. Il'ya's enviable fate is that he will never be killed in
battle; see the pilgrims' prophecy in *Исцеление Ильи Муромца*, В 2. 40:
смерть тобе на бою не писана.

6. 19. в Святогора-богатыря: see note В 2. 44.

6. 21. в Осипа Прекрасного: 'Joseph the Fair' (Осип: *pop.* for
Иосиф)—the Old Testament Joseph, whose story was the subject of
a *dukhovny stikh*.

6. 22–23. Я походкою бы тебя щепливою Во того Чурилу во Пленковича: 'I (should have gladly borne you) with the foppish gait of
Churilo Plenkovich'. Churilo Plenkovich is a well-known character
in the *byliny*. He is the 'dandy' of Kiev, an unheroic figure, though
admired by women for his handsome looks and the extravagant ele-
gance of his dress. He is the subject of two *byliny*, both of the type of
былины-новеллы. In the first, *Чурило и Владимир*, Vladimir receives

complaints of his wanton behaviour and summons him to serve at his court, but Churilo causes such havoc among the ladies that he is asked to leave. The second, *Смерть Чурилы*, tells of his death at the hands of an outraged husband who finds him making love to his wife. He plays a typical role in *Дюк*.

6. 24. вежеством в Добрынюшку Никитича: The singer seems to overlook the fact that Dobrynya's mother is here wishing that her son were like *himself* in courtesy. In the singer's mind the quality of вежество is naturally linked with the name of Dobrynya, and he uses the name without noticing the resulting incongruity.

6. 25. Сколько: столько (*reg.* 'only') found in Gil'ferding's version recorded from the same singer makes better sense than сколько here.

6. 70. нет жива Добрыни Никитича: 'Dobrynya Nikitich is no more'.

6. 77 ff. In this *bylina*, as in some others, Vladimir's actions are not particularly honourable or dignified. He is later reproached and ridiculed by Dobrynya for his present action of arranging the marriage of a woman who is already married; see ll. 294–8.

6. 109–11. The Russian peasant wedding ceremony consisted of two main stages—the обручение (in regional speech also поручение) or 'betrothal' at which the couple exchanged rings, and the венчание which was the solemnization of the marriage in church. The betrothal ceremony took place usually two or three days before the венчание. Presumably here Nastas'ya has gone through the обручение (l. 108 замуж пошла), the feasting, which filled the interval between the two ceremonies, is coming to an end, and she is about to go through the венчание (ll. 110–11) by which her marriage to Alesha would be completed.

6. 111. Принимать... по злату венцу: see note B **5.** 244.

6. 112. Царя-града: Царьград is the old Russian name for Constantinople.

6. 137. К тому придворью ко вдовиному: 'to the widow's (i.e. his mother's) house'. придворье: the outbuildings and area immediately surrounding the двор.

6. 144–5. See note B **2.** 27–28.

6. 147. Мамельфа Тимофеевна: Mamel'fa or Amel'fa Timofeevna is a recurring 'maternal' name in the *byliny*.

6. 158. сиротский двор: сирота means more than the English 'orphan' and in popular speech may be applied to anyone who loses a relative, irrespective of age. So here сиротский двор refers to the house of the widowed and now, apparently, childless Mamel'fa Timofeevna.

6. 176. в тые шесть лет: 'at the end of those six years'.

6. 188. платье скоморошское: '*skomorokh* dress'. The *skomorokhi* were itinerent entertainers, whose acts varied from music to the exhibition of dancing bears. They were regarded by the authorities as an immoral influence and were frequently persecuted before their final suppression in the seventeenth century. The *skomorokhi* also sang *byliny*, and a number of *byliny* contain episodes involving *skomorokh* characters.

6. 206. княгиней... Апраксией: Apraksiya is Vladimir's wife. The background to their marriage is described in *Дунай*.

6. 226. С сердцем: 'angrily'.

6. 236–8. In the version of this *bylina* recorded from the same singer by Gil'ferding the order of mentioning Kiev and Tsar'grad is reversed and the meaning of these lines is made clearer: Dobrynya, though playing in Kiev, chooses a melody (выигрыш) from Constantinople, and plays in honour of each of the guests in turn (от старого всех до малого).

6. 241–3. Что не быть это удалой скоморошины... Быть удалому доброму молодцу: The meaning seems to be 'this cannot be a bold *skomorokh*, it is some Russian and a bold and worthy fellow'.

6. 253. захошь: contraction of захочешь.

6. 258. Супротив княжны порученыя: 'opposite the bride'. In the ritual of the peasant wedding the participants were cast in traditional roles: the bridegroom was the князь, the bride the княжна, the chief guest тысяцкий, etc. So here the description of Nastas'ya as княжна means no more than 'bride'.

6. 261. Бласлови: contraction of благослови, here with the sense of 'permit'.

6. 308. в первых шесть лет: 'at the end of the first six years'.

6. 325. Что хлопанье и что оханье, не слышно ведь: 'you could not tell the noise of the beating from the noise of the groaning'.

6. 329. сыпал: frequentative of спать.

6. 333. сделал он доброе здоровьице: 'he gave her good greeting'.

7. *ДУНАЙ* (Гильфердинг, 94)

Dunai stands somewhat apart from the other Kiev *bogatyri* such as Il'ya Muromets and Dobrynya Nikitich. The *byliny* about him are not concerned with the usual heroic themes of warfare, but with the personal story of Dunai and his relationship with Nastas'ya, the daughter of the Polish king. In this relationship there are three main stages. The first is described in the *bylina Дунай и Настасья-королевична* which tells of Dunai's years of service at the court of the Polish king and of his love for Nastas'ya. This *bylina* ends with the discovery of their relationship by the King and Dunai's departure for Kiev. The second and third episodes in the story are described in the present *bylina*: Dunai, now in Kiev, is sent by Vladimir to Poland to arrange a marriage between Vladimir and the King's younger daughter. Dunai accomplishes this mission, then on the way home he encounters and defeats a *polenitsa*, who turns out to be his old sweetheart Nastas'ya. In the final episode Dunai and Nastas'ya are married; they quarrel about who is the better archer and Nastas'ya is killed by Dunai in the ensuing contest. In his grief Dunai kills himself.

Dunai is a complex and tragic figure. He possesses all the usual *bogatyr'* qualities, but he also has faults—pride and vindictiveness—which bring about the final catastrophe. The episode at the end, in which the blood of Dunai and Nastas'ya becomes the source of two rivers, is a motif common in toponymic legends and to be found in other *byliny* too.

There is one further *bylina* in which Dunai plays a leading part—*Бой Дуная с Добрыней*, but it is rather rare.

7. 9. Почестен пир идет на веселе: 'their honourable banquet was in full swing'.

7. 17. княгиню супротивную: 'a princess suited to be my wife'.

7. 21. Походка… часта: 'dainty gait', i.e. taking short, quick steps.

7. 33. Из-по имени: 'by name'.

7. 34. з-за столика: i.e. из-за столика.

7. 41. в хоробро́й Литвы: Lithuania was Russia's most powerful western neighbour in the middle ages and commonly figures in the *byliny* as a pagan, hostile land. The name Литва is generally qualified by the fixed epithet хоробрая 'brave'.

7. 44. на выдаваньи: *pop.* 'marriageable', cf. the expression выдавать замуж 'to give in marriage'.

7. 65. казны десять тысячей: sc. рублей.

7. 75. Добрыню Никитича: See introductory note to *Добрыня Никитич*, pp. 209–10. Dobrynya's diplomatic skill naturally fits him for the role of ambassador, although in the event the conduct of the negotiations is far from 'diplomatic' (see ll. 138–57).

7. 82–83. Видли добрых молодцев сядучись, Не видли… едучись: 'they saw the good stout fellows mount, but saw not the going of them' —such was the speed with which they rode. видли: contraction of видели.

7. 100. Since the Lithuanians are not Orthodox Christians, the usual ritual of crossing oneself before the icon on entering a room (see note B **2.** 27–28) is superfluous.

7. 104–9. The King recalls Dunai's service with him. Dunai's previous service with the King also explains how he knew of the King's marriageable daughters (ll. 38–52).

7. 117. не утай собою: tr. 'hide nothing'.

7. 128. большую дочь чем засадил?: tr. 'why do you spurn my elder daughter?' засадить is used here to mean 'leave unmarried', cf. the phrase used of girls who are slow to find a husband засидеться в девках ('to be left on the shelf').

7. 129. татаровья: Often in the *byliny* no clear distinction is made between Lithuanians and Tatars and the word 'Tatar' is applied to both national enemies.

7. 149. Над собой невзгодушки не ведаешь: 'you do not know what woe has befallen you'.

7. 150. детина не знай собой: 'an unknown young stalwart'.

7. 152. дубин сарацинская: 'Saracen mace'. The quality of the *bogatyr*'s weapons is sometimes implied by their foreign make, cf. also копье мурзамецкое 'Tatar lance'.

7. 157. Cf. *Волх Всеславьевич*, B **1.** 164 and note.

7. 185–6. Камешки с дорожки вывертывал, За два выстрела… выметывал: 'turned up stones from the road and sent them flying (the distance of) two bow-shots'.

7. 198–204. A strident voice is a common sign of awe-inspiring strength in the *byliny*. Compare the similar passage in *Илья и Соловей*, B **3.** 41–48, 253–8.

7. 206. The singer does not elaborate on the course of the fight. It may be taken that after unseating his opponent Dunai is now sitting on his chest, ready to administer the death-blow.

7. 220–3. Dunai's previous acquaintance with Nastas'ya was more than a casual one. In the *bylina Дунай и Настасья-королевична* (see introductory note above) they are lovers.

7. 230. примем мы чудны кресты, золоты венцы: i.e. 'let us get married'; see note B **5.** 244. Чудны кресты here perhaps refers to the crosses on the crowns used in the marriage service.

7. 239. друга подарил: женою is understood.

7. 245–8. Нет такого молодца на щепленьице... А на выстрел нет Настасьи королевичны: 'there is no brave fellow to compare with Dobrynya Nikitich in foppishness, with Alesha Popovich in boldness, or with the Princess Nastas'ya in shooting'.

7. 246. The singer has probably made a mistake here, substituting Dobrynya's name for that of Churilo Plenkovich, who is best known for щепленьице; see note B **6.** 22–23.

7. 247. Алеши Поповича: see introductory note to *Добрыня и Алеша* (B **6**).

7. 249–53. Nastas'ya's aim is so perfect that she can strike a knife-edge with an arrow so as to split the arrow into two parts which are equal when measured by eye (на взгляд ровнаки) or by weighing (весом ровны).

7. 274–5. Лучше ты мне-ка-ва пригрози три грозы, А не стреляй стрелочку калену: 'threaten me rather with three fates, but do not shoot your tempered arrow'.

7. 293. Свои хоть семена на свет спустить: 'at least to bring my offspring into the world'.

7. 295–9. This description of the prodigious child which was to have been born to Nastas'ya seems to be inspired by the portrayal of the infant Christ on icons. The metal icon-frame (usually of precious metal and sometimes ornamented with precious stones) covers the painting except for the head, hands, and feet of the child, the other details of the body being shown on the frame itself. So here the limbs are of precious metal, while a radiance surrounds the head—the halo of the icon depiction.

7. 299. в теми печё красно солнышко: 'the bright sun shines round the crown of his head'. теми: *reg.* for темени (*prep.* of темя); печё: contraction of печёт.

8. *САДКО* (Рыбников, 134)

The two outstanding characters of the *byliny* of the Novgorod cycle are Sadko and Vasili Buslaevich. As hero-types they stand apart from the *bogatyr'* heroes of the Kievan *byliny*, for the social and political ethos of medieval Novgorod was very different from that of Kiev. The chief interest and occupation of Novgorod was not national defence but commerce, and so the epic military themes of the Kievan cycle find no place in the Novgorod *byliny*. While the Kievan *byliny* concentrate mainly on the ideal military qualities of bravery and strength, the Novgorod *byliny* pay tribute to the vigorous spirit of mercantile enterprise and the proud individualism of the city-state.

Sadko is the subject of only one *bylina*, which consists of three episodes: (i) the Sea King helps Sadko, the poor minstrel, to become a rich merchant (ll. 1–92 in the present text), (ii) Sadko boasts that he is richer than Novgorod and is proved wrong (ll. 93–167), and (iii) Sadko makes a trading voyage, is cast overboard to appease the Sea King and is rescued by St. Nicholas (ll. 168–387). Sadko's dual role as minstrel and merchant suggests that his character may derive from two different sources. On the one hand, the rich merchant of Novgorod who builds a church in the city has suggested a possible connexion with the Sadko who in the twelfth century founded the church of SS. Boris and Gleb in Novgorod (cf. *Novgorod I Chronicle*, 1167: заложи Съдко Сытиниць церковь камяну святую мученику Бориса и Глеба). On the other hand, the themes of the minstrel who has power to charm the elements by his music and of the hero being thrown into the sea and then miraculously restored belong to the world of pure fantasy and have parallels in the folklore of many countries.

The *bylina* has provided the subject for Rimsky-Korsakov's opera *Sadko*.

8. 2. гость: 'merchant'. Гость was commonly used in this sense in Old Russian, indicating the merchant as a 'visitor', one who comes from other parts to trade.

8. 10. Ильмень-озеру: Novgorod stands near the northern end of Lake Il'men'.

8. 38. буде: contraction of будет.

8. 46. товара красного: 'cloth', 'textiles'.

8. 48. рыба золоты перья: 'a fish with golden fins'; see note **B 1.** 46.

8. 96. тыих настоятелей новгородскиих: настоятель means 'abbot', but it may be used here in the archaic sense of 'leader', 'chief man'.

8. 103–4. Который... Который: 'one . . . another . . .'.

8. 118. не носится: here 'does not wear out'.

8. 119. не изменяется: here 'is not unfaithful'.

8. 136. гостиный ряд: the market street or 'row' where the merchants had their booths.

8. 165. Sadko's admission that Novgorod is richer than he is a tribute to the commercial greatness of Господин великий Новгород. Its markets are inexhaustible since they are continually replenished from other Russian cities and from abroad.

8. 173–8. The geography of the *byliny* has few pretensions to accuracy. Here, though Sadko's route from Novgorod to the Baltic Sea—along the River Volkhov into Lake Ladoga and then by way of the River Neva into the Gulf of Finland—is accurately detailed, he is made to return via the Tatar Golden Horde which was centred on the lower Volga.

8. 181. бочки-сороковки: barrels with a capacity of 40 *vedra* (about 105 gallons). Before the introduction of the metric system the barrel of 40 *vedra* was a standard measure.

8. 184. сходилась погода сильная: 'a furious storm arose'.

8. 225. гоголем... плывут: 'float like a duck'.

8. 226. ключом на дно: tr. 'sank like a stone to the bottom'.

8. 238. In the version of *Садко* sung by the present singer (A. P. Sorokin) to Gil′ferding Sadko makes a third attempt to avoid the lot falling on him, this time the lots being of oak and lime-wood.

8. 244. лист бумаги гербовый: The гербовый лист was a type of stamped paper used for contracts, testaments, etc. It was introduced by Peter the Great in 1699 and its purpose was similar to that of the later English Stamp Act.

8. 260. In some versions Sadko is put off on a chess-board.

8. 267. Со тоя со страсти со великия: 'from this great terror'.

8. 282. весь пришел ко мне во подарочках: 'you have come in your whole person to me as a gift'.

8. 296. Миколы Можайскому: Saint Nicholas (Микола is *pop.* for Николай), one of the most popular saints in Russia. He was revered as the protector of merchants and seafarers. He is called here можайский because of the famous icon depicting him in the cathedral at Mozhaisk.

8. 301. старик седатыий: St. Nicholas himself appears to Sadko.

8. 325. Красавица девица Чернавушка: The maiden Chernava appears in several *byliny*. She is usually a servant-girl and her role is normally to be of timely aid to the hero.

8. 331. о девицу-красавицу: 'by the side of the beautiful maiden'.

8. 364. О реку Чернаву: 'by the side of the River Chernava'. The maiden is miraculously transformed into the river of the same name and Sadko finds himself again in Novgorod.

9. *ВАСИЛИЙ БУСЛАЕВИЧ* (Рыбников, 169)

Vasili Buslaevich is the subject of two well-known *byliny* of the Novgorod cycle. In the first he fights with the men of Novgorod, and in the second he makes a pilgrimage to Jerusalem and meets his death as he journeys home.

If in *Садко* we see something of the mercantile spirit of Novgorod, we find represented in Vasili Buslaevich equally important features of the Novgorod character—on the one hand, an often reckless spirit of independence and adventure, and on the other, an addiction to the turbulence of social strife. The latter provides the theme of the present *bylina*. Vasili, the son of a rich citizen, falls foul of the Novgorod 'establishment' on account of his undisciplined behaviour. He allies himself with some of the rougher social elements and engages the rest of the citizens in battle. Whatever particular interpretation may be placed on this conflict of social forces, the *bylina* undoubtedly presents a situation typical of medieval Novgorod, where violent conflicts between different social groups were common. In the second *bylina* about him Vasili travels to Jerusalem and on his return journey comes to a stone which bears an inscription foretelling the death of anyone attempting to jump its length. Vasili, whose death has already been foretold by a skull on the roadway, declares that he is not superstitious and does not believe in omens ('не верую я, Васенька, ни в сон, ни в чох, а и верую в свой червленый вяз'). He attempts the leap but falls short and is killed on the stone. Characteristically, his death comes as a result of his bold and independent spirit.

The sixteenth-century *Nikon Chronicle* contains the following entry under the year 1171 : того же лета преставися в Новегороде посадник

Васка Буславич'. The Novgorod chronicles make no mention of this event and it may have appeared in the *Nikon Chronicle* as a result of the influence of the *byliny*.

9. 1. Буславьюшка: Vasili's father. In many versions he is stated to be a leading citizen of Novgorod, in some a boyar and in others the *tysvatsky* or chief military officer of the city. The name Буслав is a form of Богуслав.

9. 12. мужики новгородские: 'the men of Novgorod'.

9. 14–15. Тебе с эстою удачей молодецкою Наквасити река будет Волхова: 'with this youthful boldness you'll make the Volkhov sour'. Execution by drowning in the River Volkhov was common practice in Novgorod, and here the Novgorodians warn Vasili that if he continues to misbehave then he too will end in this way. удача is used here with the meaning of удаль rather than in its usual sense of 'fortune', cf. *Садко*, В **8.** 102, сила-удача молодецкая.

9. 15. река... Волхова: The River Volkhov flows through Novgorod, dividing the city into two halves or 'стороны'. The торговая сторона was the merchant quarter, while the софийская сторона, centred round the cathedral of St. Sophia, was the administrative and ecclesiastical quarter.

9. 51. Из тоя из церквы из соборныя: presumably the Cathedral of St. Sophia.

9. 55–56. И собиралися мужики... Уваламы... переваламы: увал means 'hollow' or 'rut', перевал a ridge between two such hollows. Уваламы... переваламы therefore suggests a picture of undulating heaps (cf. ll. 73–74), though here 'in masses' seems the most suitable translation.

9. 75. Набило мужиков как погодою: 'it was like a storm-wind knocking the men over'.

9. 77. Мало тот идет, мало новóй идет: 'soon one comes, then another comes'.

9. 79–106. Vasili's *druzhina* is evidently drawn from the rougher elements of Novgorod's population. Kostya Novotorzhanin and the cripples Potanyushka Khromen'ky and Khomushka Gorbaten'ky (who are very likely beggars) belong to a group of plebeian characters who figure occasionally in the *byliny*. The best known of these is Vasili P'yanitsa, the boon companion of Il'ya Muromets, who plays a part in *Илья и Калин-царь*; see note В **4.** 70.

9. 79. Костя Новоторжанин: Kostya comes from Novy Torg (modern Torzhok), a town on the River Tvertsa between Novgorod and Tver′ (modern Kalinin).

9 106. Хомушка: *reg.* form of Фомушка (*dim.* of Фома).

9. 115. три дружины: here 'three comrades'.

9. 135–6. Он левой ногой во гридню столовую, А правой ногой за дубовый стол: 'with his left foot he steps into the banquet hall and with the right he steps behind the oaken table'.

9. 137. большой угол: the corner of the room where the icons hang, opposite the door.

9. 138. пестно́-углу: the corner of the room by the stove (also печно́-угол).

9. 142. верно́-углу: the corner of the room near the door (дверно́-угол).

9. 144. Vasili has driven the guests from corner to corner towards the door, until at last they find themselves in the *seni* or entrance hall.

9. 153–63. The singer makes Kostya Novotorzhanin the initiator of the challenge, although obviously it should come from Vasili himself.

9. 161–3. Vasili evidently feels some special duty towards these monasteries which are omitted from the challenge. Monasteries dedicated to the Transfiguration and to the Virgin existed in Novgorod, but these are common dedications, and it is probably mere coincidence that these particular monasteries are mentioned here. The Смоленский монастырь (l. 163) would be so called because of its dedication to the Smolensk icon of the Virgin.

9. 168. Волхов мост: The two стороны of Novgorod (see note, l. 15) were linked by bridges spanning the River Volkhov, of which the most important was the Великий мост. This bridge was the traditional scene of brawls between the rival factions of the city and is presumably the one meant here.

9. 204. понесла в даровья: 'took as a gift'.

9. 221. Кричат они во всю голову: 'they shout at the top of their voices'.

9. 223. Рушай-ка заветы великие!: 'break your great vows!'—a mocking invitation to Vasili to make his attempt to cross the bridge and, of course, fail.

9. 231. служанка, Васильева портомойница: The serving-girl who helps Vasili and plays a vital part in the outcome of the struggle is in many versions given the familiar name of Чернава (Чернавушка). See note B **8.** 325.

9. 244. по колен бродит: i.e. in blood up to their knees.

9. 263. крестовый брат: 'sworn brother'. The term крестовый is used because it was the custom to exchange crosses when brotherhood was sworn.

9. 267. Молодой курень, не попархивай: tr. 'young cock, don't fly too high!'

9. 276. Головамы... играемся: 'we are playing with our heads as stakes'.

9. 284–6. Нет на друга на старого... по плечу ружье принес: tr. 'my old friend, my sworn brother is no more; when my brother came he brought a weapon to suit my elbow'.

9. 289. старичище-пилигримище: The 'venerable pilgrim', who appears here as Vasili's godfather, figures also in some other *byliny*. Although in the present instance he appears as a somewhat ridiculous figure, in other *byliny* he plays a positive role, giving timely help to the hero.

9. 291. язык: 'clapper'.

9. 304. рассыпался колокол на ножевые черенья: tr. 'the bell was shattered to fragments'. ножевые черенья means literally 'knife-handles'. The phrase was perhaps originally used of wood shattering into pieces only large enough to provide handles for knives.

9. 307. Он скочил... против очей его: 'he leapt up to his godfather, before his very eyes'.

9. 312–18. The intervention of the Virgin to stop the destruction of the city is perhaps suggested by the practice of carrying an icon in procession to pacify warring elements in civil strife.

9. 318. Хоть бы оставил народу на семена: see note B **1.** 164.

9. 319–20. Avdot'ya's intervention may be a reflection of the fact that women often exercised considerable authority in Novgorod. The difference in the character of the hero in the Kiev and Novgorod *byliny* is certainly well demonstrated in this episode where Vasili is called to order by his mother.

10. *ДЮК* (Былины Печоры и Зимнего берега, 84)

Дюк belongs to the type of былины-новеллы. It tells of the arrival in Kiev from Galich of the boyar Dyuk Stepanovich. On arriving, Dyuk scornfully compares the poverty of Vladimir's court with the wealth of his native Galich. Envoys sent to Galich by Vladimir confirm the truth of Dyuk's claims and the *bylina* ends with a contest in finery between Dyuk and the resident щап ('dandy') at Vladimir's court, Churilo Plenkovich. (In most versions the order of events is different: the contest precedes the dispatch of the envoys.)

The *bylina* has close connexions with a literary source—the *Сказание об Индийском царстве*, the Russian version of Prester John's epistle to the Byzantine emperor, in which he describes the splendours and riches of the kingdom of India. Apart from the general similarity of theme, there are some specific motifs which are common to both *bylina* and *skazanie*—for example, the episode in which the envoys sent to confirm Dyuk's story of Galich's wealth claim that whole cities would have to be sold to buy enough paper and ink to list all his possessions. The association of Dyuk's wealth with Galich, the seat of the princes of Galicia, suggests that the *bylina* may have originated at a time when Galich was an important and prosperous city, perhaps in the twelfth or thirteenth century, when the principality was at the height of its power. It has been pointed out, however, that some details in the description of Dyuk's clothes and palace belong to a later period and suggest a picture of the kind of splendour in which a wealthy boyar of the seventeenth century might have lived. On account of this (and the fact that Dyuk is referred to as боярин) the theory has been advanced (by Propp in his book *Русский героический эпос*) that the *bylina* originated as a popular satire on boyar extravagance in the seventeenth century. It is, though, hard to see Dyuk as a satirical figure.

Among derivations that have been suggested for Dyuk's unusual name are Doukas, the name of the distinguished Byzantine family, Latin *dux* and Ukrainian дук ('rich man').

The present text is a product of recent efforts to collect *byliny*. It was recorded in 1956 from the *skazitel'* T. S. Kuz'min.

10. 1-4. These lines bear some resemblance to the opening of Lermontov's ballad written in the *bylina*-style *Песня про купца Ивана Калашникова*. Since the *skazitel'* from whom this text was recorded was literate, one might suspect here the direct influence of a literary source.

10. 6. Карелы: Karela, or Korela, is a town on the western side of Lake Ladoga in northern Russia. Dyuk's provenance from Karela is clearly a local detail which has been added by the northern *bylina*-singers.

10. 9. Мамельфой... Александровной: Mamel′fa and the patronymic Aleksandrovna are common 'maternal' names in the *byliny*; see note B **6.** 147.

верно: here and *passim* throughout this text is used as a 'filler' word with no particular meaning.

10. 20. горы толкучие: 'the crushing mountains'. These mountains are a recurring obstacle to the traveller in Russian folklore (cf. *Егорий Храбрый*, DS **3.** 129–35). It appears that they spring apart at the approach of the traveller, then close together to crush him. Cf. in another variant of *Дюк* (Рыбников, 29):

> Тыи ж как горы растолкнутся,
> Врозь растолкнутся, вместе столкнутся,
> Тут тебе Дюку не проехати,
> Тут тебе молодому живу не бывати.

10. 21. птицы клевучие: 'pecking birds'.

10. 23. Бурушко-косматушко: the affectionate appellation of Dyuk's shaggy (косматый) bay horse (бурка). Dyuk's horse plays a particularly important part in the story—its speed enables him to pass the obstacles on the way to Kiev; later, in the contest with Churilo, it proves superior to each of Churilo's horses, then goes by itself to fetch Dyuk more clothes from Galich.

10. 38. к праву клиросу: the клиросы are the two raised platforms where the choir stands in a Russian church. They are situated in front of the iconostasis—one on the right and one on the left.

10. 46. Мостовые... деревянные: in some versions Dyuk contrasts the wooden paving of the streets in Kiev with the brick paving in Galich.

10. 51. Чурила Пленкович: see note B **6.** 22–23.

10. 53–55. The singer describes the effect of Churilo's appearance on the women of Kiev: the fences creak under the weight of the girls who climb on them to watch him pass, the windows clatter as they are thrown open by the young married women (молодушки), while the old crones gnaw at their crutches.

10. 69–81. Dyuk's complaints about the *kalachi* (a kind of bun made with white flour) and vodka require some explanation. He says that the *kalachi* are inedible because of the crude way they have been baked —in a clay oven, as opposed to the ovens of glazed tiles (муравлены) used in Galich, and because they smell of pine, the oven having been swept out with a brush (помялышка) of pine twigs, whereas in Galich the oven-brush is made of silk and dipped in honey-water. The vodka is unpalatable because it has not been properly kept: in Galich the vodka is kept in barrels suspended on silver chains (i.e. not left standing on the floor) and it is stored in cellars which, most versions add, are ventilated by air-shafts to prevent the vodka from going stale. The references to water (ll. 77 and 81) are not altogether clear. They may be explained by the fact that in some versions Dyuk further complains that the *kalachi* were mixed with stale water; alternatively, вода and водичка may be used here irregularly in the sense of 'vodka'.

10. 86. туда: i.e. to Galich.

10. 96. на гору Сорочинскую: see note B **5.** 26.

10. 97. трубу… серебряну: 'silver telescope'.

10. 168–70. Еще пусть-ка на чернила… описывать: 'Let him sell the city of Chernigov to buy ink, and the famous city of Kiev to buy paper and then send me them to make my inventory'.

10. 184 ff. Churilo challenges Dyuk to a contest in which each must appear for twelve successive days in different clothes and on different horses (сменные… переменные). Although Dyuk has only the horse and clothes brought with him for the journey (завозные), he succeeds in fulfilling Churilo's conditions with the aid of his horse which changes its coat every day (ll. 192–5) and fetches him clothes from Galich.

10. 194. свово: for своего.

10. 198. Почай-реку: see note B **5.** 5.

10. 242 ff. The contest reaches its climax in this episode of the buttons. From other versions we learn that the buttons on Churilo's coat are of cast metal and have on them the figure of a young man, while the button-holes are embroidered with the figure of a girl, thus, when a button is done up, the girl appears to embrace the young man. Dyuk's buttons are apparently hollow and emit fearful noises of wild beasts and serpents when they are struck.

10. 246. он refers, of course, to Dyuk.

ISTORICHESKIE PESNI

1. *ВЗЯТИЕ КАЗАНИ* (Миллер, 1)

The capture of Kazan′ and the destruction of the Tatar khanate of Kazan′ was probably the greatest achievement of Ivan IV's external policy. The fall of Kazan′ freed the Middle Volga and opened the way for Russian expansion eastwards. The city was besieged by Ivan with a large force for six weeks, until it was taken by storm on 11 October 1552. The garrison fought heroically, and the scornful defiance of the defenders is mentioned in the present text. The *istoricheskaya pesnya* concentrates on a single episode in the siege—the mining of part of the wall which preceded the final assault. This operation was performed by German engineers serving with Ivan (the fact that they were foreign is ignored by the *pesnya*). The episode evidently made a strong impression on the popular imagination, since mining was a technique of siege warfare previously unknown in Russia. Ivan appears in typical role—bold and active, yet ever suspicious of treachery and quick to anger. Characteristically, his success is won by the skill and devotion of the humble artillerymen.

1. 6. Казанку... реку: the River Kazanka flows into the Volga near Kazan′.

1. 7. Сулай... реку: there is no river of this name near Kazan′ (most versions mention the local River Bulak). The name Sulai may have been suggested by the name of the River Sura, a tributary of the Volga above Kazan′, which lay on the route of Ivan's expedition.

1. 12. белыим царем: the appellation белый царь originated among the Tatars. In the Tatar system of designating points of the compass by colours 'white' was the colour for the west, so for the Tatars the Tsar of Russia was the 'White Tsar', i.e. tsar of the western lands. The *istoricheskie pesni* constantly refer to the tsar by this name.

1. 23. The explosion prevents the gunner from completing his explanation for the delay, which Ivan suspects is due to treachery. The true cause of the delay, as is made clear in other versions, is that the fuses which are to explode the mine burn more slowly underground than they do in the open air.

2. *ИВАН И СЫНОВЬЯ* (Миллер, 110)

The historical connexions of this *pesnya* are obscure, for the 'events' it describes—Ivan's ordering the execution of his son Fedor and Fedor's rescue from the executioner by Nikita Romanov—have no recognizable parallel in history. The *pesnya* is commonly thought to relate to Ivan's murder of his eldest son in 1581, but, apart from the father–son conflict, the events of the *pesnya* have little in common with this historical fact, for the 'murder' does not take place and the 'victim' is not Ivan (the eldest son), but his brother Fedor. However obscure the factual background may be, though, the *pesnya* provides a striking picture of the complex character of Ivan. In the first section emphasis is placed on his ruthless severity and obsessive fear of treason, but later, when he relents of his order for his son's execution, we see the impulsiveness of his character and his swiftly changing moods. His sons Ivan and Fedor are also presented with some regard to their historical character: Ivan was in fact a supporter of his father's violent policies, while the pious and rather weak-minded Fedor is characteristically condemned in the *pesnya* for his leniency.

2. 2–3. These references to Pskov and Novgorod (and Ivan's boast in ll. 5–6 that he has liquidated the treacherous elements in these cities) relate to the punitive expedition he undertook against the northern cities at the beginning of 1570, after reports that Archbishop Pimen and some of the boyars were planning to surrender Novgorod and Pskov to Lithuania. Pimen and the other leaders were imprisoned and Novgorod laid waste. Ivan did not fulfil his intention of punishing Pskov in the same way.

2. 2. Ообское: corruption of Псковское, i.e. Pskov.

2. 9. Иванушка Иванович: Ivan IV's eldest son, murdered by his father in 1581. He took part in the Novgorod campaign of 1570.

2. 10. Пустым ты, батюшка, расхвастался: 'you have made a vain boast, father'.

2. 17. на очь: contraction of на очи.

2. 25. Федора царевича: second son of Ivan IV. Tsar 1584–98.

2. 26–35. Ivan is referring to the sacking of Novgorod; see note ll. 2–3 above.

2. 28. кура не пила (пела?): so complete was the destruction that not even a hen was left.

2. 29. Малюта Скурлатович: Malyuta Skuratov-Bel'sky (d. 1572), one of Ivan's chief supporters in the *oprichnina* and notorious for his cruelty. His daughter, Mar'ya, was the wife of Boris Godunov.

2. 32. Задергивал решетки железные: in some versions Fedor is said to have sent messengers ahead of his detachment to warn the citizens to shut themselves in their houses.

2. 45. царица благоверная: Ivan IV's first wife, Anastas'ya Romanova. She died in 1560 (i.e. before the events or supposed events related here took place) and was revered in popular memory as a solicitous wife and mother and, in particular, as a good influence on Ivan. She is regularly referred to in the *istoricheskie pesni* as царица благоверная. Her death is recorded in another *istoricheskaya pesnya* which often serves as an introduction to the song *Женитьба Грозного*. In it the dying Tsaritsa exhorts her husband to reign mercifully and not to marry the 'pagan' Mar'ya Temryukovna (Ivan's second wife).

2. 49. Никите Романовичу: brother of Ivan's first wife, Anastas'ya Romanova, and one of the most influential boyars of the time. After Ivan's death he acted as regent during the first months of Fedor's reign. His grandson was Tsar Mikhail Fedorovich (reigned 1613–1645), the first of the Romanov dynasty. The Romanovs were popular and regarded as a sound influence at Ivan's court. Nikita's role here is in keeping with his reputation as a wise counsellor and moderating influence on Ivan.

2. 79–80. Не за кус… тем и подавишься: 'you have taken a morsel which is not for you. You eat it and you'll choke'.

2. 89–92. Nikita gives his groom (who is the exact likeness of Fedor) to be executed in place of the Tsarevich.

2. 93–94. Ivan, grieving over the 'death' of his son, calls his subjects to join in the mourning.

2. 93. казненный: presumably for казенный.

2. 100–3. Nikita mocks Ivan by feigning ignorance of Fedor's supposed execution, then, after Ivan's rebuff, asks (l. 111) whether the guilty son would be pardoned if he were alive.

2. 126. вотчину Микитину: Nikita is represented as a friend and protector of the unfortunate wrongdoer, and asks Ivan for a вотчина ('patrimony', 'hereditary estate') which can be an asylum for such people.

3. *ЕРМАК* (Миллер, 191)

The Cossack Ermak is a popular subject of the *istoricheskie pesni*. Most of the *pesni* about him are concerned with his conquest of Siberia, though he sometimes figures 'unhistorically' in *pesni* on the capture of Kazan'. Little is known of Ermak's early life. He was a Cossack, probably from the Don, and there is no doubt that he engaged in piracy (mentioned in the present *pesnya*) on the lower Volga and along the shores of the Caspian Sea. In 1577 Ivan IV sent an expedition to put an end to piracy in this area and to apprehend the Cossack atamans responsible. Some of the Cossacks moved north from the Volga to escape this expedition, and a number of them were engaged by the Stroganovs, the merchant family who began the commercial exploitation of Siberia, to conduct a campaign into Siberia against Khan Kuchum. This small force was led by Ermak. He defeated Kuchum and took his capital Isker (Sibir'). Ermak was honoured by the Tsar for his achievements. In 1584 he died in Siberia. With a small force he was put to flight by Kuchum and, in making his escape, was drowned in the River Irtysh.

A feature of this *pesnya* is that the story is told as it will take place in the future (Ermak's two speeches, ll. 24–36, 45–74), and though the conquest of Siberia is the central event, no account is given of the campaign in detail.

3. 3. Камышина: Kamyshin is a town on the Volga midway between Saratov and Volgograd.

3. 4. люди вольные: used here as a synonym for 'Cossacks'.

3. 5. круг: the Cossack general assembly, so called because those present gathered in a circle.

3. 6. гребенские (казаки): Cossacks who were settled in the Grebni area on the River Aktysh in the northern Caucasus.

яицкие (казаки): Cossacks from the region of the River Yaik (the former name of the River Ural').

3. 13. переход велик: to reach the River Yaik meant a long trek overland.

3. 14. ворами: вор here in the old sense of 'criminal', 'renegade'. Renegade Cossacks were called воровские казаки, so in l. 60 Ermak refers to himself as воровской атаманушка.

3. 27. поисправимся: 'shall recover our strength'.

3. 30. Мы заслужим... вину свою: 'we shall make amends for our guilt'.

3. 32. морю Хвалынскому: Хвалынское (Хвалисское) море is the old Russian name for the Caspian Sea.

3. 34. неорленые: i.e. without the imperial symbol of the eagle, so 'not the Tsar's', 'foreign'. Ermak, acknowledging the guilt of himself and his followers, offers a partial justification by stating that their activities have not been directed against the Tsar.

3. 35–36. Some sources state that during the Cossack raids of 1577 Persian envoys had been attacked.

3. 37 ff. The setting is now transferred to Astrakhan' in the following summer.

3. 50. царства басурманского: i.e. the kingdom of the Siberian Tatars, who were Moslems.

3. 52. царю белому: see note IP **1.** 12.

3. 53. царя... Кучума: Kuchum was khan of the Siberian Tatars. Despite the defeat inflicted on him by Ermak in the campaign of 1581–3, Kuchum continued to resist Russian expansion for many years.

3. 56. Принесу я царю белому повинную: 'I'll confess my guilt to the White Tsar'.

4. *ПЛАЧ КСЕНИИ ГОДУНОВОЙ* (Миллер, 240)

After the death of Boris Godunov in 1605, the Pretender Dmitri, who claimed to be the son of Ivan IV, entered Moscow and became Tsar. Godunov's son Fedor, who had briefly succeeded his father, was murdered, and Godunov's daughter Kseniya was subsequently banished to a nunnery. This song is a lament supposedly sung by Kseniya as she anticipates the arrival of Dmitri in Moscow and her departure from the royal palace. It is one of the songs recorded by Richard James in 1619.

4. 11. Гриша Отрепьев расстрига: The Pretender Dmitri was in fact an unfrocked monk (расстрига) called Grigori Otrep'ev.

4. 13–14. хочет постричи... наложити: 'wants to have me shorn and made into a nun'. чернеческий чин: 'nunhood', cf. *obs.* чернец, 'monk', черница 'nun'.

4. 19. переходы: here 'corridors'.

5. *СКОПИН-ШУЙСКИЙ* (Миллер, 207)

Prince Mikhail Vasil'evich Skopin-Shuisky (1587–1610) was the nephew of Tsar Vasili Shuisky. Despite his youth, he was one of the most successful commanders during the Time of Troubles. He twice defeated the rebel Bolotnikov and in 1609 undertook a mission to Novgorod to negotiate for military aid from the Swedes. Together with a Swedish force under Jakob De La Gardie, Skopin-Shuisky cleared northern Russia of insurgents and achieved widespread popularity as the 'saviour of Russia'. He died in Moscow in April 1610, after being taken ill at a banquet. It was rumoured that he had been poisoned by Ekaterina Shuiskaya (a daughter of Malyuta Skuratov, see note IP **2.** 29) at the instigation of her husband Dmitri, who was jealous of Skopin-Shuisky's military successes. Mikhail's death was felt as a serious blow, since Dmitri Shuisky, who took over his command, lost most of what he had gained.

The present *pesnya* is one of those collected by Richard James in 1619.

5. 7–12. By his successes Skopin-Shuisky had aroused the jealousy of the court boyars, and in some versions of this song he taunts them by contrasting their empty boasts with his own achievements.

5. 8. Мстиславский князь: Prince Fedor Ivanovich Mstislavsky (d. 1622), who served successively Boris Godunov, the Pretender Dmitri, and Vasili Shuisky.

Воротынский: Prince Ivan Mikhailovich Vorotynsky (d. 1627). Vorotynsky gave the banquet at which Skopin-Shuisky was taken ill and it was assumed that he was implicated in the plot against him.

5. 12. матеру: presumably for матерь, archaic *acc.* of мать; cf. DS **2.** 135.

5. 13. свецкие немцы: 'Swedes' (свецкий for шведский, немцы here in the general sense of 'foreigner'), i.e. the Swedish forces in Skopin-Shuisky's army. After Skopin-Shuisky's death De La Gardie's force was defeated at Klushino. The Swedes abandoned the Russian cause and withdrew to the north, where they seized Novgorod and other Russian towns (ll. 16–19).

5. 19. в латинскую землю превратили: The Swedish occupation of Novgorod lasted for six years (1611–17), the city being forced to accept a son of King Charles of Sweden as its prince. The city was presumably still under Swedish rule at the time this song was first sung and so is regarded as having been 'converted into a Latin country'. Though Sweden was, of course, a Protestant country, an uneducated Russian would make no distinction between the two branches of Western Christendom and regard both as 'Latin'.

6. *ВОЗВРАЩЕНИЕ ФИЛАРЕТА* (Миллер, 242)

The *istoricheskaya pesnya* recording the return of Patriarch Filaret from captivity in Poland is of particular importance, since it was written down for Richard James in the autumn or winter of 1619, within a few months of the event it records. The *pesnya* reflects the spontaneous feeling of joy at the return to Moscow of the Tsar's father and Patriarch-elect. Filaret (the monastic name of Fedor Nikitich Romanov) was the eldest son of Nikita Romanov (see note IP 2. 49) and father of Tsar Mikhail Romanov. Filaret became a monk in 1600 and was later Metropolitan of Rostov. In 1610 he headed, with Prince V. V. Golitsyn, an embassy to King Sigismund of Poland for the purpose of offering the throne of Russia to Sigismund's son Wladyslaw. In 1611, after the negotiations had broken down, Filaret was detained by the Poles and remained in captivity until June 1619. He had already been nominated Patriarch at the beginning of Mikhail's reign and was enthroned on his return to Moscow. He shared the government with his son until his death in 1633.

6. 7. неверной земли... Литовской: 'the faithless Lithuanian land'. 'Faithless' in the sense of not sharing the true faith of Orthodoxy.

6. 8–10. Filaret was one of a number of prisoners released by the Poles in the summer of 1619. Among the most notable was the boyar Mikhail Shein who was famous for his defence of Smolensk against the besieging Polish army in 1609–11.

6. 21. Иван Микитич: Ivan Nikitich Romanov, Filaret's brother.

6. 22. Споди: contraction of Господи.

6. 26. к Пречистой соборной (sc. церкви): the Cathedral of the Pure (Virgin), presumably the Uspensky sobor (Cathedral of the Assumption) in the Kremlin.

7. *СТЕНЬКА РАЗИН* (Миллер, 274)

The *istoricheskie pesni* about the rebel leader Sten'ka Razin belong to the category of *kazach'i* or *razboinich'i pesni*. Stepan (Sten'ka) Timofeevich Razin was a Cossack who first achieved prominence as a

pirate leader on the lower Volga in 1667. In 1669 he became the
leader of a full-scale rising against the government and occupied large
areas of south-east Russia, taking Tsaritsyn (modern Volgograd) and
other towns. His greatest success was the capture of Astrakhan′ in
June 1670. Razin had been in Astrakhan′ in 1669, negotiating with
the *voevoda*, and his followers had behaved with notorious freedom in
the city. The motive for Razin's attack on the city provided in the
pesnya—the release of his 'son' from captivity—was probably suggested
by the arrest and execution of one of his followers, or 'сынки', as they
were called, by the authorities in Astrakhan′. Razin himself was later
captured and executed in Moscow in June 1671.

7. 2. частым-часто по городу похаживает: 'struts about the town';
cf. *Дунай*, B **7.** 21 частая походка 'mincing gait'.

7. 4. Сорыванский: the meaning is not clear. In some versions the
sash is described as изарбацкий (from the obsolete изарбат 'brocade')
and сорыванский may perhaps be a corrupt form of this word.

7. 9. на цареве кабаке: see note B **4.** 221.

7. 10. белого крыльца: 'front steps', cf. черное крыльцо 'back steps'.
The front entrance is, however, more often referred to as 'красный'.

7. 20. Стеньки Разина сын: сын is used here not literally as 'son' but
in the special sense mentioned in the introductory note above.

7. 26. воровской атаман: see note IP **3.** 14.

7. 29–34. Razin was reputed by some of his contemporaries to possess
occult powers. Here, in order to discover the cause of his uneasiness,
he reads the omens in the water, which he has drawn from the right-
hand side of the boat, and divines the whereabouts of his 'son'.

7. 35. гряньте: tr. 'row hard'.

7. 38, 42. The Governor of Astrakhan′, Prince I. S. Prozorovsky, was
in fact killed by Razin, who had him thrown into the Volga.

8. *ОСАДА СОЛОВЕЦКОГО МОНАСТЫРЯ* (Миллер, 261)

The Solovetsky Monastery was founded during the fifteenth century
on an island in the White Sea. It was an important religious centre
and, because of its strategic position, it was fortified and garrisoned.
In 1667 the monks of the monastery declared themselves against the
Nikonian reforms and the monastery became one of the major centres

of resistance of the Old Believers. The monastery endured a seven-year siege, and finally fell to the Tsar's forces as the result of treachery (January 1676). The monks were practically all executed or imprisoned. The *pesnya* describing the siege was especially popular among the Old Believers, and the schismatic bias can be seen in the present version in which General Saltykov is reluctant to attack the monastery and the Tsar repents, too late, of his order to destroy the old faith.

With its religious as well as historical interest, *Осада Соловецкого монастыря* may be classed both as an *istoricheskaya pesnya* and as a *dukhovny stikh*. The fairly regular number of syllables in each line and the frequency of rhymed endings in the present text suggest a link with the more sophisticated type of *dukhovnye stikhi* called *psal'my* or *kanty* (see introductory note to *dukhovnye stikhi*, p. 170).

8. 6. Генерала Салтыкова: The commander of the besieging army was in fact Ivan Meshcherinov. The general Saltykov mentioned here may be Petr Mikhailovich Saltykov who was a leading boyar and counsellor of Tsar Alexei Mikhailovich.

8. 10. Изосиме: the venerable Zosima (d. 1478) was the first abbot of the monastery.

Савватию: the venerable Savvati (d. 1435) was one of the two monks who first settled as hermits on the island in 1429 and initiated the monastic tradition there.

8. 30, 31. царю: old vocative of царь.

8. 34. Стрельцов: The *strel'tsy* were the regular forces of the Tsar in the sixteenth and seventeenth centuries. They were disbanded by Peter the Great.

8. 48. Мы по старому отслужим: 'we will celebrate a service in the old rite', i.e. following the ritual of the Old Believers.

8. 51 ff. The scene changes to Moscow, where Alexei Mikhailovich is troubled by his conscience and attempts, too late, to countermand his order to destroy the monastery.

9. *ПЕТР И ДРАГУН* (Киреевский, *Песни*, вып. 8, pp. 37–38)

There are a number of *istoricheskie pesni* about the events of Peter's reign. The popularity of Peter as a subject for the *pesni* is easily understood. Like Ivan IV, he was a strong ruler, and his reign was rich in events. Besides this, some aspects of his personal character made him an attractive subject—particularly his simplicity and his respect for ability irrespective of social rank. As friend of the common people and enemy of the proud and mighty, he conforms to the popular ideal of царь батюшка народа. The present *pesnya* conveys a striking impression of the Tsar's character. It is not based on any known event in Peter's life, but it is a typical possible incident, in which the Tsar's robust energy and simplicity in dealing with his subordinates are revealed.

9. 2. У того крыльца у Крашоного: 'at the main steps'. крашоное here for the more usual красное.

9. 10. Со белым царем: see note IP **1.** 12.

9. 28. шелко́в кушак: In wrestling the participants wore sashes, and at the beginning of a bout each would grasp his opponent by his sash.

9. 35–36. The dragoon succeeds in throwing Peter with one hand, but breaks his fall by supporting him with the other.

9. 51. По царевым кабакам: see note В **4.** 221.

10. *СМЕРТЬ АЛЕКСАНДРА* (Киреевский, *Песни*, вып. 10, p. 197)

A number of *istoricheskie pesni* record the death of tsars and other important persons. They usually take the form of laments for the dead, and the deaths of Ivan IV, his wife Anastas'ya, Peter the Great, and others are recorded and mourned in this way. Another example is the *pesnya* on the death of Skopin-Shuisky. Later laments of this type mostly belong to the *soldatskie pesni* and are often designated плач войска. The present *pesnya* commemorates the death of Alexander I, who died suddenly in Taganrog on 19 November 1825.

10. 4. In other versions the speaker is identified as the Tsar's mother.

10. 6. По Питерской по дорожке: 'on the Petersburg road'. The setting is perhaps envisaged as one of the royal palaces outside St. Petersburg.

DUKHOVNYE STIKHI

1. *ВОЗНЕСЕНИЕ* (Бессонов, 1)

Вознесение is one of the songs sung by the калики перехожие about their own fraternity. It tells how Christ at His Ascension bequeathed His name for the use of beggars, thus founding the tradition by which beggars in Russia asked for charity 'for Christ's sake' (Христа ради; cf. expressions such as просить Христа ради 'to beg', христарадничать 'to be a beggar').

1. 11. пьяны: here not 'drunk', but 'satisfied with drink'.

1. 13. Иван... Богословец: St. John the Divine. The vernacular Иван is used here instead of the normal ecclesiastical form Иоанн.

1. 27. Иван да Златоустый: The singer here seems to be confusing St. John the Divine and St. John Chrysostom (Иоанн Златоуст).

1. 29. слово рассудити: tr. 'to determine the right word to say'.

1. 30–31. Пусть твои... частые: 'your mouth shall be golden, each year your feast-days will be many'.

2. *ГОЛУБИНАЯ КНИГА* (Бессонов, 83)

The popular treatise on cosmogony *Голубиная книга* is one of the best known *dukhovnye stikhi*. After a brief narrative introduction, which provides an epic setting for the theme, there follows a series of questions on the origin of natural phenomena and the priority of things in the universe with answers quoted from the Голубиная книга, the book of all wisdom. In the final section of the song Vladimir recounts his dream of the two youths struggling, which is explained as symbolizing the struggle between Wrong and Right (Кривда и Правда) in which the latter prevails.

There is an obvious parallel between the book as it is described in the opening section of the song and the Book of the Seven Seals in *Revelation*, but the chief literary source of *Голубиная книга* seems to have been the apocryphal *Беседа трех святителей*. This work takes the form of a conversation between St. Basil the Great, St. Gregory the Theologian, and St. John Chrysostom and consists of a long series of questions and answers on the Creation and other topics connected with Christian faith and morality. Another source—direct or indirect—of *Голубиная книга* must have been the *Физиолог* or 'Bestiary', which provided material for the sections on the animal world.

The epithet голубиная here derives originally from the word глубина 'profundity'. Глубина, implying 'depth of wisdom', was occasionally used as a secondary name for the *Psalter* and seems to have been applied to *Беседа трех святителей* as well. From this came the designation глубиная книга, and then, by false association with голубь, голубиная книга.

2. 10. Ко Давыду ко Евсеевичу: 'to David son of Jesse'.

2. 23. духи Божие: 'breaths of God', i.e. the winds.

2. 28–30. А мне честь книгу... выходить: tr. 'and as for my reading the book, it would be impossible to read it through; as for holding it in my hands, it would be impossible to support it; as for going through the book, it would be impossible to go through it all'.

2. 32. по памяти как по грамоте: tr. 'from memory as though reading from a book'.

2. 54. Который город городам мати?: 'which city is the mother of all cities?' The same construction is repeated in the following lines.
мати: archaic *nom.* of мать.

2. 67. Белый царь: 'the White Tsar', i.e. the Tsar of Russia. See note IP **1.** 12.

2. 72. Русалим: i.e. Иерусалим 'Jerusalem'.

2. 74–75. It is not clear what function the words что ни have here. They appear to add nothing to the sense and the two lines can be rendered simply: 'it stands, the navel of the Earth, the navel of the Earth, of the whole wide world'.

2. 77–82. Since it is said to contain the tomb of Christ, Собор-церква may be taken to imply the Church of the Holy Sepulchre in Jerusalem. It might be noted, however, that the title 'mother of all churches' was a title commonly accorded to the Cenaculum Church in Jerusalem, on account of its having been built on the site of the upper room where the Holy Ghost descended on the disciples.

2. 83. Окиян море: 'the Ocean sea'.

2. 85–86. Pope Clement I suffered martyrdom during the reign of Trajan, who had him drowned in the Black Sea. According to legend each year on the anniversary of his death the sea receded to reveal a miraculously constructed shrine containing the saint's body.

2. 88. Ердань: *CS* form of Иордан 'Jordan'.

2. 93. Со Иоанном… Крестителем: 'with John the Baptist'.

2. 95 ff. Китра рыба: китра is a corruption of кит 'whale'. It was popular belief in Russia that the Earth rested on seven supports, one of which was four (or three) whales.

2. 102 ff. Индра зверь: Индра (for the more common Индрик found in other versions of *Голубиная книга*) is a corrupt form of инорог (originally инърогъ) 'unicorn'. The habit of burrowing underground ascribed to the Индра is not one usually associated with the unicorn and there has probably been confusion of the unicorn here with some other fabulous beast or beasts. The Индра's living on Mt. Sion (святая гора) would be consistent with the sacred associations of the unicorn as a symbol of Christ.

2. 109 ff. Страхвирь птица: the name Страхвирь is thought to derive from the Greek *strouthokamelos* 'ostrich', although the bird described here bears no resemblance to the ostrich. Its association with the sea may possibly derive from legends about the maritime habits of birds such as the pelican and halcyon. The description in ll. 114–16 of the way in which Страхвирь makes the sea rough when it stirs may be related to the story of the halcyon having the power to calm the seas when it lays its eggs.

2. 117. Варгор: a corruption of Фавор 'Tabor', the mountain which is traditionally regarded as the scene of Christ's Transfiguration.

2. 125. жиды со Пилатами: 'the Jews together with the Pilates'. Пилат appears to be understood not as a proper name but as a common noun, perhaps due to the association of Pilate in the Bible with groups such as 'Jews', 'scribes', 'high priests'.

2. 135. матерь: archaic *acc.* of мать.

3. *ЕГОРИЙ ХРАБРЫЙ* (Бессонов, 102)

St. George (Егорий is a variant form of Георгий) is the subject of two *dukhovnye stikhi*—one, the more common, gives an account of his martyrdom, the other (*Егорий и Лизавета Прекрасная*) tells the story of his killing the dragon. The song given here treats the first of these two subjects. It is composed of two parts: the first draws its material from the *Life* of St. George and gives an account of the tortures he suffered at the hands of the 'pagan emperor' (Diocletian), although in the song he is saved from actual death by the Virgin Mary, who releases him after he has been confined for thirty years in a dungeon; in the second part St. George spreads the Christian faith in Russia, overcoming a series of obstacles in his path and finally killing the pagan emperor who had tortured him. While the first part is obviously based on the *Life*, the source of the second part is not at all clear. Some authorities have seen in it an adaptation of the dragon-slaying theme, in which the role of the dragon has shifted to Diocletian. Others, however, emphasize that the major theme of this part is not the killing of the emperor, but the Christianization of Russia, and they suggest that the 'George' of this section is not St. George but some Russian prince of the same name who had played a significant part in spreading Christianity in Russia, perhaps Yaroslav the Wise, whose baptismal name was George, or Yuri Dolgoruky (Юрий is the Russian form of George). In this case the second part of the song would presumably derive from some unknown Russian legend celebrating the deeds of one of these historical figures.

3. 1. Во шестом году в седьмой тысяче: 'in the sixth year of the seventh thousand', i.e. in the year 6006 which, reckoning from the supposed date of the Creation 5508 B.C., would be A.D. 498. This is an 'epic' date which occurs in other songs as well and bears no relation to the period when St. George is supposed to have lived (the third century).

3. 2–4. При том царе при Федоре... Софья Перемудрая: the parents of St. George are arbitrarily identified as the 'Emperor Theodore' and 'St. Sophia the Wise'.

3. 8–10. По колена... вся жемчужная: the description of St. George's head and limbs covered with jewels and precious metals is based on the icon depiction of him. Cf. a similar description of Nastas'ya's child in the *bylina* Дунай, B **7.** 296–9.

3. 11. царище бусурманище: 'the pagan emperor'.

3. 14. света: свет here (and below *passim*) is used as a term of endearment—'the dear'.

3. 15. не утай себя: 'do not hide yourself', the implication being 'tell the truth'.

3. 32. в топоры рубить: 'to chop with axes'; cf. also l. 43 в пилы пилить 'to saw with saws'.

3. 74. разножелтыми: разножелтый occurs here instead of рудожел-тый ('reddish yellow'), the normal fixed epithet of песок.

3. 91. Будет имя от Христа написано: 'your name will be inscribed by Christ'.

3. 105. Свово: for своего.

3. 130. горы… толкучие: see note B **10.** 20.

3. 148–9. Пейте и ешьте… Егория… Хораброго: 'drink and eat those things which are blessed by Egori the Brave'.

3. 150 ff. The present variant omits to mention earlier that the herds of wolves (стада звериные) were in the care of Egori's two sisters. It is implied that his sisters were also captured by the emperor, who converted them to pagan ways and put them to work. Their acceptance of paganism is symbolized by the growth of pine bark (кора еловая) and reeds (камышь трава) on their bodies, which they are able to remove by bathing in the River Jordan and being baptised (ll. 156–62).

3. 166. врата Херсонские: 'the gates of Kherson'. The significance of the location is not clear. In other versions of *Егорий Храбрый* the gates are variously described as врата сербинские, сербицкие, симбирские, etc.

3. 168–9. Черногон птица… осетра рыбу: In most variants this bird is referred to as ног, which means 'griffin'. Черногон is perhaps a corrupt combination of черный and ног. A bird holding a fish is a motif found in many countries. It is of great antiquity and probably possessed some ritual significance. The detail of Chernogon guarding the approaches to the territory of the pagan emperor with a sturgeon in its claws suggests a possible link with this pagan symbolism.

3. 172–5. It seems likely that Egori's injunction to Черногон птица has been influenced by the account of the habits of Страхвирь птица in *Голубиная книга*, DS **2.** 109–12.

3. 183. отшиб ему кровь со печеньями: 'made the blood and guts start from him'.

4. *ИОАСАФ И ПУСТЫНЯ* (Бессонов, 49)

The song of Prince Joasaph the Hermit is inspired by the story of St. Barlaam, the monk, and St. Joasaph (Асафей in the present text), the pagan king's son who became a Christian and gave up his kingdom to live as a hermit. The song is a lyrical elaboration of one single episode in the original tale—the moment of Joasaph's final retreat into the desert. In the song the desert, personified as мать прекрасная пустыня, reminds Joasaph of the hardships that face him, while Joasaph reaffirms his determination to take up the hermit's life.

4. 11. Отвеща: 'answered', the *obs.* aorist form of *CS* отвещати (cf. Russian отвечать).

4. 15. вольным царством: вольный 'free', 'independent', so tr. 'sovereign kingdom'.

4. 21. хощу: *CS* form of хочу.

4. 32. лузи-болоты: 'the ponds and marshes'. Лузи, archaic *pl.* of луг.

GLOSSARY

THE Glossary contains regional, obsolete, and other words which are unlikely to be given in smaller Russian–English dictionaries. Many 'ordinary' words appear in the texts in unfamiliar forms (frequentative forms of verbs, verbs with non-standard prefixes, nouns and adjectives with affective suffixes) but these are not included in the Glossary unless their form is so unusual as to make it difficult to recognize the primary word. The meanings given in the Glossary are only those relevant to the words in the given context and are not necessarily the most important for a particular word.

+ = with, followed by.

~ stands for the complete word at head of entry.

Other abbreviations used will be found in the list on p. 185.

áжно *pop.* lo and behold; but actually; so that even

áли, аль *pop.* or; (also used as particle introducing a question)

анáфема *pop.* (in this sense) accursed wretch

аржанóй *reg.* for ржанóй of rye

áще *CS* if

ахтú (охтú) *pop.* alas! woe!

бáба-ягá witch

бабáнчик *reg.* oar

баскóй *reg.* fine, pleasant

бáтька *pop.* father

бедá: за бедý стать, показáться +*dat.* to be *or* feel insulted, take offence

бездоклáдочно *folk-poet.* unannounced

безобсы́лочно *folk-poet.* without notice

белоя́ровый *folk-poet.* fine (applied to пшенó, пшенúца)

бесéда, бесéдушка *obs.* (in this sense) company; bench

бóльно *pop.* (in this sense) very

борзомéцкий *folk-poet.* see мурзамéцкий

борóньище *reg.* wrestling match; throw (in wrestling)

босовúк *pop.* slipper

брáный *obs.* patterned, embroidered

брáтелко *dim.* of брат

брод *reg.* (in this sense) tracks

брусамéнт *pop.* for позумéнт (?) braid

бýде *obs.* if

буй *pop.* line traced on the ground (in games)

бурзомéцкий *folk-poet.* see мурзамéцкий

бу́рка, бу́рушка *reg.* dark bay, chestnut horse

бурми́стр *obs.* bailiff (appointed by landowner to superintend serfs)

бу́са *reg.* ship

былица *reg.* sorcerer

вальяжный *pop.* massy, fine (of metal objects)

ввечеру́ *obs.* in the evening

вдови́ть *imp. reg.* to make a widow (of someone)

вдого́нь *pop.* for вдого́нку in pursuit

ве́дать *imp. obs.* to know

ве́даться *imp. obs.* to be acquainted with, mix with

ве́жество *reg.* courtesy, good manners

велича́ть *imp. pop.* to name by patronymic

верту́шка *coll.* restless creature, fidget

вечо́р *obs.* last evening

взадь *pop.* back

вздеть *perf. obs.* to put on

вздивова́ться *perf. pop.* to wonder at

взима́ть *imp. obs.* (in this sense) to take

взъеро́шиться *perf. coll.* to bristle

ви́димо-неви́димо *coll.* an enormous number or quantity

влада́ть *imp. pop.* for владе́ть to have the use of (limb, etc.)

влас *CS* hair

во *by-form of* вот

возлюби́ться *perf. pop.* to please

во́йлочек *dim.* of во́йлок felt (used as saddle-cloth)

волжа́ный *reg.* of meadowsweet

вороти́ть *perf. pop.* to return

ворохну́ться *perf. reg.* to stir

вороча́ться *imp. pop.* to return

воро́чаться *imp.* to toss and turn

восколыбну́ться *perf.* see всколыба́ться

вострепехну́ться *perf. pop.* to shake one's feathers

во́стрый *reg.* sharp

впиха́ть *perf. pop.* to shove in

впя́стать *perf. reg.* to thrust in, dump

вражба́ *obs.* вражбу́ чини́ть to cast a spell

всегды́ *pop.* for всегда́

всколыба́ться *imp. pop.* to become stirred, grow rough (of water)

вспока́яться *reg.* for пока́яться

встреть *reg.* for встре́тить

вта́поры *reg.* then, at that time

вчу́яться *perf.* (в+*acc.*) *reg.* to listen to, heed

вы́нять *pop.* for вы́нуть

вы́рутить *perf. reg.* to throw

выряжа́ть *imp. reg.* to demand

выстава́ть, вы́стать *reg.* for встава́ть, встать

вы́ставить *perf.* to burst open

высыпа́ться *imp.* to sleep long and soundly

выта́ивать *imp.* to melt

выть *pop.* meal

вяз *reg.* (in this sense) cudgel (of elm)

гей *coll.* hey!; listen!

гербо́вый official (of paper): see note B 8. 244

ги́нуть *reg.* for ги́бнуть

глаго́лать *imp. CS* to say

глас *CS* voice; tune

глядь *coll.* lo and behold

гой, ~ éси *folk-poet.* hail!

горáзд *pop.* skilled

горб *pop.* (in this sense) back

гóренка *dim.* of гóрница

гóрница *obs.* room

горностáль *pop.* for горностáй ermine

горю́ч кáмень *folk-poet.* flint-stone

гость *obs.* (in this sense) merchant

грáмотка *pop.* letter

гри́дня *obs.* room, hall: see note B 4. 40

гу́сли, гу́селки, гусёлышки *gusli*, Russian zither

гу́сли-самогу́ды magic zither

гусля́рный звон sound of the *gusli*

дáться *perf.* (+*dat.*) to come easy (to)

двенáдесять *obs.* twelve

де, дéскать *pop.* particles used to indicate reported speech

дéвица *folk-poet.* maiden

дéдина *reg.* (in this sense) ancestry

деревéнщина *pop.* oaf, yokel

дéяться *imp. coll.* to happen, take place, be done

дивовáть(ся) *imp.* (+*dat.*) *pop.* to be surprised (at), admire

ди́ву дáться *coll.* to be surprised

дичи́нка *dim.* of дичи́на *reg.* game

дожидáть *imp. reg.* to await

доконáть *perf. coll.* to 'finish off', 'do for'

долинá *reg.* length

дóлюби *reg.* sufficient, as much as one wants

дорóдный stalwart, stout

досéлева *reg.* until now

достальнóй *reg.* remaining

дружи́на band of retainers, retinue; retainer, comrade

дубьё-колóдьё *pop.* fallen (or felled) sticks and logs

ду́мный appertaining to the Боя́рская ду́ма (Council of Boyars)

дух *pop.* (in these senses) smell; draught

дым: на ~ (с)пусти́ть *reg.* to burn down

е = есть

éство, éства, éствушка *reg.* food

жалёшенько from жáлко pitifully

жáловать *imp. obs.* (in this sense) to reward

желéзце *obs.* arrow-head, spear-head

жещи́ *imp. CS* to burn

живóт *obs.* (in these senses) life; cattle

животы́ *pl. obs.* possessions

жиловáтый *pop.* (in this sense) tough

з = из

забрáть *perf. coll.* to borrow

завáлинка ridge of earth

заведéние *pop.* (in this sense) custom

завéт *obs.* (in this sense) promise, condition

заворо́чаться *imp. pop.* (in this sense) to bend

за́годя *pop.* in advance, first of all

загре́зить *perf. coll.* to think up (something bad)

зада́ром *pop.* for nothing

зажига́льная свеча́ *obs.* fuse

зажига́льщичек *dim.* of зажига́льщик *obs.* fuse-lighter

заи́грывать *imp. coll.* to flirt with, make up to

заказа́ть *perf. pop.* (in this sense) to close (a road)

закли́кать *perf. pop.* to call (off)

заколо́деть *perf. reg.* to become blocked with fallen trees

закручи́ниться *perf. pop.* to grow sorrowful

зало́г: би́ться о ~ *pop.* to make a wager

заме́сто *pop.* instead

замо́рский *obs.* foreign, imported

замура́веть *perf. reg.* to become overgrown (with grass)

запе́чек *reg.* space *or* ledge between stove and wall

запове́дный intimate, secret, remote

за́поведь *obs.* (in this sense) vow

запя́тник footman who rides at back of a carriage

за́риться *imp. pop.* to look covetously

засере́дь *reg.* in the middle of

зау́тра *obs.* tomorrow (morning)

зача́ть *perf. pop.* to begin

защита́ть *perf. reg.* to board over

збежа́ть = взбежа́ть

звелича́ть = взвелича́ть *perf. pop.* to call (by patronymic)

зви́ться = взви́ться

здыма́ть (= вздыма́ть) *imp.,* зды́нуть (= взды́нуть) *perf. pop.* to lift

зелено́ вино́ *folk-poet.* vodka (зелёный here in the sense of 'made from corn')

златове́рхий gold-domed

злю́щий *coll.* very fierce

знать *pop.* evidently, obviously

зо́рюшка *dim.* of заря́ (зоря́) dawn, twilight

зра́доваться = взра́доваться

идти́ть *reg.* for идти́

избыва́ть *imp. obs.* to evade, avoid

издалёча *reg.* from afar

изло́ви́ть *perf. pop.* to catch

име́ние, име́ньице *reg.* (in this sense) property

и́но *obs.* then, but

и́скопыть *reg.* hoof-mark, divot turned up by horse's hoof

искупи́ть *pop.* for купи́ть

испожёненый *reg.* married (of men)

испола́ть *obs.* hail! bravo!

испра́вить *perf. pop.* (in this sense) to carry out, execute

испрове́щиться *perf. reg.* to say, announce

испроша́ть *imp. pop.* to ask, beg

испужа́ться *perf. reg.* to be frightened

и́хний *pop.* their, theirs

кажи́сь *pop.* I think (thought), it seems (seemed)

ка́зень = казнь

казна́ *folk-poet.* (in this sense) money, wealth

как-быв *reg.* as though

калáчик *dim.* of калáч a kind of bun made with white flour

калáчница woman who bakes калачи (see калáчик)

калёный tempered, of tempered steel

калика *obs.* pilgrim

калиновый of (wood of) guelder-rose

камзóл sleeveless vest

каргá *reg.* crow

кирпичный (кирпищатый) мост *folk-poet.* floor of bricks, blocks

китáечка *dim.* of китáйка nankeen

класть крест to cross oneself

княженéцкий *reg.* appertaining to prince

когдá *coll.* (in this sense) if

кóли *pop.* if, since, as

колотливый *reg.* bumpy

комáрик *dim.* of комáр gnat

комóлый *reg.* polled (of cattle)

кóмонь *m. obs., folk-poet.* horse, steed

конéц *obs.* (in this sense) length, piece (of cloth)

корабéльщик *obs.* ship's captain

корзни *pl. reg.* bumps, unevennesses in the ground, deadwood (?)

королéвична *folk-poet.* princess

коромыселко *dim.* of коромысло yoke

корчáга: согнýть корчáгою *reg.* to bowl over

косáрь *m. reg.* chopper

косица *reg.* (in this sense) temple

коснóй *reg.* light and swift (of boats)

косолáпый pigeon-toed, shambling

косявчатый, косящатый (of windows) framed: see note B **1.** 108

котóрый… котóрый *pop.* one … another

кошéль *m. pop.* bag

кошмá (large piece of) felt

крáсный *obs., pop.* (in this sense) fine, bright, beautiful

красовитый *reg.* beautiful

краюшка *dim.* of краюха *pop.* thick piece of bread

крéстничек *dim.* of крéстник godson

крестóвый *obs., reg.* (in these senses) ~ брат sworn brother; ~ бáтюшка godfather; ~ое чáделко godchild; ~ая ýлица cross-roads

крещёный *pop.* Christian

кручина, кручинушка *folk-poet.* sorrow

кручинный *folk-poet.* sorrowful

кряж *reg.* (in this sense) ridge (of shore), mainland

крянуться *perf. reg.* to move, rock

куды *pop.* for кудá

кýзов basket

купáвый *reg.* handsome

купарис *pop.* for кипарис cypress

кýрень *m. reg.* cock

кушачóк *dim.* of кушáк sash

лáдить *imp. pop.* to intend, make ready

лáдиться *imp.* to correspond

ладья *obs.* boat

лáстинья *pl. reg.* shivers, splinters

лезьé *reg.* blade, edge of knife

листьé *pop.* leaves

лихо *pop.* evil
ловецкий of fishermen, fisherman's
ложня *reg.* bedchamber
лучина spill (used as light)
лучиться *perf. reg.* to happen, happen to be
лычный made of lime bast
люб *pop.* dear, beloved

магарыч *pop.* a drink offered by the party who has profited by a bargain
маковка dome, cupola
мало *reg.* (in this sense) soon
маркитант sutler
мати *CS* for мать
медвяный made of honey, sweet
межу *reg.* between
меляной *reg.* chalk
меньшой *pop.* younger, youngest
миса basin
моги: не ~ *reg.* don't, don't dare
молодец *folk-poet.* (with this stress) dashing young man
молодечество *pop.* daring, boldness
молодушка *pop.* young married woman
мост, мосты, мосточки *reg.* floor
мостина *pop.* plank
мурава lush grass
муравленый glazed; печка муравленая stove of glazed tiles
мураш, мурашик *dim.* of муравей
мурзамецкий *folk-poet.* Tatar, eastern
мурчать *imp. reg.* to growl

набольший *pop.* chief
навстрету *pop.* towards

надёжа *folk-poet.* sweetheart, beloved
наделать *perf. coll.* (in this sense) to do (something wrong)
наезжать *imp.*, наехать *perf. pop.* (as trans. verb) to find, meet (while riding)
названый брат *obs.* sworn brother
наказывать *imp. pop.* (in this sense) to instruct, tell
накласть *perf. pop.* to fill, pile up
након *reg.* time, occasion
накрутиться *perf. reg.* (in this sense) to dress oneself
наместо *pop.* for вместо
наперёд *pop.* in advance, first
напрасный vain; *pop.* (in this sense) innocent, unjustly punished
нарядить *perf.* to send off on contract work
наряжаться *imp. pop.* (in this sense) to equip oneself
наст frozen crust of snow
наставник *obs.* teacher
настоятель *m. obs.* (in this sense) chief man
наугольный corner
наутёк *coll.* away (in flight)
нахаживать *imp. pop.* to find
небось *pop.* I should think, I suppose
невзгода, невзгодушка misfortune
невод fishing net
незнамый *reg.* unknown
немудрый *reg.* (in this sense) fair, poorish
неравно *pop.* quite possibly (of unpleasant contingencies)
неумильный *reg.* displeasing, rude

нечи́стый *pop.* (in this sense) the Devil

новóй *reg.* another

ножечнóй *reg.* knife, of knife

нóне, нонь *reg.* today, now

нóщный *CS* night, of night

обвёртываться *imp.*, обвернýться *perf.* (+*instr.*) *pop.* to turn (into something different)

обéденка *dim.* of обéдня mass

обýтый shod

одёжа *pop.* clothes

однозолóтный *folk-poet.* of pure gold

ой éси see гой

окóленка *reg.* window, window-frame

окóльная дорóга round-about way

окóнница *reg.* window-frame

окрóме *reg.* except, besides

опáхивать *imp.* to fan

опослй *pop.* afterwards

опочи́в держáть *reg.* to rest, sleep

опри́чь *reg.* apart from, besides

опущáться *imp. pop.* to sink, drop, come down

осáживать *imp. reg.* (in this sense) to belabour

осóбина *reg.* в осóбину separately

остáтний *reg.* last, remaining; в остáтнее for the last time

острéй for остреё *obs.* cutting edge (of knife, etc.)

осудáрь *reg.* for государь

осýнуться *perf. coll.* to grow thin

осыпáться *imp.* to drop off

ос(ь)ми́на *obs.* a dry measure, half a чéтверть (approximately 3 bushels)

отбывáть *imp. pop.* (in this sense) to escape

отвéт держáть *obs.* to answer

отéчество *obs.* (in this sense) ancestry; also for óтчество patronymic

откýлешный *reg.* of what provenance; ты ~? where are you from?

откýль *reg.* whence

отмáхивать *imp. pop.* (in this sense) to make a swinging back-handed blow

отсыпáться *imp.* to be scattered, shed

охти́ see ахти́

още́ *reg.* for еще́

пал *reg.* clearing in forest where trees have been burnt

палéница, палйни́ца see полйни́ца

пáлица mace, cudgel

панафи́да *reg.* for панихи́да requiem, funeral service

пáстырь *m. obs.* herdsman

пéрво *reg.* before

перевáл: see note B 9. 55–56

передний *pop.* (in this sense) previous

перемáхивать *imp. coll.* to leap over

перемóжить *perf. reg.* to overcome

перёный *obs.* feathered, fletched

перепáсться *perf. reg.* to be frightened, alarmed

перепóрхивать *pop.* for перепáрхивать to flit, fly across *or* over

переспáть *perf. pop.* (in this sense) to spend in sleeping

пёрьки *pl. reg.* breasts

пехо́тою *pop.* on foot

Пи́тер *pop., obs.* St. Petersburg

пласта́ть *imp.* to rip open

плоти́чка *dim.* of плотва́ roach

плоша́ть *imp. coll.* to make a mistake

плугата́рь *m. reg.* ploughman

поба́рывать *imp. pop.*, поборо́ть *perf.* to throw (in wrestling)

поби́ть *perf.* to kill in large numbers

побра́нка *pop.* squabble

пова́живать *imp. coll.* to lead; го́лосом ~ to give voice, cry

пове́рткий *reg.* swift, nimble

поворохну́ться *perf. reg.* to stir

пого́да *reg.* (in this sense) storm

под + *acc. pop.* (in this sense) against

подворо́тня board filling space below door or gate

подея́ться *perf.* see де́яться

поди́ *coll.* for пойди́

подира́ться *imp. pop.* to fight

подколе́нный *reg.* (in this sense) junior, lesser

подко́пщичек *dim.* of подко́пщик *obs.* sapper

подкрути́ться *perf. obs.* to equip oneself

подлыга́ться *imp. reg.* to lie

подна́шивать *imp. coll.* to serve (food and drink)

поднебе́сье sky

подня́ться *perf.* to start out

пожа́литься *perf. pop.* for пожа́ловаться to complain

пожёненый *reg.* married (of man)

покла́сть *perf. pop.* to pack (a number of things)

покля́пый *reg.* leaning

поколыбну́ться *perf. reg.* to shake

по́крик cry, roar

полёживать *imp. coll.* to lie (for a while)

положи́ть *perf. pop.* (in this sense) to fix, assign (a price, payment, etc.)

поло́н *obs.* captivity; captive(s)

полони́ть *imp.* and *perf. obs.* to capture

полу́денный *obs.* southern

полужёный tin-plated

по́лымя *reg.* flame

поля́ковать *imp. folk-poet.* to roam in search of exploits

поля́ница *folk-poet.* wandering knight, warrior (usually a woman)

помело́ *reg.* broom

поменя́ться *perf. coll.* to exchange

помина́ть *imp.* to pray for (someone dead)

помере́ть *perf. coll.* to die

пона́кнуться *perf. reg.* to agree

поно́с понести́ *reg., obs.* to conceive

попа́рхивать *imp. coll.* to flit, fly

попере́чина *obs.* (in this sense) width

попурхну́ть *perf. reg.* to fly, take wing

пореши́ть *perf. pop.* (in this sense) to kill

портки́ *pl. pop.* trousers

портомо́йница *obs.* washerwoman

пору́ченный *reg.* betrothed: see note B **6.** 109–11

пору́шить *perf. pop.* to destroy; to cut up (food)

поря́дня *obs.* customs, customary practice

по́свист whistle

посерёд, посерёдки *pop.* in the middle of

пособи́ть *perf. pop.* to help

поспе́ть *perf. coll.* (in these senses) to arrive, be in time; to be completed

посте́ля *pop.* for посте́ль bedding

постре́л *coll.* scamp

потничо́к *dim.* of потни́к saddle-cloth

потыка́ться = спотыка́ться

поха́бность *pop.* obscenity, abuse

похвальба́ *coll.* boast, boasting

поча́ть *perf. pop.* to begin

почём *pop.* (in this sense) how

почестно́й, почёстный *folk-poet.* honoured, of honour

почто́ *pop.* why

по́ясить *perf. reg.* to gird, bind round

прему́дрость *obs.* (in this sense) art, skill

преста́виться *perf. obs.* to die

прибира́ть *imp. obs.* (in this sense) to select

приволо́чь *perf. pop.* to drag (to some place)

приворо́тник *obs.* gate-keeper

пригля́дчивый *coll.* beautiful

пригоди́ться *perf. obs.* (in this sense) to be to hand

пригорю́ниться *perf. pop.* to grieve, become distressed

пригря́нуть *perf. reg.* to row

придве́рник *obs.* door-keeper

придво́рье *obs.* area around *dvor*

прижёчь *perf. pop.* (in this sense) to singe, scorch

призаме́шкаться *perf. coll.* to be delayed (for a time)

призахва́статься *perf. pop.* to go too far in boasting

призна́ть *perf. pop.* (in this sense) to recognize

приня́ться *perf.* (к+*dat.*) *reg.* (in this sense) to heed

припали́ть *perf. coll.* to singe

пристила́ться *imp.* to bend flat

пристяну́ть *perf. reg.* to fix, attach

приужахну́ться *perf. reg.* to be frightened, horrified

приупра́виться *perf. pop.* to get things settled

при́четь *reg.* lament

провожа́тый attendant on journey

прожо́ристый *pop.* greedy

произойти́сь *perf. reg.* to pass (of time)

прокла́д(а) *pop.* fun, amusement

проме́ж, проме́жду, проме́жу *pop.* between

просви́ра mass-wafer

просви́рнин adjective from просви́рня 'baker of mass-wafers'

простега́ть *perf.* to flog through

прохлажда́ться *imp. coll.* to spend one's time in ease and comfort

прыть *f. coll.* speed

прямое́зжий *folk-poet.* direct, straight (of road)

пту́шка *pop.* bird

пуща́ть *imp. pop.* to let, let pass

пу́ще *coll.* more

пята́: откры́ть дверь на пяту́ to throw a door wide open

ра́дошный *reg.* happy, joyful

развереди́ть *perf. pop.* to hurt (a sore spot)

разлёт *coll.* impetus acquired through a run up

разноли́чный *obs.* various, different

разры́вчатый *folk-poet.* springy

разуме́ть *imp. pop.* to understand, know

разъе́сться *perf. pop.* to eat to excess

раки́тов (раке́тов) куст *pop.* willow

ра́менье *reg.* thick forest; purlieu

расклева́ть *perf.* to tear to pieces (of birds of prey)

раскоше́ливаться *imp. coll.* to fork out, pay up

раскря́таться *perf. reg.* to fall to pieces

распляса́ться *perf.* to dance with abandon

распоте́ться *perf. pop.* to sweat profusely, become heated

распуща́ть *imp. pop.* to send out

рассы́льщик *pop.* messenger

рашатну́ться *perf. pop.* to fall apart

ра́титься *imp. obs.* to fight

рать *f. obs.* army, host; battle, war

рвану́ться *perf. coll.* to rush

ре́звый quick, nimble

реме́нчатый (ремя́нный) стул chair with seat of interwoven leather strips

рога́тина hunting spear

рогози́ный *reg.* rush

рожо́ный *pop.* dear, beloved

рудожёлтый *folk-poet.* orange-coloured

ружьё *obs.* (in this sense) weapon

рука́вичек *dim.* of рука́в

ру́шать *imp. folk-poet.* to cut up (food)

ры́бий зуб *obs.* walrus tusk, ivory

ры́нда *obs.* bodyguard

ры́скучий *folk-poet.* scouring

рямки́ *pl. reg.* rags

самолу́чший *pop.* best, best of all

сбира́ться *pop.* for собира́ться

сбру́я harness; *obs.* (in this sense) accoutrements

сверстно́й, све́рстный *obs.* equal, matching, suitable

свет *pop.* (in this sense) dear one, darling

сдивова́ться *perf.* (+ *dat.*) *reg.* to be amazed (at)

сду́ру *coll.* like a fool

седа́тый *reg.* grey-haired

седёлышко *dim.* of седло́

семья́ *obs.*, *folk-poet.* spouse

середи́ *pop.* in the middle of

се́рый зверь *folk-poet.* wolf

си́ла, си́лушка *folk-poet.* (in this sense) army, host, armed men

сирота́ть *imp. reg.* to be an orphan

ска́тный, ска́ченый *folk-poet.* (of pearls) round(ed)

скласть *perf. pop.* to put together

сколыба́ться see всколыба́ться

скоморо́х, скоморо́шина *skomorokh*: see note B 6. 188

скорби́ть *imp. reg.* to distress; ~ лицо́ to twist one's face in distress

скоропи́счатый *folk-poet.* written in cursive script

скочи́ть *perf.* = (i) соскочи́ть (ii) вскочи́ть

сла́ва song of praise, panegyric; *coll.* (in this sense) rumour, report

слези́ть *imp. reg.* to cause to weep, make wet with tears

служи́вый *pop.* soldier

слюби́ться *perf. pop.* to please

сми́ловаться *perf. obs.* to have mercy

собе́ *reg.* for себе́

сожида́ть *imp. reg.* to wait for

сожра́ть *perf. pop.* to eat

со́нный sleeping

сопроти́вник, сопроти́вничек *obs.* (fitting) opponent

состро́ить *perf. pop.* (in this sense) to build

со́шка *dim.* of coxá wooden plough

спали́ть *perf. pop.* to burn up

спола́ть *see* испола́ть

спо́лниться = испо́лниться

спомуча́ться *imp. reg.* to grow dull

спуск escape, way out

спуща́ть *imp. pop.* to let, let pass, send, drop

сруб hut, shed of rough-hewn logs

сряди́ться *perf. pop.* to dress up

става́ть = встава́ть

становѝтый *reg.* shapely

ста́рина *bylina*, historical song

старшо́й *pop.* oldest, senior

стать *obs.* (in this sense) it is right, proper

статья́ *pop.* (in this sense) inborn quality

стегно́ *reg.* thigh

столова́нье *reg.* feast, banquet

сто́лько *reg.* only

сто́льник steward

сто́льный град *obs.* capital, principal city

стопа́ cup, goblet

стоя́лый *obs.* (of drink) old, strong; (of stables) stalled

страсть *pop.* (in this sense) fear, terror

стрели́ть *perf. reg.* to shoot

стре́льная ба́шня *obs.* tower from which arrows, etc., are fired

стре́мена *f. reg.* for стре́мя stirrup

стреча́ть = встреча́ть

струби́ть = воструби́ть

стыд: к стыду́ прийти́ (+*dat.*) *obs.* to feel ashamed

супроти́в(о) *pop.* opposite, against, compared with

супроти́вный *pop.* suitable, fitting

сустига́ть *imp.*, сусти́чь *perf. reg.* to overtake, come upon

сухвата́ться *imp.*, сухвати́ться *perf. reg.* to grapple

сход = восхо́д rising (of sun)

схорони́ться *perf. pop.* to hide oneself

съедо́мый *reg.* edible

сыть *pop.* food, fodder

тако́й-сяко́й *coll.* 'you so-and-so'

тала́н *folk-poet.* lot, fortune

таска́ть *imp. coll.* (in this sense) to steal

те, ти *pop.* for тебе́

телу́шка *dim.* of тёлка heifer

тепе́ре, тепе́рече *pop.* now

те́рем lofty mansion, palace; upper part of palace, *etc.*

тесмя́ный of braid

тетива́, тети́вка, тети́вочка (bow-)string

ти *see* те

тобе́ *reg.* for тебя́, тебе́

тоби́ *reg.* for тебе́

то́жно *reg.* then

толь *obs.* so, much

тóнька *dim.* of тóня cast of net (in fishing); закѝнуть тóньку to make a cast (of a net)

тоᴘг *obs.* (in this sense) market

тоᴘыкáть *imp. reg.* to jab, thrust

точѝть *imp. obs.* (in this sense) to shed

тóщиться *imp. reg.* to grow thin, less

трáвонька *dim.* of травá

травянóй мешóк *folk-poet.* (abusive term applied to horse) 'hay-bag'

трóи *pop.* adjectival form of трóе used with feminine nouns

тряпѝца *pop.* rag

тудьʼı *pop.* for тудá

туᴘ aurochs

тьʼıсяща *obs.* thousand

тьма *obs.* ten thousand

тя *pop.* for тебя

увáл: see note B 9. 55–56

уворовáть *perf. pop.* to steal

угóдье *pop.* good quality

угрязывать *imp. obs.* to sink, get stuck

удáча *folk-poet.* fortune, luck; boldness

ужахнýться *perf. reg.* to be frightened, terrified, dismayed

ужó *pop.* later

ýлочка, ýлушка *dim.* of ýлица

упастѝ *perf.* to bring safely home from pasture

упáчкать *perf. reg.* to soil

уплетáть *imp. coll.* to eat

уплетáться *imp. pop.* to become intertwined, matted

упрáвно *reg.* quite satisfactorily

урáнить *perf. obs.* to wound

устáвить *perf. pop.* (in this sense) to place

устáток *pop.* weariness

утýпить *perf. reg.* to lower (eyes)

утушѝть *perf. pop.* to overcome, wipe out

ухáживать (шальʼıжищем) *imp. pop.* (in this sense) to belabour (with whip)

ухитрѝться *perf. coll.* to contrive

уходѝть *perf. pop.* (in this sense) to kill, get rid of

ухóдом *obs.* by stealth

учáть *perf. pop.* to begin

учинѝться *perf. pop.* to happen

фалéтуᴘ *pop.* for фоᴘéйтоᴘ postilion

хватѝть *perf. coll.* (in this sense) to strike

хватѝться *perf. coll.* (in this sense) to miss, notice (that something is missing)

хльʼıс(т)нýть *perf. pop.* to strike, lash

хóбот tail (of snakes, etc.)

хрáбрый, хоᴘóбрый *folk-poet.* brave

хоᴘóмы *pl. obs.* mansion, apartments.

чáделко *dim.* of чáдо *obs.* child

чáрочка *dim.* of чáра cup, goblet

часьʼı *pl.* sentry duty

чáшник cup-bearer

чáщица *dim.* of чáща thicket

чáять *imp. pop.* to expect

чёбот *reg.* boot, shoe

челóм отдáть *obs.* to salute; челóм бить *obs.* to petition; to bow

чело(м)би́тьице *dim.* of чело-
би́тье petition, request, greeting
чембу́р rein, halter
червча́тый *obs.* see черлёный
че́рево *reg.* womb
черка́с(с)кий = черке́сский Cir-
cassian
черлёный *obs.* red
черна́вушка *folk-poet.* servant-
girl (sometimes used as a
proper name)
чернече́ский *obs.* monastic
черни́лица *obs.* ink-well
черноплисовый of black vel-
veteen
черны́м-черно́ *pop.* in vast numbers
чужестра́нный *obs.* foreign

шалы́га, шалы́жище *reg.* whip,
cudgel
шелуди́вый *pop.* scabby, mangy
шело́м *obs.* helmet
ши́бче *compar.* of ши́бко *reg.*
quickly
шко́дливый *reg.* mischievous

шлык *pop.* hat, cap
шмя́кнуться *perf. pop.* to fall with
a thud
шпенёк, шпенёчка tongue (of
buckle); tuning-peg (of *gusli*)
шубе́йка a three-quarter length
fur-lined coat worn by women

ще́пленьице *reg.* foppishness
ще́пливый *reg.* foppish; mincing
(of gait)
щёточка *dim.* of щётка fetlock
щит shield, board; за ~о́м
взять *obs.* to capture (a city)

э́кий *pop.* what a ... (in excla-
mations)
э́так *coll.*, э́дак *pop.* = так
э́такий *coll.* for тако́й
эхма́ *pop.* exclamation of regret,
reproach, worry

я́ко *obs.* as
ярлы́к, ярлычо́к *obs.* (in this
sense) document, letter
яро́вчатый *folk-poet.* sycamore
я́ства *pl. obs.* food